教育部现代学徒制试点项目建设成果

高等职业教育连锁经营与管理专业规划教材 · 职业店长系列

高皖秋／主编

谢振勇 强敏 霍霞／副主编

特许经营与加盟创业

（第二版）

Texu Jingying Yu Jiameng Chuangye

东北财经大学出版社 | 大连
Dongbei University of Finance & Economics Press

图书在版编目（CIP）数据

特许经营与加盟创业 / 高皖秋主编 . —2版 . —大连：东北财经大学
出版社，2023.3（2024.7重印）
（高等职业教育连锁经营与管理专业规划教材·职业店长系列）
ISBN 978-7-5654-4804-1

Ⅰ . 特… Ⅱ . 高… Ⅲ . 特许经营–高等职业教育–教材 Ⅳ . F713.3

中国国家版本馆 CIP 数据核字（2023）第 038557 号

东北财经大学出版社出版
（大连市黑石礁尖山街 217 号 邮政编码 116025）
网 址：http://www.dufep.cn
读者信箱：dufep@dufe.edu.cn
大连永盛印业有限公司印刷 东北财经大学出版社发行
幅面尺寸：185mm×260mm 字数：307千字 印张：14 插页：1
2023 年 3 月第 2 版 2024 年 7 月第 2 次印刷
责任编辑：郭海雷 王芃南 责任校对：赵 楠
封面设计：冀贵收 版式设计：原 皓

定价：42.00 元

教学支持 售后服务 联系电话：（0411）84710309
版权所有 侵权必究 举报电话：（0411）84710523
如有印装质量问题，请联系营销部：（0411）84710711

富媒体智能型教材出版说明

"财经高等职业教育富媒体智能型教材开发系统工程"入选国家新闻出版广电总局新闻出版改革发展项目库，并获得文化产业专项资金支持，是"国家文化产业资金支持媒体融合重大项目"。项目以"融通""融合""共建""共享"为特色，是东北财经大学出版社积极落实国家推动传统媒体与新媒体融合发展的重要举措之一。

"财济书院"智能教学互动平台是该工程项目建设成果之一。该平台通过系统、合理的架构设计，将教学资源与教学应用集成于一体，具有教学内容多元呈现、课堂教学实时交互、测试考评个性设置、用户学情高效分析等核心功能，是高校开展信息化教学的有力支撑和应用保障。

富媒体智能型教材是该工程项目建设成果之二。该类教材是我社供给侧结构性改革探索性策划的创新型产品，是一种新形态立体化教材。富媒体智能型教材秉持严谨的教学设计思想和先进的教材设计理念，为财经职业教育教与学、课程与教材的融通奠定了基础，较好地避免了传统教学模式和单一纸质教材容易出现的"两张皮"现象，有助于教学质量的提高和教学效果的提升。

从教材资源的呈现形式来说，富媒体智能型教材实现了传统纸质教材与数字技术的融合，通过二维码建立链接，将VR、微课、视频、动画、音频、图文和试题库等富媒体资源丰富呈现给用户；从教材内容的选取整合来说，其实现了职业教育与产业发展的融合，不仅注重专业教学内容与职业能力培养的有效对接，而且很好地解决了部分专业课程学与训、训与评的难题；从教材的教学使用过程来说，其实现了线下自主与线上互动的融合，学生可以在有网络支持的任何地方自主完成预习、巩固、复习等，教师可以在教学中灵活使用随堂点名、作业布置及批改、自测及组卷考试、成绩统计分析等平台辅助教学工具。

"重塑教学空间，回归教学本源！""财济书院"平台不仅仅是出版社提供教学资源和服务的平台，更是出版社为作者和广大院校创设的一个自主选择和自主探究的教与学的空间，作者和广大院校师生既是这个空间的使用者和消费者，也是这个空间的创造者和建设者，在这里，出版社、作者、院校共建资源，共享回报，共创未来。

最后，感谢各位作者为支持项目建设所付出的辛劳和智慧，也欢迎广大院校在教学中积极使用富媒体智能型教材和"财济书院"平台，东北财经大学出版社愿意也必将陪伴广大职业教育工作者走向更加光明而美好的职教发展新阶段。

东北财经大学出版社

第二版前言

　　服务业发展水平是衡量一个地区、一个城市经济发展程度的重要指标。党的二十大报告提出"构建优质高效的服务业新体系，推动现代服务业同先进制造业、现代农业深度融合"，这为进一步提升服务业水平，推进我国现代服务业高质量发展指明了方向和道路。本教材以现代服务业中的特许经营活动为着眼点，以加盟创业为抓手，从特许商特许经营体系构建和加盟商加盟创业两个维度构建编写体系，分为特许经营认知、特许经营体系构建、特许总部营运管理、特许经营合同、特许经营法律法规、加盟创业评估、加盟创业实施、加盟店经营管理、加盟商权益保护九个项目。

　　本教材的特点如下：

　　第一，深挖思政元素，落实立德树人根本任务。

　　党的二十大报告指出，"教育是国之大计、党之大计。培养什么人、怎样培养人、为谁培养人是教育的根本问题。育人的根本在于立德。全面贯彻党的教育方针，落实立德树人根本任务，培养德智体美劳全面发展的社会主义建设者和接班人"。落实立德树人根本任务，必须将价值塑造、知识传授和能力培养三者融为一体、不可割裂。本教材在修订过程中，紧紧抓住"立德树人"这一主线，注重体现"德技并修""职业素养和能力提升"等新时代职教人理念，将课程思政落实到每一个教学项目之中。在每一个教学项目学习目标下设置"思政目标"，提炼本项目思政教育主题，通过对案例导入、经营之道、知识拓展、双创频道等栏目内容进行系统设计和有机融合，有利于大学生学思践悟，做到志存高远，脚踏实地，在"无奋斗、不青春"的时代洪流中勇敢肩负起时代赋予的重任。

　　第二，参照职业教育国家教学标准体系精心设计，联合行业企业专家共同开发。

　　连锁经营与管理专业教学标准和《职业教育专业简介（2022年修订）》在职业面向、培养目标定位、主要专业能力要求、主要专业课程与实习实训、评价体系等方面给出了极具参考性的说明和要求，本教材在编写时注重素质养成、理论阐述、技能操作、实践训练、创业教育等方面的编写设计，注意教材内容与职业标准对接、教学过程与工作过程对接。

　　本教材贯彻《国务院关于印发国家职业教育改革实施方案的通知》（国发〔2019〕4号）和《国务院办公厅关于进一步支持大学生创新创业的指导意见》（国办发〔2021〕35号）精神，按照"多元主体、优势互补"的构成原则，邀请行业专家、企业专家、优秀的双师型教师参与教材编写，共同设计编写大纲与体例，实现行业、企业的新技术、新规范、新要求与教材有机融合，尤其注重案例的典型性和时代性。本教材为校企共同开发，是教育部现代学徒制试点项目建设成果之一。

第三，秉承新形态教材开发理念，依托职业教育精品在线开放课程，增加微课等数字化资源，便于开展线上线下混合式教学。

结合当下职业院校学生的学习特点，充分适应"互联网+职业教育"的发展需求，依托于在智慧树在线教育平台上开设的"特许经营与加盟创业"课程，本教材配有丰富的数字资源，包括微课、随堂测、拓展阅读等，并以二维码的形式呈现，从而强化了教材的时代性，既能够激发学生学习的兴趣和主动性，也增强了课堂的互动性，为教师教学提供了便利。

本教材由安徽财贸职业学院高皖秋担任主编并承担全书的统稿工作，由谢振勇、强敏、霍霞担任副主编，由教育部现代学徒制试点项目合作单位安徽联升餐厅食品有限公司（麦当劳中国发展式被特许经营商）董事/总经理戴启忠担任主审。本书具体分工如下：项目一由内蒙古商贸职业学院霍霞编写；项目二、项目三、项目八、项目九由安徽财贸职业学院高皖秋编写；项目五由黑龙江商业职业学院谢振勇编写；项目六由黑龙江商业职业学院贾若愚编写；项目四、项目七由安徽财贸职业学院张奇编写；双创应用栏目由安徽财贸职业学院陆影、强敏与安徽联升餐厅食品有限公司董事/总经理戴启忠、人力资源总监吴林共同编写。

对于编者而言，承担这样一项服务国家战略和经济社会发展急需紧缺的专业领域的教材编写工作既是机遇也是挑战，在此要感谢各参与单位和老师的大力支持。"安徽省教育厅2020年度高校优秀青年人才支持计划项目：新零售环境下的特许加盟创业研究（gxyq2020270）"、"2021年安徽财贸职业学院提质培优全员行动计划承接类项目：职业教育精品在线开放课程'特许经营与加盟创业'（tzpysj220）"、"2022年安徽财贸职业学院基本教学活动标准化验收和示范认定项目：'特许经营与加盟创业'"和"2022年安徽省职业与成人教育学会教育教学研究规划课题：新零售+'三教'改革视域下连锁经营与管理教学团队建设（Azcj2022067）"对本书提供了资助和支持，在此表示感谢。

本教材既适用于高职院校新商科相关专业，也可供希望通过加盟形式创业的人员参考。高职教材编写和创新是一个长期的过程，由于编者水平有限，本书必然存在不足之处，恳请业内专家和读者批评指正。

编　者

2022 年 11 月

主编说课

目　录

■ 项目一　特许经营认知／1
　■ 学习目标／1
　单元一　特许经营基础知识／2
　单元二　特许经营的模式／7
　单元三　特许经营的优势和劣势分析／14
　单元四　特许经营发展概况／17
　■ 知识掌握／25
　■ 双创应用／26

■ 项目二　特许经营体系构建／28
　■ 学习目标／28
　单元一　特许经营体系的主要模块／29
　单元二　特许商的认知／32
　单元三　特许经营推广体系／42
　单元四　特许经营管控体系／51
　■ 知识掌握／58
　■ 双创应用／59

■ 项目三　特许总部营运管理／61
　■ 学习目标／61
　单元一　特许总部营运设计／62
　单元二　特许总部招商流程／65
　单元三　特许权构成／69
　单元四　特许总部收益核算／73
　■ 知识掌握／79
　■ 双创应用／80

■ 项目四　特许经营合同／82
　■ 学习目标／82
　单元一　特许经营合同概述／83
　单元二　特许经营合同的设计／90
　■ 知识掌握／104
　■ 双创应用／105

■ 项目五　特许经营法律法规／107
　　■ 学习目标／107
　　单元一　特许经营法律法规简介／108
　　单元二　特许经营过程中常见的法律问题／119
　　单元三　解决特许经营纠纷的方法／124
　　■ 知识掌握／127
　　■ 双创应用／128
■ 项目六　加盟创业评估／130
　　■ 学习目标／130
　　单元一　认识加盟创业／131
　　单元二　加盟创业自我评估／133
　　单元三　加盟体系评估／135
　　■ 知识掌握／144
　　■ 双创应用／145
■ 项目七　加盟创业实施／148
　　■ 学习目标／148
　　单元一　加盟创业项目选择／150
　　单元二　加盟创业流程／160
　　单元三　加盟创业实例／164
　　■ 知识掌握／168
　　■ 双创应用／169
■ 项目八　加盟店经营管理／171
　　■ 学习目标／171
　　单元一　加盟店筹建前期准备／172
　　单元二　筹建加盟店／177
　　单元三　加盟店的日常经营管理／181
　　■ 知识掌握／192
　　■ 双创应用／192
■ 项目九　加盟商权益保护／196
　　■ 学习目标／196
　　单元一　加盟创业风险类型／197
　　单元二　意向加盟期的权益保护／200
　　单元三　签署合同期的权益保护／203
　　单元四　加盟店营运期的权益保护／205
　　单元五　续约与合同终止的权益保护／207
　　■ 知识掌握／209
　　■ 双创应用／210
主要参考资料／212
数字资源索引／213

项目一
特许经营认知

■ **学习目标**

通过本项目的学习，要求达到以下目标：

知识目标：熟悉特许经营的基本概念和常用术语，掌握特许经营的基本特征及类型，理解特许经营的优势和劣势，了解我国特许经营的发展情况。

能力目标：具备判断企业是否适宜开展特许经营的能力，掌握对特许经营企业优劣势进行分析的能力，能够正确认识特许经营的本质，通过研究商业特许经营发展变化的新特点，找准创业、就业新路径。

思政目标：确定"创新创业、服务社会、共同富裕"作为本项目课程学习的思政教育主题，通过对案例导入、经营之道、知识拓展、双创频道等栏目内容的学思践悟，激发学生的智慧和创造力，帮助大学生及广大特许经营创业者树立恪守社会公德、诚信创业、服务社会的理念，真正利用好特许经营模式为大众创业、万众创新、共同富裕服务。

案例导入

《2021招商加盟行业人群洞察白皮书》（节选）

作为中小企业的重要分支，特许加盟行业在"共同富裕"政策的扶持下，迎来愈发迅猛的增长势头。2021年，国家共出台"双创"政策12项；自5月以来国家开展的"春雨润苗"专项行动，推出3大类12项措施，助力小微企业减税降费。在国家政策、行业发展、市场需求的多重推动下，特许加盟行业正在加速发展。然而，在特许加盟行业数字化转型的过程中，仍然伴随着种种挑战：其一，发展过程中的规范与技术缺乏，加盟安全问题逐渐凸显；其二，随着数字化转型热潮掀起，市场竞争更加激烈，对加盟商与企业之间沟通效率的要求也越来越高。因此，如何以数字化手段提供更加高效的沟通方式，成为困扰加盟商的难题。

基于此，中国连锁经营协会（CCFA）携手腾讯营销洞察（TMI）共同发布了《2021招商加盟行业人群洞察白皮书》，积极响应国家"共同富裕"及"双创"政策，以营销视角洞察特许加盟行业数字化转型的趋势，为行业蓬勃发展注入能量。未来，CCFA将继续与TMI携手，致力于让更多新时代的返乡青年找到理想的加盟项目，也为更多品牌找到合适的投资人。两大团队将以更先进的手段，赋能特许加盟数字化转型，打造数字化时代特许加盟新生态。

资料来源　节选自CCFA《2021招商加盟行业人群洞察白皮书》。

拓展阅读1-1：2021年招商加盟行业人群洞察白皮书

案例启示： 随着以移动互联网和大数据为代表的现代信息技术的快速发展和广泛应用，逐步在中国率先产生并形成了一种对传统的第一代和第二代特许经营模式进行数字化升级的模式，被称为"数字化特许经营"。特许经营企业要抓住数字化环境带来的发展契机，走出自己的特许经营之路。

单元一　特许经营基础知识

截至2022年10月，在商业特许经营信息管理系统备案的企业总数量为8 715家，涉及零售业、餐饮业、居民服务业、教育培训业、住宿业、中介服务业和其他商业服务业。广大的特许经营企业选择拓展特许业务与加盟投资人共同创业是推动特许经营发展的重要因素之一。一般情况下，特许经营创业比独立创业的风险小得多。据美国中小企业管理部门统计，在开业第一年就失败的自营店铺比例高达30%~50%，而采用特许加盟方式的店铺在开业第一年失败的比例仅为3%~5%。特许经营在促进中小企业发展、扩大就业等方面发挥了积极的作用。

一、特许经营的含义

（一）特许经营概念的起源

特许经营原为法文的"Franchise"，意思是免于奴隶、苦役的身份。"Franchise"的英文含义源于欧洲封建时期的君王授予个人的某些特殊权利，即国王授予贵族领地，贵族享有领地管理和征税等特权，并将税收或经营利润的一部分上缴给王室。在中国封建社会，政府也很早就将盐、铁、茶、对外贸易等生意授予民间商人来经营，实行"特殊许可经营"制度。

1.政府特许经营

特许经营的概念最早起源于政府机构将自己的某些专属权利授予私人或商家使用，本质上是一种政府的行政许可，也就是"政府特许经营"。早期的政府特许经营主要集中在对某些特权的开发和使用上，加盟商往往依靠政府和法律的强制力来为自己攫取高额的垄断利润。现代的特许经营在本质上发生了转变，其本着综合、高效、全面、优质的原则开发利用资源，引入市场化运作机制，通过吸引民间资本投入公用事业的经营以及公共资源的开发，使公共资源得到了优化配置，节约了政府开支，满足了人们的生产和生活需要。

2.商业特许经营

在政府特许经营的带动下，特许经营的概念逐渐被商家所借用，形成所谓的"商业特许经营"，也就是商家将某些专属权利授予他人使用，进而从中获利。

3.非营利组织特许经营

到了20世纪末，特许经营跨出了一般的商业领域，进入非营利性组织的市场化运作中，如奥运特许经营就是最典型的非营利组织特许经营。奥运特许经营是指奥组委授权企业生产或者销售带有奥运会标志、吉祥物和奥委会商用标志等奥林匹克知识产权的产品，同时被授权企业要向奥组委交纳一定的特许经营费用。奥运特许经营始于1984年的美国洛杉矶奥运会，其特许经营收入占到总收入的21.6%，达到1.34亿美元，共有65家企业获得了特许经营权。

我们常说的特许经营指的是商业特许经营，政府特许经营和非营利组织特许经营不包括在内。

（二）特许经营的定义

由于各国特许经营发展的状况不同，不同国家或特许经营协会组织对特许经营给出了不同的解释。

1.国际特许经营协会（IFA）对特许经营下的定义

国际特许经营协会指出，特许经营是特许商和加盟商之间的合同关系，根据合同，特许商向加盟商提供一种独特的商业经营特许权，并给予人员训练、组织建设、经营管理、商品采购等方面的指导与帮助，加盟商向特许商支付相应的费用。

2.欧洲特许经营联合会（EFF）对特许经营的定义

欧洲特许经营联合会指出，特许经营是一种营销产品、服务或技术的体系，特许人（特许商）和他的单个受许人（加盟商）在法律和财务上相互独立，但他们之间保持紧密和持续的合作，加盟商依靠特许商授予的权利和义务，根据特许商的要求进行经营。通过直接或间接财务上的交换，加盟商可以使用特许商的商号、商标、服务标记、经营诀窍、商业和技术方法、持续体系及其他工业或知识产权，在经双方一致同意而签订的书面特许合同的框架和条款下进行经营。

微课 1-1：特许经营的定义及本质特征

3.日本连锁加盟协会（JFA）对特许经营下的定义

日本连锁加盟协会指出，特许经营是总公司和加盟者缔结合同，将自己的商号、商标，以及其他足以象征营业的东西和经营的诀窍授予对方，使其在统一的企业形象下销售其商品；而加盟商在获得上述权利的同时，相应地需要付出一定的费用给总公司，在总公司的指导及援助下经营事业的一种存续关系。

4.我国商务部对特许经营下的定义

自2007年5月1日起实施的《商业特许经营管理条例》对商业特许经营给出了明确的定义。**商业特许经营**（以下简称特许经营），是指拥有注册商标、企业标志、专利、专有技术等经营资源的企业（以下称特许人），以合同形式将其拥有的经营资源许可其他经营者（以下称被特许人）使用，被特许人按照合同约定在统一的经营模式下开展经营，并向特许人支付特许经营费用的经营活动。企业以外的其他单位和个人不得作为特许人从事特许经营活动。

（三）与特许经营相关的术语

为了深刻地理解特许经营的内涵和外延，有必要了解与特许经营相关的基本术语。

1.特许商

特许商又称特许人、盟主、特许总部、授权者等，是指将特许权授予出去的主体，即在特许经营活动中，将自己所拥有的商标、商号、产品、专利和专有技术、经营模式及其他营业标志授予加盟商使用的一方，通常为法人。

2.加盟商

加盟商又称受许人、被特许人等，是指加盟某一特许经营体系的独立法人或自然人，即在特许经营活动中，通过付出一定的费用来获得其他商业单位的商标、商号、产品、专利和专有技术、经营模式及其他营业标志一定期限使用权的自然人或法人。

3.特许权

特许权是指特许商所拥有的商标、商号、CIS系统、专利、经营诀窍、经营模式等无形资产，以及有形产品、无形服务等。构成特许权的每一项内容称为特许权要素。

4.加盟费

加盟费也称特许经营初始费，是指特许商将特许权授予加盟商时所收取的一次性费用。它体现的是特许商所拥有的品牌、专利、经营技术诀窍、经营模式、商誉等无形资产的价值。

5.特许权使用费

特许权使用费又称权益金、管理费等，是加盟商在经营过程中按一定的标准或比例向特许商定期支付的费用。它体现的是特许商在加盟商的经营活动中所拥有的权益。

6.直营店

直营店是由特许商全资拥有或控股拥有，并且统一经营管理的店铺。直营店与特许商应属同一品牌、同一业务性质。直营店通常表现为分公司、子公司（控股）、店中店等形式。

微课 1-2：
特许经营相
关术语

7.加盟店

加盟店是指特许经营中，加盟商获得特许商授权后，使用其经营模式、注册商标、企业标志、专利、专有技术等经营资源建立的店铺。

8.样板店

样板店是特许商挑选的能够全面展示特许品牌形象，并作为特许商新产品及新营销模式的实验基地，同时供加盟商参观、学习、体验和接受培训的店铺。

9.特许经营体系

特许经营体系是由特许商和获得特许权的若干加盟商组成的，在特许商的统一组织、督导及经营管理模式下从事经营活动、推广产品及服务的体系。特许经营体系涉及特许商与每一个加盟商、特许商与特许总部、特许总部与加盟商以及加盟商与客户之间等多重关系，是一个由若干个子系统组成的复杂的大系统。特许总部和单店是特许加盟体系中最基本的组织形态。总部、单店、配送中心共同称为特许经营体系的三大基本元素。单店的数量通常作为考察一个特许经营体系规模及发展速度的基本指标。

10.特许经营手册

特许经营手册是特许商撰写的，用于指导、监督、考核特许总部和加盟商经营活动的一系列文件。它主要分为：招募文件、总部手册、分部或区域加盟商手册和单店手册。

11.特许经营合同

特许经营合同是指特许商与加盟商之间签订的，用于规定双方权利和义务、确定双方特许经营关系的所有法律契约。

特许经营主要术语之间的关系如图1-1所示。

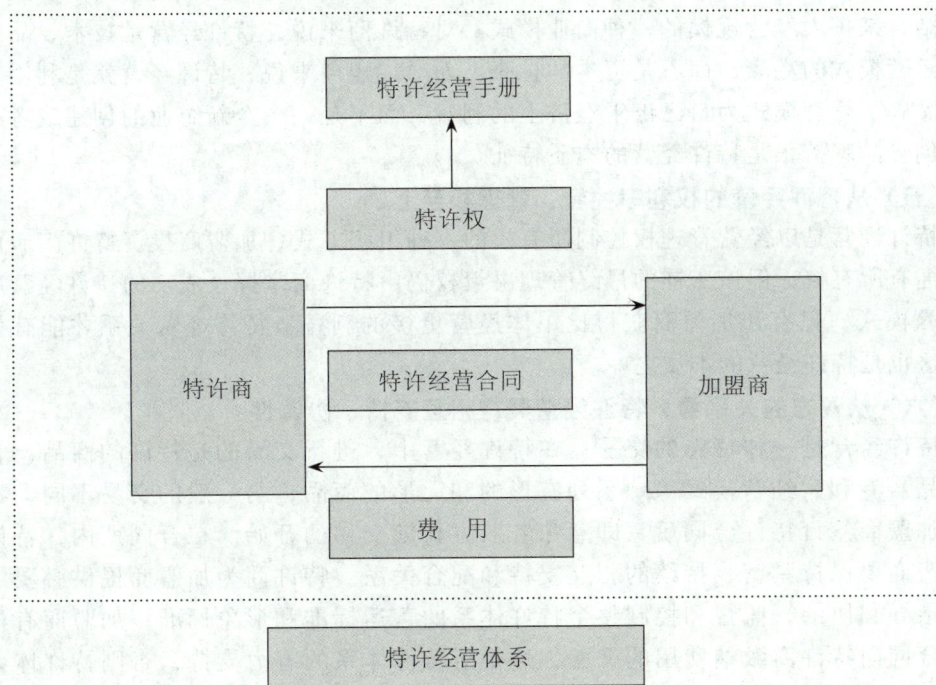

图 1-1　特许经营主要术语关系图

二、特许经营的本质特征

特许经营的本质特征主要是指这种经营模式与其他商业模式的不同之处。无论在权利所属、经营过程和方法方面，还是在有关的制度规范和法律方面，特许经营都有自己本质的特征。

（一）从法律的角度看，特许经营具有契约性

特许经营是特许商与加盟商之间以合同为纽带形成的持续的契约关系。二者之间不存在有形资产关系，而是相互独立的法律主体，各自独立承担法律责任，契约是维持双方良好关系的基础。特许商对双方合同涉及的授权事项拥有所有权，而加盟商通过合同获得使用权及基于该使用权的收益权。

（二）从特许经营内容看，特许经营具有独特性

特许经营内容的核心是特许权问题，而特许权不是一个权利，而是一个权利群。特许经营中的授权是指包括知识产权在内的无形资产的使用权。特许商授予的特许权必须具有独特性，与竞争对手相比有明显的优势。这是特许权能够被特许的基础。

（三）从特许经营活动过程看，特许经营具有统一性

包括品牌、商标、制度、技巧、诀窍、专利等在内的授权的过程必须不折不扣地按照特许商的要求去执行，而特许商对所有加盟商的要求都是一样的，这就是统一性。统一经营模式是特许经营最基本的特点。加盟商必须按照特许商的规范执行，加盟商应维护特许商在合同中所要求的统一性。

（四）从特许经营的扩张看，特许经营具有品牌扩张特性

特许经营是利用特许商的品牌、专有技术、经营模式等与加盟商的资本、人力资源相结合来扩大经营规模的一种商业模式。对特许商来说，特许经营是技术、品牌价值和经营模式的克隆，而不是资本的扩张。而对加盟商来说，特许经营就是利用特许商的品牌、管理模式为自己谋求经济上的利益，而不是一个全新企业的创建或者品牌的开创。品牌扩张是特许经营的本质特征。

（五）从特许经营的权利掌控看，管理权至上

特许经营是以经营管理权控制所有权的一种组织方式，加盟商投资特许门店而对店铺拥有所有权，但该店铺的最终管理决策权仍由特许商掌握。成功的特许经营应该是双赢模式，只有让加盟商获得比单体经营更多的利益，特许经营关系才能有效维持，这也是特许经营的本质之一。

（六）从双方的关系看，特许经营具有相互支持、协调性

特许经营是一种特殊的交易。在特许经营中，进行交易的是特许的商品，它包括产品、专利、经营模式等一系列有形的和无形的商品；与一般的交易不同，特许商与加盟商签订特许合同后，即意味着双方长期交易的开始。在合同期内，特许商与加盟商要保持紧密、持续的相互支持和配合关系。特许商为加盟商提供必要的培训、指导和协助，监督和控制整个特许体系的营运标准和形象标准；加盟商有根据特许合同向特许商缴纳费用的义务，这是对特许体系的有力支持，否则特许体系难以维持。

（七）从商业模式的角度看，特许经营具有数字化特征

作为特许经营模式中的主导方，特许人以顾客需求为导向，开始致力于完善全渠道运营及数字化供应链，以适应市场发展步伐，把握新零售的机遇。在新零售环境下，特许人的信息化数字化水平直接制约着商业特许经营的成果，因此，我国特许人纷纷结合企业特点，吸收先进的营销理念，积极创新，提高自身的经营管理水平，创造特色，加快管理信息化数字化的建设步伐。

单元二　特许经营的模式

特许经营的发展涉及政治、经济、教育、文化等领域，通常所说的特许经营多指经济领域的特许经营。在经济领域中，特许经营主要包括政府特许经营和商业特许经营，其特许商分别为政府及企业组织。在这两种特许经营中，人们对商业特许经营的研究更为广泛。按照不同的类别，对商业特许经营也可以进一步细分。

微课 1-3：
特许经营
模式

一、按特许权组合要素分类

（一）商品商标型特许经营

商品商标型特许经营也称产品和品牌特许经营，是指加盟商使用特许商的品牌和营销方法来批发、销售特许商的产品。加盟商仍保持其原有企业的商号，单一地或在销售其他商品的同时销售特许商生产并取得商标所有权的产品。商品商标型特许经营可细分为商标特许、产品特许和品牌特许三类。

商品商标型特许授权的内容以产品商标、标志、产品销售方法等知识产权为主，同时加上产品的经销权。此类特许经营中维系特许商和加盟商之间关系的重要纽带是产品和产品价格；加盟商可能是批发商或零售商，加盟商获利的途径主要是产品的进销差价。此类特许经营常见于汽车销售、家用电器销售、化妆品以及珠宝首饰销售等行业。

（二）生产型特许经营

生产型特许经营是指经过特许商授权，加盟商自己投资建厂，或通过 OEM 的方式，使用特许商的商标或标志、专利、专有技术、设计和生产标准来加工或制造取得特许权的产品，然后经过经销商或零售商出售，加盟商不与最终用户（消费者）直接交易。特许商有权维护其企业信誉，要求加盟商按规定的技术和方法从事生产加工，以保护其商标及商号的信誉。同时，特许商有权过问加盟商对产品的广告宣传及推销方法。典型的案例如可口可乐的灌装厂、奥运标志产品的生产、百事流行鞋及耐克运动服装等。生产型特许经营和商品商标型特许经营被称为"第一代特许经营"。

（三）经营模式型特许经营

经营模式型特许经营是指加盟商有权使用特许商的商标、商号、企业标志以及广告宣传，完全按照特许商设计的单店经营模式来经营；加盟商在公众视野中完全以特许商企业的形象出现；特许商对加盟商的内部运营管理、市场营销等方面实行统一管理，具有较强的控制能力。加盟商不仅有义务维护特许商的商标、标志等不受侵犯，

还有义务服从特许商的统一管理。

经营模式型特许经营被称为"第二代特许经营"，人们通常所说的特许经营就是这种类型。它不仅要求加盟店经营特许商提供的产品和服务，而且质量标准、经营方针等都要遵循特许商的规定。通过加盟商缴纳的加盟费和特许权使用费，特许商能够为加盟商提供培训、广告、研究开发和后续支持。我们所熟知的肯德基、麦当劳、如家酒店、马兰拉面等就是典型的经营模式型特许经营。

> **经营之道1-1**　　　　　　　　**麦当劳的特许经营之路**

在众多特许经营商中，麦当劳公司非常成功且极具特色，值得我们学习和借鉴。麦当劳公司成立于1955年，它的前身是麦当劳兄弟1937年在美国的加利福尼亚州开设的一家汽车餐厅。1948年，兄弟俩对餐厅业务进行了大胆的改革，压缩了食品的品种，引进了自助式服务方式，把厨房操作改为流水线作业，加快了食品的产出速度，适应了人们生活节奏加快的需要，顾客对此很满意。

为了将生意做得更大，麦当劳兄弟产生了以特许加盟的方式经营连锁店的想法，并做出了尝试。1954年，雷·克罗克看到了麦当劳特许加盟和连锁经营的发展前景，经过一番努力，他得到了麦当劳兄弟的授权，处理麦当劳特许权的转让事宜。1961年，雷·克罗克买下了麦当劳公司的所有权，并且大刀阔斧地改进了特许加盟和连锁经营制度，使麦当劳得到迅速发展。麦当劳作为世界上最成功的特许经营商之一，以其独特的特许经营方式，成功地实现了异域市场拓展、国际化经营。麦当劳在其特许经营发展历程中，积累了许多非常宝贵的经验。

1.明确的经营理念与规范化管理

麦当劳的黄金准则是顾客至上，顾客永远第一。提供服务的最高标准是质量（Quality）、服务（Service）、清洁（Clean）和价值（Value），即QSCV原则，这是最能体现麦当劳特色的重要原则。

2.设立广告基金

设立广告基金是麦当劳的重要营销策略。由于大部分加盟者只有一家或少数几家店，不可能负担大部分广告费用，而大家联合起来就可以筹集到较多的广告基金。

3.以租赁为主的房地产经营策略

麦当劳公司的收入主要来源于房地产营运收入、从加盟店收取的服务费和直营店的盈余三部分。由于加盟商一般都没有足够的资金支付土地费用和建筑费用，也无力偿还贷款，麦当劳公司就负责代加盟商寻找合适的店址，并长期承租或购进土地和房屋，然后将店面出租给加盟商，获取其中的差额。这是麦当劳公司收入的主要来源。这样既解决了加盟商开店的资金困难，又增加了麦当劳公司的收入，同时，通过控制房地产，更有利于麦当劳对加盟商加强管理。

4.相互制约、共荣共存的合作关系

麦当劳在处理总部与分店的关系做法上非常成功，主要有三个特点：

（1）麦当劳收取的首期特许费和年金都很低，减轻了分店的负担；

（2）总部始终坚持让利原则，把采购中得到的优惠直接转给各特许分店；

（3）麦当劳总部不通过向加盟商出售设备及产品来牟取暴利。

麦当劳的诚意换来了加盟商和供应商的全力支持，麦当劳与加盟商、供应商的关系是相互制约、共荣共存的合作关系。这种共荣共存的合作关系为加盟商各显神通创造了条件，使各加盟商营销良策层出不穷，这又为麦当劳的品牌价值提升立下了汗马功劳。

资料来源　编者根据相关资料改编。

（四）数字型特许经营

目前的新零售环境让特许商意识到数字生态化、多业态融合体系、多元化发展的重要性。众多中国特许企业都在谋划和推进数字化转型升级，通过调整自己，让企业能身处趋势变革的前沿，获得先发优势，让自己的企业在产品、技术、品牌、市场等方面全面超越竞争对手。他们把数字化与特许经营进行高度结合，构建全新的数字化特许加盟管理和运营体系，以闭环体系为核心特征的第三代数字化特许经营已经到来。

在此背景下，2021年6月，中国连锁经营协会在中国特许加盟大会上发布了《数字化特许经营指南》。第三代特许经营是随着以移动互联网和大数据为代表的现代信息技术的快速发展和广泛应用，逐步在中国首先产生并形成的一种对传统的第一代商品特许经营和第二代特许经营模式进行数字化升级的模式，被简称为"数字化特许经营"。特许经营权交易的数字化，是指在特许经营权的交易过程中，在需求采集、信息发布、交易撮合、服务定价、交易确认、交付服务、交付确认、结算、售后服务等环节使用数字化的数据采集、信息提示或预警、行为记录、数据统计等技术或数字化工具来实现交易的集约化、规模化和生态化。数字化特许经营的发展至少有两个阶段：第一阶段，数字化特许经营，特许经营企业在不改变传统主要业务流程的情况下，使用数字化工具，提高部分环节的效率；第二阶段，特许经营数字化，由特许经营过程中产生的数据，驱动特许经营核心业务"特许经营权交易"健康发展。两个阶段表面上看起来是"数字化"与"特许经营"两个词的位置互换，其性质却是量变与质变之差别。

▶ 经营之道1-2　　　　　　　　《数字化特许经营指南》发布

2021年6月30日，中国连锁经营协会在中国特许加盟大会上发布了《数字化特许经营指南》（以下简称《指南》）。

《指南》分为四部分，包括：数字化特许经营是特许经营发展的新阶段、数字化特许经营简述、数字化特许经营体系建设指导与案例、数字化特许经营的应用和探索。

数字化特许经营不仅仅对传统特许经营模式的不同环节进行了数字化升级，实现了部分环节的效率提升，更重要的是，传统特许经营的底层逻辑结构因为数字化发生了重构，数字化减少或者消除了特许经营权交易过程中各主体的信息不透明、不对称现象，大大降低了特许经营授权的门槛以及交付和实施的成本，使得特许经营的整体效率得到极大的提升。

商业特许经营的实质是一种分享经济，以前受技术的限制，信息不对称制约了传统商业特许经营的发展。而现在，数字技术突破了特许经营中信息不对称的阻碍。这些技术包括但不限于数字化引流、技术化支付与结算、特许体系输出与迭代等。数字化特许经营的基础框架是由数据驱动的。企业利用多个渠道的数据源，通过数据分析和处理，辅助或替代管理决策，通过对决策和执行行为的管理，形成对企业经营和管理目标的支撑。

特许人应建立多渠道、多类型、多维度和多层级的数据源管理体系，包括企业自有独立部署的数字化系统、使用的第三方的PaaS和SaaS系统、对接的平台系统等数据源。特许人应建立数据清洗、数据分析、决策输出的模型，在不降低运营效率和精准度的前提下，降低人为经验决策所占的比例。

特许人应建立对总部职能支持、开发选址、营建开店、营销、培训、督导、运营等针对一线人员的管理标准和要求，该标准和要求包括日常定期工作、临时工作和经由数据分析后决策的标准工作。同时，特许人要建立管理总部员工和加盟店员工行为的数据系统。

特许人应将经营、管理、顾客满意目标尽可能量化和分解，同时建立经营数据（业务和经营结果）、管理数据（过程和行为管理）和目标的关联体系。

特许经营的基础是知识产权的授权，数字化能够帮助特许人提升知识产权管理的效率。在特许经营过程中，特许权的交付和交易数字化是核心。"特许经营数字化"就是利用数字化打造特许权交易交付这一核心环节，对传统特许经营的商业模式和价值链进行重构。

资料来源　CCFA.《数字化特许经营指南》发布［EB/OL］.［2021-07-22］. http://www.ccfa. org. cn/portal/cn/xiangxi. jsp? id=442713&ks= % E7%89%B9%E8%AE% B8%E7%BB% 8F% E8%90%A5&type=1.

拓展阅读1-2：
2021年数字化特许经营指南

二、按特许权授予范围分类

（一）单体特许

单体特许是指特许商赋予加盟商在某个地点开设一家加盟店的权利。特许商与加盟商直接签订特许合同，加盟商亲自参与店铺的运营。目前，该类加盟商经济实力普遍较弱，相当一部分是在自己原有网点基础上加盟。单体特许适用于在较小的空间区域内发展特许网点。

优点：特许商直接控制加盟商；对加盟商的投资能力没有限制；没有区域独占；不会给特许商造成威胁。

缺点：网点发展速度慢；特许商支持和管理加盟商的投入较大；限制了有经济实力的加盟商的加盟。

单体特许在具体操作上可以分为普通单体特许、熟店转让和托管特许三种方式。

1.普通单体特许

普通单体特许即授权加盟商投资开设一家新的单店，或者在加盟商原有门店的基础上按照特许商的统一模式和要求改造为新的单店，由加盟商负责加盟店的日常经营

管理。这是最为常见的一种单店特许授权方式，适合广大的创业投资者加盟，也适合一些传统业态的门店进行整体升级，因而具有很大的发展空间。

2.熟店转让

所谓熟店转让，就是特许商将原来属于自己的、经营成熟的直营店整体转让给加盟商经营。在中国，熟店转让的经典案如肯德基，它实行"不从零开始"的特许经营策略，即将一家成熟的正在营业的肯德基餐厅，按照评估价格整体转让给通过了资格评估的加盟申请人，同时授权其在原餐厅位置使用肯德基品牌继续经营。加盟商接手一家正在营业的肯德基餐厅，而不是开设新的餐厅，无须从零开始筹备建店，避免了自行选址、开店、招募及培训新员工等大量基础性工作，从而降低了加盟商的风险，提高了开店成功率。

熟店转让的模式可以避免加盟店因经营不善而可能给品牌带来的负面影响，但是对特许商来说，前期开店的投资和风险较高，因而要求特许商在单店经营管理上具有较高的水平，否则单店无法盈利，也就无法进行熟店转让了。

3.托管特许

所谓托管特许，是指在特许经营合同的基础上，加盟商与特许商再签订委托经营管理合同，委托特许商对加盟店进行管理，由特许商派出人员负责加盟店的日常经营管理工作。托管特许是国际酒店业非常流行的一种方式，比如如家、锦江之星等经济型酒店多采取此种方式。在其他行业如餐饮业，一方面可能加盟商本人不想过多参与加盟店的日常运营，另一方面特许商也想加强对加盟店的管理和控制，因而也会采取托管特许的方式。比如，国内的全聚德就采取了托管特许的经营模式。

托管特许的特点：加盟商之间以及加盟商与特许商之间的资产都是相互独立的；特许商拥有各加盟店的经营权，但不对盈利承诺；各加盟商只有建议权、监督权和利益分享权，并需要支付管理费和各项费用；除主要管理人员外，其他人员都由特许商指导招聘，但人员归各加盟商管理，特许商不对工资等事项负责。

托管特许模式的优点是有利于特许商对加盟店的运营管理掌控，缺点是加盟商没有经营自主权，工作的自主性受到限制，还会增加对特许商的依赖性。另外，特许商需要很强的管理控制能力、人员开发与培训能力，因而对特许商的要求非常高。

▶经营之道1-3　　　　　　万达宝贝王的特许经营

依托万达集团，宝贝王乐园以儿童室内乐园为发展平台，服务全国千万亲子家庭。立足于万达广场，遍及全国大中小城市，平均门店面积达1 500平方米，以游乐设备、主题活动、体验式零售为主要业态，平台规模迅速扩张。零售招商接受多种模式，并可为商家量身定制运营服务。

一、合作条件

遵纪守法，关爱儿童，对儿童业态有一定的了解和认识，有志于中国儿童产业发展，具有一定实力的企业法人或自然人。

认可万达企业文化，严格履行加盟合作条款。

良好的商业信誉，没有犯罪或破产记录，具备忠诚正直的品德操守。

具有追求卓越的精神，成功的商业运营经验，良好的企业管理资历，有能力经营管理儿童乐园（或委托万达经营管理）。

具备合适的场地，并拥有各类辅助运营资源。

二、合作流程

（一）开业前：投资评估、品牌支持、协助选址、确定平面设计方案等。

（二）开业中：万达筹建管控系统，负责乐园整体设计规划、施工装修、设备采购及调试等。

（三）开业后：总部品牌宣传、设备更新、推广活动安全保障等。

（四）乐园托管服务：为加盟店提供特色托管服务，托管周期为5年。

资料来源　万达宝贝王. 合作加盟［EB/OL］.［2022-11-05］. https：//www.kidsplace.cn/joinus/index.aspx？nodeid=27.

（二）区域特许

区域特许是指加盟商被许可在一个独占的市场区域内开设并运营多个单店。此时，加盟商又被称为区域加盟商。总体来讲，相对于单店特许，区域特许的优势在于能够利用区域加盟商的能力和资源，获得更加快速的发展，但不利之处在于对特许商的控制能力提出了巨大挑战。

根据具体的区域特许授权的范围不同，区域特许还可以分为区域开发特许、二级特许、复合特许等授权模式。

1.区域开发特许

特许商赋予加盟商在规定区域、规定时间开设规定数量的加盟网点的权利。

区域开发特许的特点如下：由区域加盟商投资、建立、拥有和经营加盟网点；该加盟商不得再次转让特许权；加盟商要为获得区域开发权交纳一笔费用；加盟商要遵守开发计划。

这种方式适用于在一定的区域（如一个地区、一个省乃至一个国家）发展特许网络。特许商与区域加盟商首先签署开发合同，赋予区域加盟商在规定区域、时间的开发权；当每个加盟网点达到特许商要求时，由特许商与加盟商分别就每个网点签订特许合同。星巴克、必胜客在早期进入中国市场的时候，均采用了区域开发特许模式。

优点：有助于区域加盟商尽快实现规模效益；发挥区域加盟商的投资开发能力。

缺点：在区域开发合同规定的时间和区域内，特许商无法发展新的加盟商；对区域加盟商的控制力较弱。

2.二级特许

二级特许也称分特许或分区特许，特许商赋予加盟商在指定区域销售特许权的权利，此时的加盟商为二级特许商。二级特许商扮演着特许商的角色，对特许商有相当大的影响力，同时要向特许商支付数目可观的特许费。它是开展跨国特许的主要方式之一。特许商与二级特许商签订授权合同，二级特许商与加盟商签订特许合同。

优点：扩张速度快；特许商没有管理每个加盟商的任务和相应的经济负担；二级特许商可根据当地市场特点改进特许体系。

缺点：特许商把管理权和特许费的支配权交给了二级特许商；过分依赖二级特许商，特许合同的执行没有保障；特许收入分流。

3.复合特许

复合特许是区域开发特许和二级特许的复合模式，是指特许商将一定区域内的独占特许权授予加盟商，加盟商在该地区内可以独自经营，也可以再次授权给下一个加盟商经营特许业务。该区域加盟商既是加盟商身份，同时又是这一区域的特许商身份。区域加盟商支付给特许商的特许费一般根据区域内的常住人口数量确定，若其再将特许权转让给他人，那么，原先该区域加盟商从他人手中收取的加盟费和权益金须按一定比例交给特许商。

优点：能够借助区域加盟商的资源和力量快速拓展市场；在特许经营体系的发展上具有一定的灵活性，容易适应当地市场。

缺点：对特许商来说，其不容易对特许经营体系进行掌控；特许经营体系的收入也会被区域加盟商分流。

（三）代理特许

特许代理商作为特许商的一个服务机构，代表特许商招募加盟商，为加盟商提供指导、培训、咨询、监督和支持。这种特许方式即代理特许。它是开展跨国特许或跨地区特许的主要方式之一。如果特许商与特许代理商签订的是跨国代理合同，特许商必须了解和遵守所在国法律；代理商不构成特许合同的主体。

优点：扩张速度快；减少了特许商开发特许网络的费用支出；对特许权的销售有较强的控制力；能够对加盟商实施有效控制而不会过分依赖代理商；能够方便地中止特许合同；可以直接收取特许费。

缺点：特许商要对代理商的行为负责；承担被加盟商起诉的风险；承担汇率变动等风险。

三、按特许权授予方式分类

（一）一般特许经营

这是特许经营最常见的形式。特许商向加盟商授予产品、商标、店名、经营模式等特许权，加盟商使用这些特许权进行经营，并为此支付一定的费用。

（二）委托特许经营

委托特许经营是特许商把自己的产品、商标、店名、经营模式等特许权出售给一个代理人，由该代理人代表特许商向其所负责地区内的加盟申请者授予特许权（或特许商授权代理人代表特许商在其所负责地区内为其招募加盟商），并为加盟商提供指导、培训、咨询、监督和支持的特许经营模式。代理人自己并不直接经营，而是采取转嫁他人的方式进行开发和经营。

（三）发展特许经营

发展特许经营是指加盟商在向特许商购买特许经营权的同时，也购买在一个区域内再建若干家分部的特许权。加盟商可以在该地区内根据本部经营发展的需要再建若干家分部，而不必再向特许商重新申请。

☑ 双创频道1-1　　　　国内特许经营模式创业的三大误区

自从特许经营进入中国，便以星火燎原之势迅速发展壮大。我们打开任意一个创业网站，都能看到众多打着特许经营之名进行的招商项目。一提到特许经营，很多人差不多都会引用托夫勒在《第三次浪潮》一书中的一句话：特许经营是迄今为止所发现的最成功的经营模式。可特许经营究竟是什么呢？

其实，特许经营仅仅是一个企业的生产、品牌、商品、服务的营销模式而已，只是企业经营的一个方面，并不是企业经营的一切。目前国内对通过特许经营模式进行创业的认识存在以下三大误区：

误区一：把特许经营当成一个行业

特许经营并不是一个行业，而是一种营销手段，甚至仅仅是营销中的渠道建设手段。很多企业刚刚有一个能卖得出去的产品，就立刻要开展特许经营，招揽加盟商，向加盟商收取特许费用，如果采用多级加盟，必然会增加产品的销售成本，反而不利于产品推广。

误区二：特许经营等于成功

加盟一个特许经营体系，并不能保证加盟商百分之百成功。加盟商不过是获得了一套成熟的商业模式，是否能成功，还要取决于加盟商能否有效地运用这套商业模式。

误区三：人人都能加盟

是否适合通过特许经营来开创自己的事业，还要看你是否愿意放弃经营自主权。加盟商不能超越特许商的经营范围和要求。例如，如果你加盟了麦当劳，就必须按照麦当劳的要求来生产和销售汉堡，尽管可能你发现"肉夹馍"非常受当地客户欢迎，但是你不能卖。如果你是一个自主性非常强的人，那么特许经营可能就不太适合你，而自主创业更适合你。

资料来源　编者根据相关资料改编。

单元三　特许经营的优势和劣势分析

特许经营已有100多年的发展历史，它所取得的成功为世人瞩目。近几年，特许经营在我国也取得了巨大发展，特别是在新零售环境下，特许商将整个企业资源数据化，对整个资源进行调控，提升了整体效能。在数字经济蓬勃发展的今天，特许商打通了企业特许经营的各个环节，借助大数据、人工智能等新技术的应用，加强业务与技术的融合，提升数字化运营水平，实现管理升级和模式创新，达到了"提质、降本、增效"的目的。通过大数据、人工智能等新技术的应用，特许商在新零售环境中以精准的定位、明显的优势进行大规模的低成本扩张，突出了特许经营模式的优势。

一、特许经营的优势

（一）特许商方面的优势

1.有利于特许商规模快速扩张

特许商运用数字化信息平台，收集分析市场信息和加盟意向人的信息，精准定位市场和加盟商，并且加盟店由加盟商提供资金，降低了特许商的财务风险，让特许商能最大限度地利用加盟商的资金一起发展特许经营体系。特许商将资金主要用于构建特许体系，能够有效降低市场拓展的成本，加快扩张速度。

2.有效降低经营风险

在特许经营关系中，加盟商属于独立的民事主体，加盟店经营过程中发生的一切与特许经营相关的权利、义务、经营期限等合约条款都需要特许商与加盟商逐一协商签订，由于加盟商数量众多，增加了加盟风险，利用大数据、人工智能技术分析加盟商的信誉和加盟实力，可以大大降低特许商的经营风险。因此，新零售环境中，特许经营对特许商来说是一种低风险的品牌扩张模式。

3.有效提高加盟商激励效果

在特许经营中，加盟商既是加盟店的投资者，又是经营者。在新零售环境下，由于特许商与加盟商的信息沟通更加流畅和透明，加盟商更有信心加盟优秀的特许项目。加盟商获得良好的经营业绩，进而使特许商获得更大的收益，有利于特许事业的发展。

（二）加盟商方面的优势

加盟商可以借助特许经营"扩印底版"，即借助特许商的商标、专利、专有技术、经营模式的复制，通过特许经营体系的规模化，分享规模效益。这里的规模效益包括采购规模效益、广告规模效益、经营规模效益、技术开发规模效益等。

1.降低市场风险

对于缺乏经验的投资者来说，他们在面对激烈的市场竞争环境时往往处于劣势，选择一家业绩良好且有实力的特许商，借助其品牌形象、管理模式以及其他支持系统，可以获得多方面的支持，如培训、选址、资金融通、市场分析、统一广告、技术转让等，市场风险可以大大降低。

2.降低广告费用，享受现有品牌的商誉

由于承袭了特许商的商誉，加盟商在开店初期就拥有了良好的企业形象和较高的市场认知度。在广告宣传方面，特许商统一制订广告方案，广告的影响面较大，而各个加盟店分摊广告费用，使得加盟商付出较低的成本就可以获得较显著的广告效应。

3.加盟商货源有保障，采购成本低

加盟商既可以获得低成本采购的好处，也可以获得由特许总部统一配送的优势，节省寻找货源以及后续保障商品质量的时间和精力，便于将更多的时间和精力投入消费者服务中去。

（三）社会方面的优势

除了特许商和加盟商可以获得特许经营的规模效益外，社会也可以获得特许经营带来的种种好处。

1.增加就业机会

每增加一个加盟店，就会直接创造一定数量的就业岗位。很多国家将特许经营作为增加就业岗位的重要方式进行鼓励和扶持。特许经营为劳动者创业、初次就业、转岗就业、下岗再就业等提供了大量的就业岗位，有利于缓解就业压力，有助于社会稳定。

2.使资源配置在全社会范围内得到优化

特许经营可以为投资人手中的闲置资金找到大量低风险、高成功率的投资机会，又可以使特许商手中的专利、商标等知识产权转化为市场价值，从而使有价值的资源在全社会范围内得到更优配置。盘活、用好知识产权资源，使其产生效益，推动经济发展，既是创新驱动发展战略的重要一环，也是我国知识产权事业发展的重要着力点。

3.规范市场秩序、健全社会信用体系

特许经营是一种以特许商的品牌信誉为基础，以单店经营模式为扩张手段，并通过特许经营合同进行严格约束的标准化、规范化的商业活动，它对建立健全社会信用体系起着良好的推动作用。

4.促进科学技术创新

特许经营的核心是知识产权的转让。当科学技术面临良好的收益前景时，就能激发人们创新的动力，促使科学技术更新改进，缩短科技成果转化的过程。

（四）消费者方面的优势

1.为消费者提供优质的商品或服务

特许商拥有的先进技术、管理方式，是其多年来不断研究开发和经验提炼的结果，需要投入大量的人力、物力、财力，这是一般中小投资者无法做到的。通过特许经营，特许商把这些先进的技术和管理方式以特许权的方式授予加盟商，保证了加盟店提供的商品和服务处于同一水准。消费者在同一特许经营体系的任何一家加盟店内都可以购买和享受到优质的商品或服务。

2.获得便利

特许经营实行统一的店名、统一的服装标志、统一的店面装修，实施标准化经营，这样就很容易加深消费者的印象，为消费者所接受。无论何时何地，只要看到特许加盟店的独特店貌，消费者马上就会联想起其提供的商品或服务，大大方便了消费者的选购。并且，通过特许经营方式，特许商在全国或全世界范围内建立分店，使得不同地方的消费者或消费者在不同地方都能非常方便地购买和享受到同等品质的商品或服务。

二、特许经营的劣势

（一）特许商方面的劣势

1.不一定能招募到适合的加盟商

大多数希望从事特许经营业务的投资人都缺乏成为成功加盟商应具备的知识、经验或资金。如果特许商招募不到合适的加盟商，企业的扩张速度就会受到影响。

2.管理上面临挑战

虽然在特许经营关系中加盟商相对独立，但是从事特许经营的每一方都要在协议、商业规则和职业道德的规范下开展经营。在加盟商的选择、评价、沟通、监督、考核等方面，特许经营对特许商提出了更大的挑战。

3.面临更大的品牌风险

特许经营具有"复制"效应，如果加盟商对经营理念、产品和服务品质不能落实，不按标准操作，就会使特许商的品牌和信誉以及整个特许经营体系受到影响。

4.容易使特许商丧失经营自主权

独立的加盟商有时候会随意改变特许商的政策决定，因此，一旦特许经营体系中的监管子系统不完善，特许商就容易丧失一定的控制权、自主权。

5.容易泄露商业秘密

在特许经营过程中，特许商不可避免地要与加盟商就核心技术、市场开发、生产规划等事项进行沟通和交流。如果特许经营的双方保护商业秘密的意识不强，就容易导致商业秘密泄露，造成损失。

（二）加盟商方面的劣势

对加盟商而言，特许经营的劣势如下：

（1）加盟商要承担用于设立和经营分店的资金压力，这是开展特许经营的前置条件。

（2）加盟商受到特许经营合同的限制和监督，相对缺乏自主权。

（3）过分依赖特许商提供的标准化产品与服务，相对缺乏创新。

（4）加盟商业务发展过快时，不能保证特许总部的后续服务能够跟上。

单元四　特许经营发展概况

一、特许经营的发展阶段

微课1-4：
特许经营发
展历程

（一）特许经营的历史

南北战争后的美国拥有四通八达的交通运输网络，形成了统一的国内市场。美国制造业劳动生产率的提高及生产消费的大幅度上升，促使零售商根据流通业的要求创造了新型的零售商业形式。19世纪中期，以胜家缝纫机公司（Singer Sewing Machine Company）为代表的特许经营开始出现。胜家被认为是近代意义上商业特许经营的鼻祖。1851年，一位名叫列察克·梅里瑟·胜家的美国人发明了一种代替手工缝纫的机器——缝纫机，并随后成立了胜家缝纫机公司。然而此时的胜家在市场推广时遇到了两个巨大的障碍：一是要对消费者进行培训，教会他们胜家缝纫机的使用与维护方法；二是缺乏生产所需的资本，无法大量制造缝纫机。如何解决培训消费者以及缺乏拓展资金这两个问题呢？胜家想出了一个绝妙的主意：把销售缝纫机及培训用户的权利以一定的价格出售给当地商人，胜家称他们为加盟商。两个问题就此迎刃而解：培训缝纫机用户的事项转给了加盟商负责，而胜家只需培训这些加盟商；同时，加盟商

为购买许可权而支付的费用被胜家用于批量制造缝纫机。1865年，胜家缝纫机公司为了推广缝纫机业务，显示缝纫机的优越性，开始出售缝纫机分销特许权。胜家缝纫机公司在美国各地开设了拥有销售权的特许经销店，缝纫机的销量迅速增加，胜家成功打开了市场。由此可以看出，特许经营乍一出现，就充分展现了自己的魅力和巨大优势。由于胜家所取得的巨大成功，特许经营这一模式开始被其他企业模仿。这一时期，特许经营模式因其显露出来的巨大优势而得以迅速地在若干行业中得到利用。

19世纪80年代，美国各个城市陆续将原来由政府垄断的公共交通、水、电、煤气等公用事业的特许权授予各个私营公司。随后，饮料、汽车等生产厂商也开始通过特许经营进行分销。进入20世纪，特许经营模式得到迅速发展。例如，可口可乐公司通过特许经营把配方、就地生产、灌装、销售授权给2 000多个工厂，使得其业务得到了突飞猛进的发展，为其饮料业龙头地位的奠定打下了坚实的基础。1900年以后，大型产业如汽车业与石油业也以特许经营的方式建立了营销网络。之后，具有代表性的第一代特许加盟店产生于20世纪20年代，这一代的特许经营主要集中在商品流通领域，属于"商品-商标"特许，以商品的分销权、商品商标使用权授权为主要特点。在此时期，福特汽车公司首创了流水线生产方式，大幅度提高了汽车的生产效率。

第二代特许加盟店诞生于20世纪50年代，盛行于20世纪60年代，许多行业的特许经营进入全面发展时期，其中快餐业尤为突出。肯德基和麦当劳就是在此时期通过特许授权这一全新的管理模式发展起来的，它们要求加盟者出售的食品、饮料、服务品质、店铺装修设计以及员工服装都必须严格一致。

商业特许经营的实质是一种分享经济，数字化特许经营已经成为特许经营发展的第三个阶段。《数字化特许经营指南》从行业协会的角度指导特许商正确认识和理解数字化特许经营，指出特许商发展数字化特许经营在不改变传统主要业务流程情况下，通过收集多渠道数据源，进行数据分析和处理，将所有业务数据化，有了精确的定量数据，形成标准化的基础，辅助或替代管理决策，进而对决策和执行行为进行管理，形成对企业经营和管理目标的支撑，驱动特许经营核心业务"特许经营权交易"标准化发展，帮助特许商提升管理的效率。

（二）特许经营的现状

20世纪60年代，特许经营开始由美国扩展至法国、英国、加拿大、日本、新加坡、韩国等国家以及中国香港、台湾地区。20世纪80年代中期，特许经营进入中国大陆，典型代表为麦当劳和肯德基。20世纪90年代后，中国的特许经营由超市、便利店发展到专业店、专卖店和快餐业等。一方面，外国企业在中国快速发展特许加盟店；另一方面，本土企业学习和借鉴国外企业的经验，并根据企业实际情况在国内积极拓展特许经营，其中以李宁、华联超市、马兰拉面和恒源祥等为代表。

1997年11月，国内贸易部颁布《商业特许经营管理办法（试行）》之后，特许经营有了管理规范。2007年2月6日，国务院颁布的《商业特许经营管理条例》为特许经营的飞速发展奠定了坚实的基础。《商业特许经营管理条例》《商业特许经营备案管理办法》《商业特许经营信息披露管理办法》的先后出台，标志着我国商业特许经营被逐步纳入法治化、规范化发展的轨道。

截至2022年10月，在商务部商业特许经营信息管理系统备案的企业总数量为8 715家。按照经营区域范围统计，省内企业4 760家，跨省企业3 955家；按照经营资源类型统计，拥有注册商标的8 258家，拥有专利的260家，拥有专有技术的25家；按行业统计，零售业2 178家，餐饮业4 155家，居民服务业638家，教育培训业415家，住宿业147家，中介服务业278家，其他商业服务业934家；备案企业按加盟店数量统计，拥有101至200家加盟店的有205家，拥有201至300家加盟店的有97家，拥有301至500家加盟店的有88家，拥有500家加盟店的有159家；按照所属区域统计，前10名分别是北京市（1 300家）、上海市（841家）、浙江省（717家）、山东省（607家）、江苏省（550家）、广东省（533家）、四川省（420家）、湖南省（420家）、重庆市（402家）、福建省（381家）。

新业态、新模式和新技术在特许经营领域得到快速应用和发展。服务消费、信息消费、绿色消费等新的消费领域和热点不断拓展和涌现。与此同时，特许经营行业贡献度日益提高。特许经营成为中小企业创业发展的有效途径，在商务部备案的特许企业中60%以上是中小商贸企业。特许经营有效地带动了民间资本投资，目前的特许百强企业中民营企业占比超过了一半。

拓展阅读1-3：2022年商业特许经营备案信息

（三）特许经营的发展趋势

特许经营已呈现出快速发展的趋势。《大趋势》一书的作者约翰·奈思比特预测：特许经营是21世纪的主导商业模式。随着经济全球化的发展及国民收入的增长，民间资本为特许经营的推广奠定了良好的基础。从国际化的发展趋势特点来看，品牌的直营连锁店发展到一定规模，拥有了自身良好的品牌及统一的管理模式后，一般都会转变为特许经营进入国际市场继续发展。尤其是国内的一些中小型制造商正在从生产型企业向市场型企业转型，特许经营使得这些制造商可以通过较低的成本实现快速扩张。因此，特许经营必将成为最具潜力的连锁经营形式。

我国拥有数量众多的特许体系，拥有具有创新活力的数字化经济生态，已具备成为第三代特许经营领跑者的能力，特许商一方面要继续强化产品和服务品质，积极探索新的特许经营模式，顺应消费升级的市场趋势；另一方面要确保技术应用快速迭代，数字化应用水平快速提升，让数字化渗透到特许商的特许体系中，促进特许商在新零售中更具竞争力和可持续发展能力。

▶ 经营之道1-4　　　　　黄金为民，送福万家

中国黄金集团黄金珠宝股份有限公司是专业从事"中国黄金"品牌运营的大型专业黄金珠宝生产销售企业，是中国黄金集团有限公司的控股子公司，承载着"中国黄金"延伸产业链的重要使命。

中国黄金集团黄金珠宝股份有限公司自创建以来，坚持秉承"精诚所至、金石为开"的企业精神，贯彻"冲市场、聚人气、树品牌、做规模、防风险、提质量、增效益"的企业发展理念，坚持"品牌制胜、渠道制胜、规模制胜、服务制胜"的企业经营理念，奉行"黄金为民，送福万家"的服务理念，履行"央企为民"的社会责任。

在企业的经营实践中，中国黄金集团黄金珠宝股份有限公司积极探索、努力创新，逐步成为实物黄金消费和投资领域的创新者和领导者，是集设计、加工、批发、零售、服务于一体，直营、加盟、银行、大客户和电商五大销售渠道并行的黄金珠宝全产业链综合体。中国黄金系列产品以更纯、更赤、更值、更美的价值追求，在业界和广大消费者中享有盛誉。

大品牌、大营销、大数据、大人事。中国黄金集团黄金珠宝股份有限公司不断完善策略规划，拓展渠道销售，确立了"连锁+专卖"的经营模式，2021年销售规模5 075 767万元，门店总数3 721家，其中加盟店824家，打造出一个全新的黄金珠宝销售帝国。

始于黄金，但不止于黄金。中国黄金集团黄金珠宝股份有限公司不断拓展业务范围，积极为客户提供更多的投融资工具和资本服务，推出贵金属的投资和定制业务，倾力打造中国黄金B2C网上购物商场平台，切实为消费者提供"愉快、专业、快捷"的新型网络购物体验。

精诚所至，金石为开。中国黄金集团黄金珠宝股份有限公司继续以"提升中国黄金在投资者和消费者心目中的价值"为使命，为广大消费者和投资者提供最可信赖的黄金珠宝和钻石产品等服务。

资料来源 根据中国黄金官网（https：//www.chnau99999.com）资料整理。

二、特许经营的行业分布

特许经营作为一种先进的经营方式，首先在零售业中运用并获得突飞猛进的发展，而且日益渗透到餐饮业和服务业中，充分发挥了它潜在的优势。下面就特许经营在零售业、餐饮业、服务业三个行业的发展状况进行分析。

（一）零售业

现代特许经营最早发轫于零售业，通过适应当时的市场环境、消费条件加上经营者的顽强拼搏，引起轰动效应，各个行业纷纷仿效，最终成为当代西方发达国家在流通领域的创新经营形式。零售业的特点是市场相对稳定，主要有大型综合超市、超级市场、便利店、折扣店等。

（二）餐饮业

餐饮业一直是特许经营的主力，尤其是快餐店，1994年美国增长最快的十大特许经营企业中，有5家是快餐店，其中最著名的有麦当劳、肯德基等。20世纪90年代，由于大型海外餐饮集团进入国内，国内餐饮业面临着严峻挑战，一些企业以特许经营的形式应战，利用自身的优势，开始特许经营的探索，如北京"全聚德"、马兰拉面、成都"谭鱼头"、北京"东来顺"等企业都依靠特许经营发展壮大起来。

（三）服务业

服务业作为第三产业的重要组成部分，包括旅馆饭店、美容美发、信息咨询、家庭服务、娱乐业、休闲旅游业、维修服务业、培训教育等业态多采用特许经营形式开展连锁经营。服务业由于涉及的行业广泛，存在巨大的开发空间。

> **经营之道1-5**　　　　　　　　**2021年中国特许连锁Top100**

　　根据"2021年中国特许连锁经营行业基本情况调查"统计结果，中国连锁经营协会（CCFA）公布了"2021年中国特许连锁Top100"。

　　"特许连锁Top100"2021年销售规模为5 885亿元，同比增长23.6%，占社会消费品零售总额的1.3%。门店总数36.6万个，同比增长9.9%，提供就业岗位约500万个。

　　2021年参与本年度特许连锁行业调查的企业包括餐饮、酒店住宿、汽车后市场、培训教育、房屋中介、房屋装修、美容美发、康体健身、食品专卖、非食品专卖、家庭服务、商务服务以及便利店等10余个行业、业态。

　　资料来源　中国连锁经营协会. 2021年中国特许连锁TOP100强 ［EB/OL］. ［2022-05-05］. http：//www. ccfa. org. cn/portal/cn/xiangxi. jsp？ id=443623&ks= % E7%89%B9%E8%AE% B8&type= 10003.

拓展阅读1-4：
2021年中国
特许连锁
Top100

三、特许经营发展中存在的问题

（一）特许人数字化特许经营有待完善

特许经营的核心竞争能力之一就在于通过快速扩张规模降低成本，扩大市场占有率。我国特许经营企业的门店数量扩张速度并不慢，但是相对国际成熟的特许品牌来说，由于信息技术的运用还有待完善，特许人的管理能力和店数规模还有很大的发展空间。

（二）特许人的经营标准化问题

数字化时代到来之前，标准化是中国特许发展的瓶颈，主要表现为三个方面：第一，发展不规范。一些特许人由于自身实力不足或对特许经营的认识局限，抱着急功近利的心态疯狂招商，还有一些投机分子利用加盟商不了解特许经营进行招商欺诈等活动，使得不少创业投资者蒙受巨大损失。第二，运作不规范。在急功近利心理的支配下，一些特许人在直营店还不成熟的情况下就开始发展特许经营，更谈不上对特许加盟店的后续支持。第三，管理不规范。目前很多特许经营企业只是统一了店名、标识等外在形象，但是在特许经营体系建设的核心，比如研发、培训、配送等方面仍然是粗放式的管理，导致特许人品牌形象受损，整个特许经营体系竞争能力差。

（三）特许人的经营发展速度与质量平衡的问题

目前特许经营进入了快速发展时期，特许人大力推广招商，有的能用一年的时间发展上千家加盟店，但是，这些超速发展的企业的单店管理和系统化管理基础还不牢固就开始急速扩张，结果是看起来店数很多，规模很大，但是整个特许经营体系的赢利能力较弱，抵抗市场风险的能力差。特许经营扩张应该是以质量效益为前提的规模化扩张，单店数量多并不意味着效益就一定好，如果出现随着规模的扩张而效益下降的就是规模不经济，甚至会出现亏损、倒闭，所以特许人一旦不重视经营发展速度与质量平衡的关系，其持续发展就会受到很大的影响。

（四）特许经营人才的匮乏

目前我国特许经营方面的专业人才非常缺乏，尤其是在新零售环境下，对特许经营整体运营管理拥有丰富实践经验的人才更是匮乏，这在一定程度上阻碍了我国特许经营的发展。

（五）特许经营国际化带来的竞争压力

中国加入 WTO 后，国外许多特许经营品牌纷纷到中国抢占市场，已经进入的国际品牌也加快了在我国的拓展步伐，这些国际品牌在给本土企业带来先进的经营理念的同时，也带来了竞争压力。中外特许经营品牌同台竞技，拼的是品牌实力、资金实力、管理能力等一系列硬功夫。有的行业经过这些年的发展，开始出现激烈的竞争，并购、重组已经成为这些行业连锁和特许经营扩张的重要手段。

四、我国特许经营相关政策规章和协会组织

（一）我国特许经营相关政策规章和标准

为了促进商业特许经营的发展，我国政府制定了一系列关于特许经营的政策、法规。

1997 年 3 月，国内贸易部发布了《连锁店经营管理规范意见》，规定了特许经营的定义和特许合同的基本内容。

1997 年 5 月，国家工商行政管理局与国内贸易部联合发布了《关于连锁店登记管理有关问题的通知》。

1997 年 11 月 14 日，国内贸易部发布了《商业特许经营管理办法（试行）》，该办法是我国第一个规范特许经营的部委规章，对特许经营的定义、基本形式、特许经营双方的权利和义务、特许经营合同的要求及收取费用等方面做了规定。该办法适用于一切在中国境内从事商业特许经营活动的企业、个人或其他经济组织，规定了特许商提交的材料需要经行业协会备案。

1999 年，国家国内贸易局发布了《关于进一步规范特许加盟活动的通知》。

2002 年 10 月 10 日，国家经贸委办公厅印发《全国连锁经营"十五"发展规划》，指出在"十五"期间严格规范、积极稳妥地发展特许经营。在加强特许经营法规建设的基础上，逐步引导特许经营吸纳全国更多的行业和领域发展，要以这些行业中有自主知识产权、核心竞争力强、知名度高、管理基础好的企业为依托，推动特许经营的发展，提高行业整体素质和服务水平；积极利用和开发民族品牌，形成规范化、可复制、易扩张、能够实施有效监管的特许经营体系；鼓励实力较强的企业通过区域特许等方式，引进国际知名特许品牌，学习借鉴其成功经验和模式，缩短与国际先进水平的差距。

2003 年 5 月 23 日，商务部印发《做好当前开拓市场扩大内需工作的指导意见》指出，要鼓励有条件的企业通过兼并联合、资产重组、参股控股或输出商标、商号和经营管理技术发展特许经营等方式实现规模扩张，积极引导连锁经营从超市、百货店向便利店、专业店、专卖店、大型综合超市、仓储式商店、折扣店等多业态渗透，从传统商业零售、餐饮业向成品油、汽车、农资、医药、烟草、图书报刊、住宿、典

当、租赁、拍卖、旧货、家政服务、房地产中介和销售代理、教育培训、旅游等多行业和新型服务业拓展，从大中城市向小城镇和农村市场延伸，从直营连锁向特许连锁转变等多种方式并举发展。

2004年12月8日，针对当时特许经营市场出现极少数不法分子借用特许经营进行诈骗、圈钱等危害投资者的恶性事件，商务部根据国务院要求，组织中宣部、公安部、工商总局、税务总局、法制办、行业协会的有关负责人，召开了"关于整顿规范特许经营市场会议"。会议讨论了行业自律问题，对特许经营展会的监管问题，讨论了如何保证参展企业的合法性和推广活动的真实性，防止不法分子利用展会进行商业欺诈。

2004年12月11日，按照中国的入世承诺，特许经营市场在入世3年后全面放开，我国取消了投资零售领域的地域、数量和股权比例限制。2005年分销领域入世过渡期结束，商业领域全面对外开放，中国被业内专家一致认为是世界上"极具潜力的特许经营市场"。

2004年12月31日，商务部颁布《商业特许经营管理办法》，自2005年2月1日起施行，原国内贸易部发布的《商业特许经营管理办法（试行）》同时废止。《商业特许经营管理办法》共9章42条。除总则和附则外，分别对特许经营当事人、特许经营合同、信息披露、广告宣传、监督管理、外商投资企业从事特许经营、法律责任等进行了详细规定。《商业特许经营管理办法》明确规定，"商务部对全国特许经营活动实施监督管理，各级商务主管部门对辖区内的特许经营活动实施监督管理"。

2005年3月，国务院办公厅发布《关于开展打击商业欺诈专项行动的通知》。随后，从2005年5月开始，由全国整规办联合商务部、中宣部、发改委、公安部、劳动保障部、建设部、海关总署、税务总局、工商总局、质检总局、外汇局11个国家部委发起的"打击商贸活动中的欺诈行为"专项行动正式启动，对包括商业特许经营在内的商业欺诈行为进行重点整治。

2005年6月9日，国务院正式下发了《关于促进流通业发展的若干意见》。这是国务院首次针对流通业发展制定的系统性的政策性意见。在该意见中，特许经营被作为流通业的重要推广模式之一，"鼓励具有竞争优势的流通企业通过参股、控股、承包、兼并、收购、托管和特许经营等方式，实现规模扩张，引导支持流通企业做强做大"。

2007年1月31日，国务院第167次常务会议通过《商业特许经营管理条例》。

2007年2月6日，国务院总理温家宝签署中华人民共和国国务院第485号令，公布《商业特许经营管理条例》，该条例自2007年5月1日起施行。

为配合《商业特许经营管理条例》的实施，商务部于2007年分别制定了《商业特许经营备案管理办法》和《商业特许经营信息披露管理办法》。后来随着我国商业特许经营的发展，商务部又分别于2011年11月7日及2012年1月18日对这两个办法进行了修订。

为深入贯彻落实《商业特许经营管理条例》、《商业特许经营备案管理办法》和《商业特许经营信息披露管理办法》，商务部成立了由流通发展司、条法司、财务司、市场秩序司、服贸司、电子商务司6个司局组成的商业特许经营管理办公室。

2012年8月17日，商务部办公厅下发了《关于进一步做好商业特许经营管理工作的通知》，对各省、自治区、直辖市、计划单列市及新疆生产建设兵团商务主管部门提出要求：一是提高认识，建立健全工作机构；二是要完善备案制度，加强备案服务与管理；三是借助中小企业服务平台，促进特许企业品牌建设；四是依法行政，规范特许经营行为；五是加强宣传，形成良好的舆论氛围。

根据商务部2017年第42号公告，行业标准《零售业特许经营技术指南》和《零售业商品管理绩效指标（KPI）体系》于2018年6月1日生效。

2018年，根据《中国连锁经营协会团体标准管理办法（试行）》相关要求，批准《汽车后市场行业特许经营服务规范》为中国连锁零售行业团体标准，编号为T/CCFAGS003-2018，同年6月5日起实施。

（二）协会组织

中国连锁经营协会（China Chain-Store & Franchise Association，CCFA）成立于1997年，是连锁经营领域唯一的全国性行业组织，目前，拥有会员企业1 200余家，会员涵盖零售、餐饮、服务、供应商及相关机构，连锁会员经营方式包括直营及特许经营。协会本着"引导行业、服务会员、回报社会、提升自我"的理念，参与政策制定与协调，维护行业和会员权益，为会员提供系列化专业培训和行业发展信息与数据，搭建业内交流与合作平台，致力于推进连锁经营事业与发展。

协会以推动连锁经营在中国的发展为己任，以会员服务为核心，代表行业利益，维护会员合法权益，提供各项促进企业发展的服务内容，主要包括：

1.政策协调

为企业与政府搭建沟通平台，并通过政策建议、标准制定、信用体系建设等为行业发展创造良好环境。

2.企业合作

以中国连锁业会议、中国连锁店展览会、中国特许加盟大会、中国特许展等活动为平台，推动行业合作交流与发展。

3.行业培训

通过从业人员认证培训体系，帮助企业管理人员提高业务水平。

4.资讯整合

通过协会网站、每周行业电子简讯和《连锁》月刊传递各行业资讯，帮助企业及时把握行业发展脉搏。同时，保持与中央、地方媒体的紧密合作。

5.国际交流

作为WFC、APFC成员，中国与世界50多个国家在零售连锁和特许经营方面建立了紧密联系，积极推动国际化交流。

6.行业研究

通过行业统计和专项调查，发布研究报告，为政府和企业提供涉及行业发展趋势等方面的调研服务，为企业决策提供依据。

7.行业自律

以《中国连锁经营协会章程》《连锁超市行业道德规范》《商业特许经营管理条

例》为准则，规范企业经营行为，促进行业健康发展。

知识掌握

随堂测 1-1

1.主要概念

特许经营　特许商　加盟商　单体特许　区域特许

2.单项选择题

（1）特许经营起源于（　　　）。

A.美国　　　　　　　B.英国　　　　　　　C.日本　　　　　　　D.中国

（2）被称为第二代特许经营模式的是（　　　）。

A.商品商标型特许经营　　　　　　　B.经营模式型特许经营

C.区域开发型特许经营　　　　　　　D.复合型特许经营

（3）2007年国务院颁布的（　　　），对我国特许经营的健康发展起到了保障与促进作用。

A.《商业特许经营备案管理办法》　　　B.《商业特许经营信息披露办法》

C.《商标法》　　　　　　　　　　　　D.《商业特许经营管理条例》

（4）我国特许经营的发展趋势是（　　　）。

A.生产型特许经营　　　　　　　　　B.商品商标型特许经营

C.经营型特许经营　　　　　　　　　D.数字化特许经营

3.多项选择题

（1）特许经营是指拥有（　　　）等经营资源的企业以合同形式将其拥有的经营资源许可其他经营者使用的经营活动。

A.注册商标　　　　B.专利　　　　　　C.专有技术　　　　　D.商誉

（2）特许经营的基本要素包括（　　　）。

A.特许人必须是拥有注册商标、企业标志等经营资源的企业

B.被特许人应当在统一的经营模式下开展经营

C.被特许人应当向特许人支付相应的费用

D.特许人和被特许人是合同关系，双方通过特许经营合同确立各自的权利和义务

（3）我国特许经营发展中存在的症结有（　　　）。

A.合同与契约意识差

B.单体特许商的特许经营规模化不够

C.盲目扩张，忽视内部管理

D.缺乏成熟的加盟体系

（4）我国特许经营企业现阶段面临的难题主要表现在（　　　）。

A.特许经营企业的知识产权无法得到有效保护

B.店铺选址困难，商业地产有效供应不足

C.企业人力资源短缺，缺乏专业人才

D.社会总体特许经营规模化不够

（5）特许经营对特许人的优势有（　　　）。

A.不受资金限制，可以迅速扩张规模

B.可以降低经营费用，降低经营风险

C.有利于提高人力资本激励效果

D.有利于规范市场秩序，健全社会信息体系

4.简答题

（1）什么是特许经营？

（2）特许经营的相关术语有哪些？

（3）特许经营的本质特征有哪些？

（4）简述特许经营的分类方式及包含的内容。

（5）特许经营的优势和劣势有哪些？

（6）简述特许经营的发展阶段及存在的问题。

（7）简述特许经营的行业分布。

（8）简述我国特许经营相关政策法规和协会组织。

双创应用

1.项目背景

全家 FamilyMart 的特许经营

2004年，中国大陆全家 FamilyMart 在上海成立，以"Always new & fresh"追求不断创新特色的商品与服务理念，始终保持着超过2 500款商品、每年70%的商品更新率面向消费者提供便利生活服务，致力于引领便利店行业最新潮流。目前，全家便利采用特许加盟形式进行扩张，加盟商一次性出资60多万元，就可以开设一间属于自己的"全家"便利店。以加盟 1FC-X 型全家便利店为例，全家便利有五方面要求：

一是开店准备。契约主体1人；需要自行设立有限责任公司；需要自行办理店铺相关执照；合同期限为5年。

二是资金准备。资金需要58万~68万元，其中包括：10万元加盟金，优惠至6万元；10万元保证金；装潢设备等费用42万~52万元（根据店铺面积大小，以实际结算为准）。

三是店铺准备。自有店铺或取得租期5年以上；店铺使用面积70平方米以上，店宽6米以上；店铺要有上下水，电力供应在50千瓦以上；店铺层高要在3米以上，最好有卫生间；该店铺需要由全家总部评估通过。

四是人员准备。自备店长、副店长全职经营：店长、副店长年龄20~50岁，品行端正、身体健康、高中以上学历；需要通过全家总部面试及专项培训；自行招募店员，由全家总部进行岗前培训；门店自行与店员签订劳动合同，承担薪资、"五险一金"等；店员均需持有食品类健康证。

五是合作者营运费用负担。具体包括：店铺租赁租金、店铺其他运营费用、店铺营运成本、水电费。获得特许授权的"全家便利"加盟店，"全家便利"负责提供

"全家 FamilyMart"商标、形象、管理技术、商业秘密等无形资产，总部直接帮助培训经营者及店员，对所有商品实施统一配送。

　　资料来源　编者根据全家官网（http: //www.familymart.com.cn）资料整理。

　　2.双创任务

　　目标：结合项目背景，了解全家 FamilyMart 便利店的特许加盟条件，同时将当地其他品牌便利店的加盟情况与全家 FamilyMart 的加盟情况进行比较，分析当地便利店的加盟环境和领导品牌便利店的特许加盟模式，为便利店业态中特许双方开展特许经营活动提供参考，帮助学生进一步理解特许经营的本质。

　　任务：将学生分组，4人为一组。通过实地调研，收集当地便利店的特许加盟模式、加盟条件等信息，并与全家便利店进行综合比较。总结当地便利店的特许经营环境，了解优质特许便利店项目的加盟条件，分析适合加盟便利店项目的投资人主要有哪些，他们在投资便利店项目中具有哪些优势，会遇到哪些风险。撰写市场调研报告，制作PPT，进行汇报。

　　考核："全家 FamilyMart 的特许经营"双创应用考核评分表，见表1-1。

表1-1　　　　　　　"全家 FamilyMart 的特许经营"双创应用考核评分表

小组名称：

实训任务	考核要素	评价标准	分值（分）	得分
撰写市场调研报告，制作PPT，进行汇报	报告结构	结构完整、规范、有条理	20	
	数据分析	文字与图表结合、分析深入，能发现问题	30	
	报告内容	报告编排符合逻辑，层次分明，观点明确，论据充分	30	
	文字表达	语言表达流畅、通顺、言简意赅	20	
合计				

　　得分说明：各小组针对双创任务要求，进行汇报。得分90~100分为优秀；75~89分为良好；60~74分为合格；60分以下为不合格。

项目二
特许经营体系构建

■ **学习目标**

通过本项目的学习，要求达到以下目标：

知识目标：熟悉特许人资格认定条件；熟悉特许总部的组织结构和部门职能；掌握样板店的作用；熟悉特许经营推广的渠道；掌握特许经营督导的运作方式。

能力目标：辨别特许经营市场环境是否适合本企业特许经营项目的能力；特许经营体系整体规划能力。考察特许市场中各类特许商的经营体系，吸收优势做法，规划特许经营体系整体方案。

思政目标：确定"科技引领、品质匠心、品牌自信"作为本项目课程学习的思政教育主题，通过对案例导入、经营之道、知识拓展、双创频道等栏目内容的学思践悟，激发大学生创新运用科学技术创立中国原创优秀特许经营民族企业品牌的信心，树立民族品牌、品牌自信，真正利用好特许经营模式为人民生活、社会繁荣和国家富强服务。

案例导入

17年6 600家连锁店的成长密码

天福集团积极响应"诚信兴商"倡议，为构建一流消费环境贡献力量。经过17年的发展，天福集团已经发展成为一家以便利店经营管理为主，集超市管理、产品开发、商贸代理、物流配送、供应链管理为一体的集团企业，现有下属企业20余家。其中天福连锁便利店系统是全国十大连锁便利店系统之一，2021年在中国连锁便利店百强排行榜上门店数量名列全国第四，在广东连锁便利店价值品牌榜上名列第二。目前，天福集团已在广东、湖南、江西、福建、贵州、广西等地区发展了6 600多家门店，创造了中国便利店创业史上的发展奇迹。

门店发展数量超6 600家的背后，源于天福在以下四方面的不断努力：

1.建立一支稳定的学习型团队。企业的发展离不开人才，天福在团队建设方面，为员工提供了丰富的学习机会，完善的晋升机制，并积极与员工分享公司的经营发展成果，与员工共享发展红利。

2.建立独特的企业文化。天福做投资性价比最好的品牌便利店，并始终把"为员工谋福利"作为公司的首要任务，始终朝着"做国人自豪的便利店"的企业愿景矢志不移地奋斗着。

3.建立高效的供应链体系。通过不断完善信息管理系统建设、物流设施建设和供应链管理体系建设从而实现高效运转。

4.坚守零售本质创新发展。通过不断提升"商品力""服务力"，从而提高运营效率，多方面融合，多渠道创新发展，全心全意为门店服务，为门店赋能。

17年来，天福通过快速发展，不断吸引着越来越多志同道合的伙伴。未来，天福将始终坚定"做投资性价比最好的品牌便利店"的加盟观，服务千家万户，为消费者提供便利。未来，天福将持续秉承"诚信、创新、团结、拼搏"的企业精神，不断更新迭代，为中国特许经营事业贡献力量！

资料来源 广东省连锁经营协会.17年6 600家门店，解密天福成长密码［EB/OL］.［2022-01-05］.http://www.tfcn.com.cn/newsdetail-362.html.

案例启示：连锁经营企业不能盲目开展特许经营业务，需要稳定的学习型团队、独特的企业文化、高效的供应链体系、创新发展进行配合。

单元一 特许经营体系的主要模块

特许经营体系是指在统一的品牌和经营模式下，由特许商和加盟商共同经营的一个管理和运营系统。例如，百胜集团下，有若干个特许经营体系，如肯德基、必胜客、塔可钟等。如果一家特许连锁企业有多个特许体系，在商务主管部门的"商业特许经营信息管理系统"中进行备案资料填报时，其就要按照不同的特许经营体系分别进行填报。特许经营管理体系是特许企业持续健康发展的基础。

传统的特许经营体系主要以书面的制度、流程、规范、标准和表格等方式呈现，以训练等方式学习，以特定组织结构方式实施，以督导检查等方式控制。传统的特许经营体系存在两个问题：一是体系的复杂性与执行的碎片化之间的矛盾；二是体系内容在传递过程中的损耗导致执行结果的变异。现在数字化的运用，能有效地帮助特许人对经营管理模式和经验进行固化与沉淀，形成系统化的知识图谱，并且便于"进化"与"遗传"；帮助执行者在复杂的体系里快速找到需要的碎片，以降低学习成本；减少信息在传递过程中的损耗；引导执行者形成"目标"与"结果"之间的闭环。

目前，有前瞻性的特许商已经将数字化运用到特许经营体系的构建中，有的从特许体系的应知应会出发，通过建立知识图谱、复制成功店长的经验来服务加盟店；有的应用侧重于利用大数据和模型来提高选址、招募的成功率，降低人为主观因素的影响；有的将加盟服务的全链条通过信息和流程在线化，提升沟通效率和加盟商的信任度，降低总部成本；有的将原本手工统计的自查、督导等繁杂工作完全数字化、可视化，减少人员统计的成本和误差，提升工作的精细度和整体效率。

一、特许经营基本关系

特许经营基本关系要素包括：特许商、加盟商、配送中心、被市场认可的完整的商业模式、商业模式的验证、特许权组合、对加盟商持续的支持和指导、特许经营体系的管控等，它们之间的互动构成了一个完整的特许经营关系体系。

特许商与加盟商之间是一种契约关系，特许总部与加盟单店是特许经营体系中的两个基本的组织形态，特许商、加盟商与消费者在特许经营整个体系中是三个相互独立的民事主体，特许总部、加盟单店、配送中心三部分的分工运作是特许经营体系的主要支柱；被市场认可的完整的商业模式是构建特许经营关系的中心环节，是实现特许商和加盟商盈利目标的载体；样板店是每个加盟商复制特许总部经营模式的样板，是成功商业模式的验证；特许权组合的交易是维系特许总部和加盟商的纽带；对加盟商持续的支持和指导可以使加盟商得以完全准确地复制特许商的经营模式，也是特许经营的特色所在；特许总部对加盟商进行严格的管控是确保特许经营系统健康发展的重要保证，也是特许商和加盟商之间沟通的途径，尤其对特许经营网络建设具有重要的意义，既可以验证加盟商是否已真正掌握特许总部的经营方针，又可以避免出现影响特许商品牌的情况。

在特许经营体系的构成中，特许商、加盟商、特许总部、加盟单店、消费者五大要素关系密切。基本关系结构如图2-1所示。

二、特许经营体系设计流程

建立在特许经营基本要素关系的基础上，设计特许商的特许经营体系，从特许商认知，到加盟店的开业与管控，一般有九个模块，如图2-2所示，每个模块都有不同的工作重点和目标任务，特许商可以根据企业的实际需要进行调整。

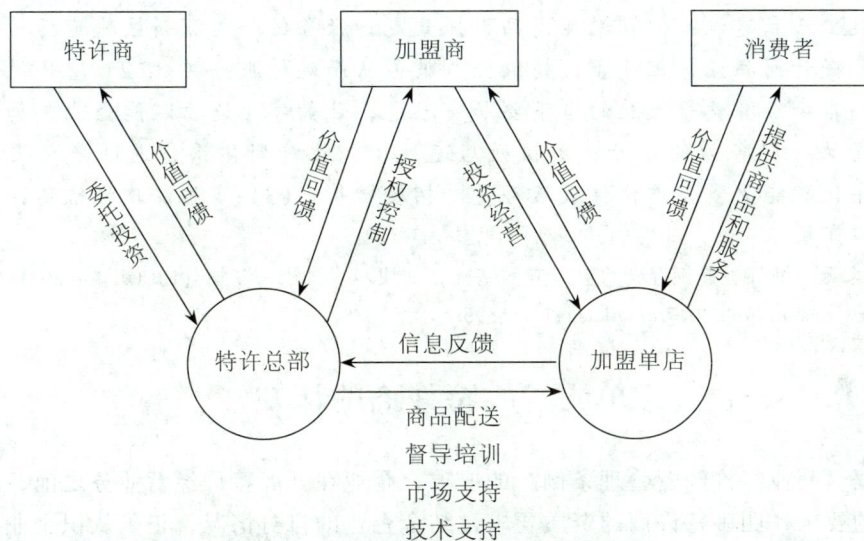

图2-1　特许经营体系基本关系结构图

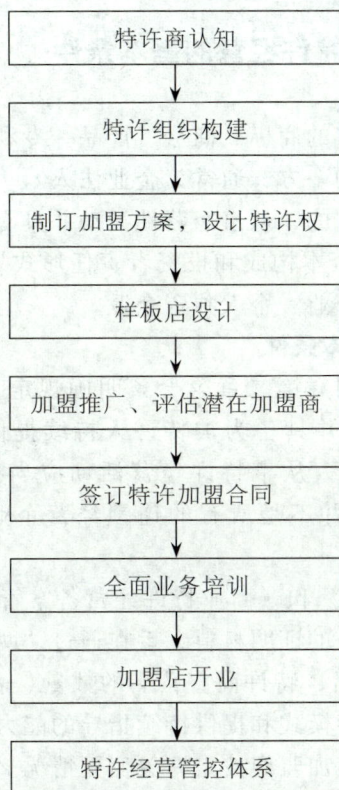

图2-2　特许经营体系设计流程

知识链接2-1　　夯实基础，加快步伐，谱写新篇

　　新零售环境下，特许连锁企业一方面根据消费者需求梳理门店商品，提升供应链效率；另一方面探索加快融合各类平台加速发展方式。对于特许连锁企业未来的

发展，提出三点建议：（1）聚焦商品，探索延伸服务链。要深耕区域市场，突出区域特点，提升商品差异化竞争，精做会员服务从而延伸服务链。（2）增强优势，补齐短板。市场经济竞争激烈的当下要居安思危，让数字化逐步赋能企业，加快商品力、运营力、服务力的提升，加快开店速度，强化加盟体系，通过平台化、品牌化、数字化赋能更多合作伙伴激活存量，拓展增量。（3）多关注政经信息，判断趋势，勤找商机。

资料来源　浙江省连锁经营协会. 夯实基础，加快步伐，谱写新篇［EB/OL］.［2021-09-26］. http://www.zjca.org/web/2017/detail.aspx? id=595

单元二　特许商的认知

根据《商业特许经营管理条例》的要求，企业在开展特许经营业务之前，要先根据条例的要求，明确特许商的资质要求，结合企业的自身情况，正确认识企业是否具备开展特许经营的条件，这是构建特许经营体系的第一步。

一、特许商的含义及从事特许经营的基本条件

（一）特许商的含义

特许商是指将自己所拥有的商标、商号、产品、专利和专有技术、经营模式及其他营业标志授予加盟商使用的一方，通常为企业法人。

这里的企业是指依法成立的，从事经营性活动并具有独立或相对独立的法律人格的组织。在我国，以企业的资本构成和投资者责任形式划分，企业的法律形式包括：公司、合伙企业、股份合作企业、个人独资企业。

微课2-1：特许商认知

（二）从事特许经营的基本条件

《商业特许经营管理条例》第二章第七条明确规定，特许人从事特许经营活动应当拥有成熟的经营模式，并具备为被特许人持续提供经营指导、技术支持和业务培训等服务的能力。特许人从事特许经营活动应当拥有至少2个直营店，并且经营时间超过1年。因此，并不是所有的连锁经营企业都适合采用特许经营的模式发展。

《商业特许经营管理条例》和《商业特许经营备案管理办法》规定特许商申请备案时应提交符合"两店一年"的证明材料，旨在通过"两店一年"来证明特许商拥有成熟的经营模式。备案通过后，特许商直营店的数量、名称、地址等情况发生变化，一般不影响特许商成熟的经营模式和提供持续指导的能力，也不影响特许商的备案状态，但是特许商应当及时向其加盟商披露有关变更情况。

特许经营体系中的直营店是指特许人拥有的店铺，包括特许人全资拥有和控股拥有，且直营店与特许商应属同一品牌、同一业务性质，在实践中表现为分公司、子公司（控股）、店中店等多种形式。

知识链接2-2　　　　　　　　　　　　　　**直营店的认定**

1.什么是《商业特许经营管理条例》所称的"直营店"？

直营店是指特许人拥有的店铺，包括特许人全资拥有和控股拥有，且直营店与特许商应属同一品牌、同一业务性质，在实践中表现为分公司、子公司（控股）、店中店等多种形式。

2.关联公司的直营店能否认定为特许商的直营店？

首先，关联公司仅指特许商的母公司、全资或绝对控股的子公司；其次，关联公司的直营店应从事与特许商同一品牌、同一性质的业务。特许商以其关联公司的直营店作为自己直营店的，应提交以下文件：（1）关联企业之间的资产关系证明（关联企业之一应为特许商）；（2）关联关系发生时间满1年以上的证明（如收购他人店铺时，其经营时间应从收购之日起算）。

3.已终止经营的直营店是否可以作为特许商的直营店？

"拥有成熟的经营模式，并具备为被特许人持续提供经营指导、技术支持和业务培训等服务的能力"以及"拥有至少2个直营店，并且经营时间超过1年"是认定特许商能够从事特许经营活动的标准，直营店如果已经终止经营，将无法准确反映特许商具备应有的能力，不能实现《商业特许经营管理条例》该条款规定的根本目的。因此，已经终止经营的店铺不能作为特许商申请备案的直营店。

4.个体工商户的店铺是否可以作为特许商的直营店？

通过特许商的直营店，人们可以判断特许商是否具备为被特许人持续提供经营指导、技术支持和业务培训等服务的能力。个体工商户业主如果是拥有特许商绝对控股权的股东，则该个体工商户经营的店铺可以被视为特许商的直营店。

5.以夫妻、父子、兄妹、朋友等名义开设的店铺能否被视为特许商的直营店？

根据《中华人民共和国婚姻法》第十七条的规定，夫妻在婚姻关系存续期间所得的生产、经营收益归夫妻共同所有。夫妻对共同所有的财产，有平等的处理权。这是一种法定共有权，故以特许商绝对控股股东及其配偶为业主开设的个体工商户，可被视作特许商的直营店。由于在父子、兄妹、朋友之间不存在财产共有权，所以其开设的店铺不能被视为特许商的直营店。

6.以酒店管理为主营业务的特许商，在申请备案时是否需要提交直营店的证明文件？

酒店业因投资额较大，基本没有设立直营店铺，一般以输出管理的形式进行特许经营，因此酒店管理公司直接经营管理的酒店可被视为其直营店，但是在申请备案时需要提交特许商与酒店签署的委托管理等相关合同。同样，以网上购物、远程教育等新兴电子商务和以培训指导为主营业务的特许商，一般也没有有形的店铺，这类特许商申请备案时，一般不要求其提交直营店证明。

资料来源　根据商务部业务系统统一平台（https：//ecomp.mofcom.gov.cn）的信息整理。

二、市场调研与可行性分析

特许经营体系作为特许连锁企业战略发展的重要组成部分，在运作之前，特许商需要进行大量的市场调研，通过可行性分析，判断企业目前的情况是否符合特许商的资质要求，是否适合开展特许经营业务，确保特许经营业务顺利进行。

微课2-2：
特许经营市
场调研与可
行性分析

（一）市场调研

市场调研主要是通过调查，收集并整理所有有关行业环境的数据和信息，包括国家有关行业政策、本行业新技术的最新发展、本行业带头人的最新动向等宏观行业信息，还包括行业特性、市场状况、竞争对手、客户与供应商等微观行业信息。

1.了解相关的产业政策

目前，我国国家宏观政策重点关注"一带一路"建设、"三农"问题、发展第三产业、创新创业、扩大普及教育、扶持民族品牌、应对国际贸易、发展物流等问题，商业企业需要仔细分析和认真研究产业政策，从中发现商业机会。

2.掌握行业的发展概况

具体包括行业的历史、现有规模、基本特征、主要顾客群、市场容量、发展潜力、发展趋势、行业竞争、行业资源等。这些行业发展的背景对特许经营体系的建立有重要的影响，可以直接影响投资决策。

3.分析企业内外部环境

就企业内部而言，主要是分析企业的优势与劣势，即与竞争对手比较，企业自身实力的强弱。可以通过对企业供应、生产和销售三大环节进行分析，也可通过对企业的人力、财务、技术、信息等资源状况进行分析，了解自身的优劣势；就企业外部环境而言，主要是分析存在的机会与威胁，即外部环境变化可能对企业产生的影响。外部环境分析可以包括对政治、法律、经济、社会、文化、技术和自然等因素的分析，这些可能会形成特许经营体系发展的瓶颈，必须对其进行深入调查分析才能得出正确的结论。

4.分析强劲的竞争对手

着重对供应商、潜在进入者、替代品生产者、企业直接竞争者进行理性分析，从中可以了解到采取特许经营模式给企业带来的竞争优势是什么。针对供应商，应了解供应商的供应方式、供应商讨价还价的能力、品牌知名程度、供应商之间的联系及转移成本的高低等；针对潜在进入者，应了解其进入市场的资金需求、规模大小、分销渠道、成本优势、差异化程度等；针对替代品生产者，应了解其替代品的生产与供应及价格高低等；针对企业直接竞争者，应了解行业内竞争者的均衡程度、市场增长速度、行业壁垒情况、行业成本与收益水平等。最危险的环境是存在进入门槛低、有替代品威胁、供应商和购买者对市场的控制程度高以及行业内激烈竞争的状况。

5.认真研究消费者市场

首先，要了解影响消费者购买行为的主要因素，包括文化与社会阶层、家庭与社会地位、职业与经济状况、年龄与生活方式等。其次，要了解消费者购买行为的主要类型和购买决策过程的不同表现。再次，要了解消费者的收入和支出模式的变化情况，掌握收入与支出对社会购买力和市场规模大小的重要影响。最后，还要了解参与购买的相关人员的基本信息，如使用者、影响者、采购者、决策者等，他们对采购决策过程有较大的发言权，直接影响购买行为的最终实现。

（二）可行性分析

可行性分析主要是通过市场调研，对特许经营扩张的必要性、充分性、可行性、影响力等进行系统分析和研究，形成可行性报告，再通过理性分析和数据论证，判断是否可以利用特许经营模式打开市场。值得注意的是，特许经营是一种成功模式的复制，与其他经营方式不同。所以，那些经营出现问题或只取得了初步成功就急于扩张的企业，一定要慎重选择特许方式。

1.进行经济效益和社会效益分析

（1）从经济效益角度分析，主要包括以下方面：

①实施特许经营后企业获得的利润是否可以增加，会以什么样的速度增加。

②实施特许经营后企业能否加强市场的竞争力，市场占有份额会得到多大的提高。

③实施特许经营后企业能否提升品牌价值，企业规模能够扩大多少。

④实施特许经营后企业能否保证可持续发展。

（2）从社会效益角度分析，主要包括以下方面：

①特许经营体系对国家政治和社会稳定的影响，包括增加就业机会，改善地区经济结构，提高地区经济发展水平，提高人民生活质量等。

②特许经营体系与当地科技、文化、基础设施发展水平的相互适应性。

③特许经营体系与当地居民的宗教、民族习惯的相互适应性。

④特许经营体系对合理利用自然资源、保护环境和生态平衡的影响。

2.特许商进行特许经营基本条件分析

（1）特许商是否具有成功的盈利模式。这是加盟商投资的重要考察依据。

（2）特许商是否具备可知识化的特许权。只有将准备作为特许权内容的成功元素和经验进行知识化提炼、总结和固化，才能转化为易于传播的形式，转移给加盟商。

（3）特许商的成功模式是否能被复制。特许商应有一套普遍适用的运行模式。无论加盟店开在哪里，都是样板店的翻版，无论是店面设计、店堂陈列、产品特色，还是经营管理、企业观念，都与特许经营总部的样板店完全相同。

（4）特许商是否具有完整的运营体系。一个成功的特许经营体系要具有完备的产品开发系统、促销推广系统、物流配送系统、培训督导系统、信息反馈系统、客户管理系统、CIS系统，这些系统相互配合与支撑，在特许运营体系架构内初具规模后才谈得上扩张和更大规模的发展。

（5）特许商是否具有准确的市场定位。包括品牌定位、企业定位、产品定位、消费者定位等，这是吸引加盟商的重要方面。

（6）特许商是否具有足够的前期资本。前期资本用于满足聘请特许顾问费、招募费、广告宣传费、样板店试验费、体系设计及基本建设费等实质性支出需要。

（7）特许商的特许经营业务是否具有广阔的发展前景，并且特许商是否熟悉业务领域。只有特许商的特许经营业务具有广阔的发展前景，并且特许商熟悉该业务领域，特许商才能利用自己的知识和经验开创和拓展业务，也只有这样才会有加盟商前来加盟，才不会因经营不能长期盈利而导致加盟商的退出。

（8）特许商是否具有持续的创新能力。特许经营虽然是复制成功的店铺，但并非刻板地完全复制，而是需要不断地创新，不断地打造企业的核心竞争力，创新是企业与体系长久生存的源泉。

3.进行特许经营体系的可行性分析

特许经营体系的建设是一项系统工程，企业除了建立系统支持、研究开发、督导培训、信息控制、财务管理、市场营销、物流配送等技术体系外，还应着重进行经济可行性分析，这是特许经营体系建立最为关键的一个方面。

（1）融资可行性分析。具体包括资金来源渠道分析、项目筹资方案确立、投资使用计划确定、借款偿还计划制订等内容。

（2）投资与收益预测分析。企业在预测时，对投资费用的估计以及项目带来的利益计算必须做到详细、科学、准确、真实。一般企业采取特许经营模式的投资收益预测应包括四部分：特许经营总部未来3~5年的投资预测；加盟商单店3~5年的投资预测；区域加盟商3~5年的投资预测；区域分部或分销商、次级特许商3~5年财务预测。只有这四个方面的预测结果都令人满意了，特许经营体系的运营才能顺畅，这是吸引潜在加盟商的关键。

4.进行特许经营体系的风险分析

实施特许经营项目的风险体现在三个时间段内，即特许经营体系规划设计阶段、招募营建阶段、建成后的维护和升级阶段。具体的风险类别包括以下几种。

（1）行业风险。由于采用特许经营的行业多为零售业、服务业和餐饮业，行业壁垒不高，业内竞争激烈，会给特许经营体系的成功扩张带来一定风险。

（2）市场风险。由于竞争环境和政策法规的经常变化，特许经营体系的市场推广工作有很大的风险性，瞬息万变的市场无法保证加盟商招募和加盟店运营的百分百成功。

（3）经营风险。特许经营体系的经营需要特许商采用全新和可持续发展的特许经营的理论和技术，能否掌握并科学运用这些知识，是影响经营成败的一个重要的风险因素。

（4）政策和法律风险。特许经营体系内的企业在迅速发展过程中可能会碰到投资、商标、税收、行业或地区管制、融资等风险，这是造成特许经营体系难以成功的主要根源，所以，准备开展特许经营业务的企业必须充分分析各种风险出现的频率和危害大小，并针对每种风险提前设计好应对策略。

三、特许商备案流程

中国的特许经营市场需要政府对特许经营活动进行监督管理，维护市场秩序，稳定社会特许行为。商业特许经营备案制度的施行既便于商务主管部门及时了解、掌握特许商的有关情况，有针对性地对特许经营活动进行规范、监督，又有助于潜在的投资者了解特许商的基本情况，做出恰当的投资决策，同时也有利于形成对特许商的社会监督。特许商通过商业特许经营备案，获得特许经营资质。通过行政法规的强制性规定促使特许商申报备案，将特许商的相关信息予以公示，使特许商处于公众及行政机关的监督之下，借以影响特许商的经营行为，其根本目的是规范特许经营行业的发展，保障特许经营秩序的公平稳定。特许商的备案流程如图2-3所示。

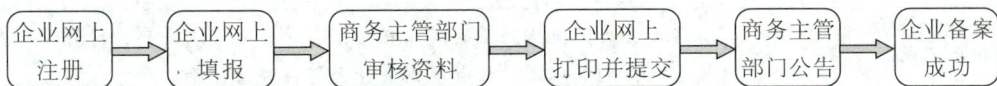

微课2-3：
特许商备案

企业网上注册 → 企业网上填报 → 商务主管部门审核资料 → 企业网上打印并提交 → 商务主管部门公告 → 企业备案成功

图2-3　特许商的备案流程

（一）企业网上注册

特许商备案的第一步是进行网上注册。首先企业要领取登录号，在省、自治区、直辖市范围内从事商业特许经营活动的企业，登录号管理部门为省级备案机关。跨省、自治区、直辖市范围从事特许经营活动的，登录号管理部门为省级备案机关。注册地在境外的企业在我国境内从事特许经营活动的，登录号管理部门为商务部。获取登录号所需材料及领取方式有三种：商业企业领取、企业委托受托人领取、委托服务机构（省级以上连锁协会或法律服务机构）领取。

拓展阅读2-1：
江苏省商业特许经营备案操作规程

企业领取登录号要提供的材料包括：企业营业执照原件和复印件，企业法定代表人身份证原件和复印件。企业委托他人领取或委托服务机构领取登录号时，被委托人应持有该企业的授权委托书、委托人或委托服务机构资质证书及其指定的承办人的法定证件原件及复印件。与特许经营相关的商标权、专利权及其他经营资源（如注册商标、专利、其他经营资源已由相关部门受理中的，需提交受理通知书；如注册商标、专利、其他经营资源是他人授权使用的，需提交许可使用授权书）的注册证书原件及复印件。特许人的名称，联系人，联系人的职务、电话、传真、地址、邮政编码、电子邮箱地址。

国家法律法规规定经批准方可开展特许经营的产品（汽车、书报杂志、药品、农药、农膜、原油、成品油、音像制品、粮食、植物油、食糖、烟草、棉花等）和（教育、医疗、典当、视听节目网上传播等）服务，须另外提交相关主管部门的批准文件的原件及复印件。

拓展阅读2-2：
企业登录号获取方式说明

☑ 双创频道2-1

备案机关在收到上述材料后进行审核，经审核通过，备案机关将通过邮寄或者电子邮件把登录号和登录密码发给备案人。

商务部为了规范特许人的资质，针对有意向采用特许经营模式进行创业和规模扩张的企业，要求其事先申请特许人资质，商务部对于商业特许经营信息管理中的特许人注册事项见表2-1。

表 2-1　　　　　　　　　　　特许人注册申请表填写指南

特许人：	填写企业营业执照上的名称，与备案申请人一致
法人代表：	*填写企业营业执照上的法定代表人名称
特许人成立日期：	*填写企业营业执照上的成立日期，成立日期应满一年，经营范围应包含特许经营体系
直营店一成立日期：	填写直营店营业执照上的成立日期，成立日期应满一年，特许人对直营店控股51%以上；经营范围应包含特许经营体系
直营店二成立日期：	填写直营店营业执照上的成立日期，成立日期应满一年，特许人对直营店控股51%以上；经营范围应包含特许经营体系
经营资源权利日期：	特许人拥有经营资源所有权的，填写经营资源证书上证明所有权的起始日期；特许人仅有经营资源使用权的，填写经营资源许可使用协议上证明使用权的起始日期，经营资源核定使用商品、服务项目应与特许经营体系相符
所属地区：	1.大陆　2.香港　3.澳门　4.台湾　5.境外
选择地区：	1.北京　2.天津…
经营范围：	1.省内　2.跨省
所属行业：	1.零售业　2.餐饮业　3.教育培训业 4.居民服务业　5.住宿业　6.其他中介服务业 7.其他商业服务业　8.金融中介服务业
特许人类型：	1.2007年5月1日前从事特许经营 2.2007年5月1日后从事特许经营 按照首份特许合同签订日期选择
以下填写的联系人信息需真实准确，商务主管部门审核中发现问题会与企业联系	
联系人：	
职务：	
联系电话：	
电子邮件：	企业网上注册完成后，系统会自动发送登录号和密码到联系人邮箱
手机：	

拓展阅读2-3：
商业特许经营
基本情况表

（二）企业网上申报

根据商业特许经营信息管理的要求，商业企业网上申报特许商资质要在商务部商业特许经营信息管理平台上填写相关表格。

1.申报需要填写的主要表格

商业特许经营基本情况表、特许经营合同变更情况表、中国境内全部加盟商的店

铺营业地址登记表、市场计划书、特许商承诺书。

2.申请备案所需材料

应当在网上提交指定文件格式（PDF）的电子版材料。

（1）企业法人营业执照复印件或其他主体资格证明。

（2）与特许经营活动相关的商标权、专利权及其他经营资源的注册证书。

（3）符合《商业特许经营管理条例》第七条第二款规定的证明文件。直营店位于境外的，特许商应当提供直营店营业证明（含中文翻译件），并经当地公证机构公证和中国驻当地使领馆认证。

在2007年5月1日前已经从事特许经营活动的特许商不适用上款的规定，但应当提交特许商与中国境内的加盟商订立的第一份特许经营合同。

（4）特许经营合同样本。

（5）特许经营操作手册的目录（须注明每一章节的页数和手册的总页数，对于在特许系统内部网络上提供此类手册的，须提供估计的打印页数）。

（6）国家法律法规规定经批准方可开展特许经营的产品和服务，须提交相关主管部门的批准文件。

（7）经法定代表人签字盖章的特许人承诺。

（8）企业法定代表人身份证明（身份证等）。

（9）备案授权委托书。

（三）商务主管部门审核资料

备案机关应当自收到特许商提交的符合规定的文件、资料之日起10日内予以备案，并在商务部网站予以公告。

特许商的备案信息有变化的，应当自变化之日起30日内向备案机关申请变更。

特许商应当在每年3月31日前将其上一年度订立、撤销、续签与变更的特许经营合同情况向备案机关报告。

特许商应认真填写所有备案事项的信息，并确保所填写内容真实、准确和完整。

特许商提交的文件、资料不完备的，备案机关可以要求其在7日内补充提交文件、资料。备案机关自特许人材料补充齐全之日起10日内予以备案。

（四）企业网上打印并提交

商务主管部门将企业网上填报的信息予以审核并通过后，企业登录系统按照打印材料目录逐项打印后装订成册提交到商务主管部门。

（五）商务主管部门公告

商务主管部门在收到企业提交的打印材料并与之前企业网上填报的信息核对无误后，将对申请备案的企业在系统网站上予以公告。备案结果公示分为跨省经营企业公告和省内经营企业公告两种。

（六）企业备案成功

备案成功的特许经营企业可以在政府相关商务网站中的新增特许企业项目中查看企业的特许经营备案信息。

四、特许总部组织模式

获得特许商资质后，特许商为了更好地推动特许经营业务，常见的做法是成立特许总部，全权负责企业的特许经营业务，所以特许总部的组织模式是特许经营体系构建的关键点之一。特许总部是特许经营体系的中枢，是整个特许经营体系绩效优劣的关键，特许经营体系能够延伸多长，特许经营成功概率有多大，在很大程度上取决于特许总部的设计能力和控制能力。所以，完备的特许总部能够确保特许加盟事业健康发展。特许总部的组织架构主要有三种模式。

1.初级模式。在企业发展的初创时期，公司规模较小，特许经营体系仅限于小范围的推广，管理难度小，组织层次少，一般适合于采用职能式组织结构的特许连锁企业，即特许总部在总经理的领导下，直接向各加盟店履行本部门的职能，甚至直接参与加盟店的具体事务，如图2-4所示。

图2-4　特许经营体系组织架构初级模式

2.标准模式。在特许商规模不断扩大，加盟店数量不断增多，特许总部的工作量和工作难度增加后，其对管理效率的要求会越来越高，从而对各职能部门间的协作和沟通要求也越来越高。因此，原先的职能式组织结构已经不能适应特许经营事业的发展了，在这样的情况下，就必须对组织结构进行调整或改造，既要保留原来职能式结构的优点，又要吸收其他形式的精华，最后形成一种具有推广价值的组织结构模式。这种标准的组织结构模式，把特许总部置于企业管理的中心，整合各个职能部门的资源。它横向沟通各个职能部门，纵向沟通各个加盟店与直营样板店，可避免因协调出现困难而造成的互相推诿现象，实现特许经营体系的高效运作，如图2-5所示。

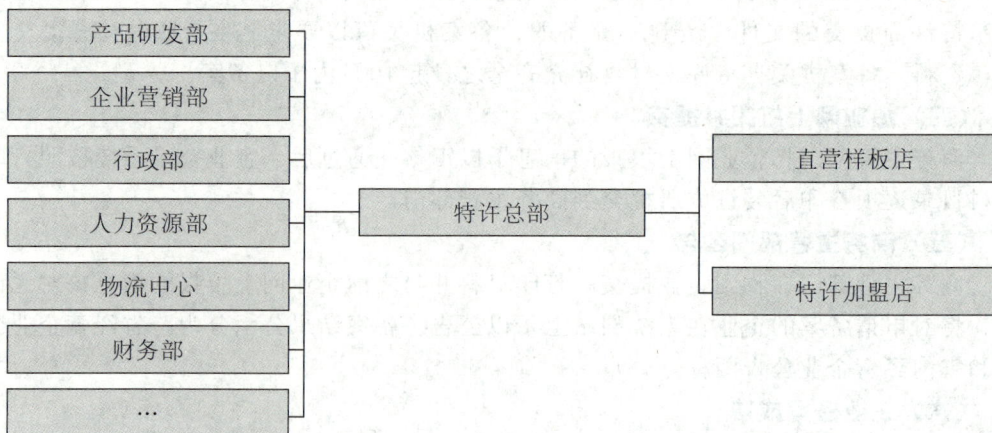

图2-5　特许经营体系组织架构标准模式

3.高级模式。当特许体系中的加盟店发展到一定数量时，标准的组织结构模式已经不适用了，取而代之的是标准模式中插入区域结构模式，增设区域管理中心，形成特许经营体系组织架构的高级模式，如图2-6所示。

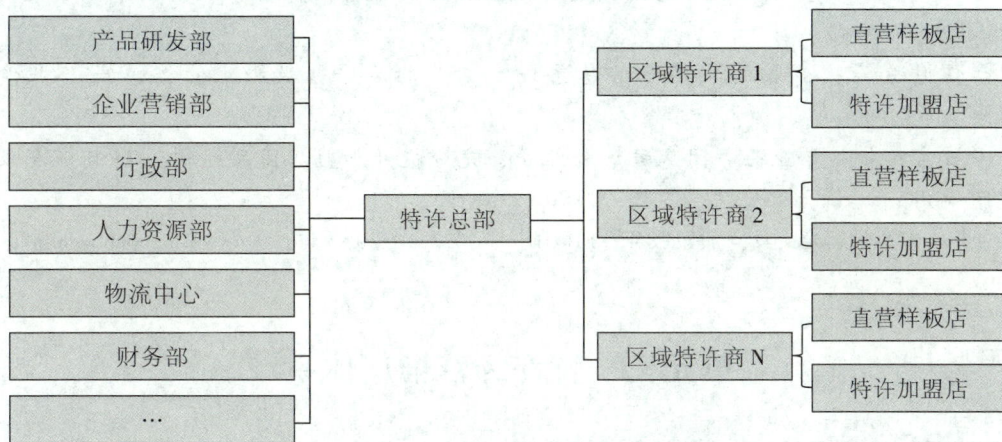

图2-6　特许经营体系组织架构高级模式

经营之道2-1　　　　　　　　晨光文具的加盟模式

　　晨光文具是一家整合创意价值与服务优势的综合文具供应商，致力于让学习和工作更快乐、更高效。其产品涵盖书写工具、学生文具、办公文具及其他相关产品。作为深受中国消费者喜爱的民族品牌，晨光正在开创出一条中国文具的创新之路，完成从中国制造向中国创造的华丽蜕变。至今，晨光文具连锁加盟在全国已有10 000余家。

　　2004年，晨光将终端文具零售店打造成为样板店。现今，晨光借助原有的渠道基础，将样板店改造升级成连锁加盟店，既升级了终端渠道，又促进了连锁加盟事业发展，这样相互促进补充的创新模式在行业内是首创，也是很好的连锁零售模式。

　　一、两大要素

　　扁平化：一级到终端，将利益直接分配到加盟店，提升加盟店核心竞争力。

　　全品类一站式：世界级综合文具品牌，提供全方位一站式的零售解决方案。

　　二、六大赋能

　　门店定位、动线规划、空间形象、专属道具、产品配置、产品陈列。

　　三、八大支持

　　装修支持：晨光统一投入22 000元/店，作为装修支持费用专款。

　　门店设计：专业的设计师团队为门店量身定制，创意设计门店形象。

　　商品规划：结合商圈，为门店制定更加合理的商品结构、陈列布局，全面提升。

　　免费配送：享有优先免费配送服务，新品优先供应，在商圈中拥有更强的竞争力。

> 道具物料：可免费获得笔架、购物袋和试笔纸等专业的道具提升门店形象。
>
> 定期活动：享有定期促销活动支持服务，促进销售的同时，在商圈中拥有更高的人气。
>
> 信息分享：专属的数字化信息系统，专业的后平台数据化管控，减少投资风险。
>
> 日常维护：专业业务团队拜访和维护，充分提升加盟店商品结构、陈列布局及空间运用。
>
> 资料来源　晨光文具. 加盟服务［EB/OL］.［2022-10-30］. https://www.mg-pen.com/index.aspx.

单元三　特许经营推广体系

一、设计样板店

微课 2-4：
样板店设计

样板店的建设与管理是特许经营体系运营过程中的重要步骤，也是特许经营体系推广的前提。加盟商对特许商品牌系统的认知最早是从样板店开始的。有好的样板店，才有好平台、好体系、好模式。样板店向公众打开了了解特许商的窗口，样板店是新加盟商的培训中心，样板店是新经营体系、新商品和新服务的实验室。所以，在不同情况下实验的样板店数量越多，时间越长，加盟商失败的风险就越小。

样板店有特许总部建立与管理、区域主加盟商建立与管理、单店加盟商建立并由特许总部指定为样板店这三种形式。通常情况下，样板店多为特许商投资建设的直营店。在特许经营体系中，样板店必须是严格执行了标准化、简单化和专业化以及企业识别系统设计要求的，有良好市场形象和经营绩效的，稳定经营1年以上的，能够承担体系内员工现场培训任务的模范店铺。

可复制性是样板店的最大特点。样板店承担特许经营模式探索和推广的重要任务，因此，一定要有可复制性。一个样板店的操作模式要成功推广，在组织形式、销售渠道、推广模式、传播手段等方面都要有可复制的特性。例如，消费者看到的"麦当劳""肯德基""必胜客"等特许连锁品牌，它们都有一个共同点，那就是"千店一面"。从店面的装修、店内的设计到服务人员的服饰等，全国各店均保持一致。

（一）样板店选址及应考虑的因素

样板店的选址与一般加盟店的选址相比，在目的、标准和要求等方面都有很大的不同。一般加盟店的经营目标主要是盈利，而样板店的经营目标首先是实验、示范、积累经验和作为培训基地，其次才是盈利和推广。一般加盟店比较关注店铺的房价和租金，而样板店则更注重店址的商圈位置、营业面积，能否树立特许商的良好形象，能否满足作为培训基地的要求，店铺影响力等方面。

（二）样板店 CIS 设计

1.样板店设计理念

店铺的设计主要是指购物环境设计，购物环境由店址、店面外观、店内布局、店内光、色、声及内部装潢等组成，具体包括硬件条件和软件条件两个方面。硬件如商业建筑、店内设施、营业用品等，软件如店员素质、店内卫生、店内气氛等。样板店作为特许商展示的窗口，在设计时要与特许商的经营理念一致，还要突出特许商的优势。

2.样板店的装修

店铺的装修主要包括门店的装修、橱窗设计、天花板装潢、墙壁装潢、地板设计和通风设施配置六大部分。其中门店装修要求既要有精神上的美感，又要符合现实需要，达到引导顾客、方便出入、安全可靠、有效提升店铺形象的目的。样板店的装修在此基础上被赋予了新的意义，要能增加店铺展示功能、参观培训功能、宣传推广功能。

> **经营之道2-2** 　　　　美宜佳：三年店数翻番，门店超 20 000 家

中国便利店有着广阔的市场空间，时代在变、消费者生活习惯在变，零售行业在变，但美宜佳服务社区消费者的定位不会变、专注做便利店的初心不会变。美宜佳是传统零售商，但经过不断升级迭代，如今其已经发展成了一家科技赋能、数字化驱动的现代化企业。美宜佳不仅仅是一个便利店企业，更是一个平台，一个连接了 1.6 万个创业者、8 万个从业人员的创业就业平台；一个每天为 600 万名消费者提供商品的服务平台；一个每天动销 1 800 万个 SKU 的商品流通平台，这个平台还有更多丰富的价值内涵。

美宜佳第 20 000 家门店定址于东莞大本营糖酒集团园区，该店店面一改之前的素洁，酱红与原木色的撞色设计，规划鲜食区与咖啡区，打造"一日五餐"的消费场景。另外，这家店将鲜食作为主打，通过不断拓展鲜食品类，打造便利店式"餐厅"，开发多样化的甜点和饮品，为消费者提供多样化的用餐选择。

在 2017 年的美宜佳万店仪式上，中国连锁经营协会会长曾评价，美宜佳第 10 000 家店的开业，标志着中国连锁企业进入万店阶段。不到 3 年的时间，美宜佳全国门店数就已突破 20 000 个，覆盖 145 个城市，并进入乡镇。昔日小小便利店，今日已成为东莞本土零售霸主。

美宜佳总部与门店，不是管理与被管理的关系，而是服务与被服务的关系。美宜佳每年投入过亿资金，建立了一支比很多科技公司还要专业的信息系统团队，帮助加盟者研究如何更科学、更高效地经营好门店。同时，为了赋能门店开辟更多增量空间，美宜佳探索建立了内容随时代变化而优化的便民服务平台、一体化营销体系、区域特色外卖，以及线上线下融合发展的"美宜佳选"网上生活超市，多途径帮助门店提升盈利空间。

另外，美宜佳还建立了商学院、烘焙食品产业、鲜食研发生产中心、专业外卖服务平台、智能零售终端、自有品牌体系以及综合功能产业园区等配套产业，为数以万计的门店经营保驾护航。

资料来源　广东省连锁经营协会. 美宜佳：三年店数翻番，门店超 20 000 家［EB/OL］.［2020-07-23］. http://www.gdchain.org/index.php? m=content&c=index&a=show&catid=38&id=12172.

二、特许经营手册编写与运用

微课2-5：
特许经营
手册

特许商通常会将企业的经营理念、经营方式、管理诀窍、操作规范等资源用文字、图片、影像、声音的形式固定下来，一方面是对自身经营经验的提炼，另一方面也为开展特许经营业务，指导和培训加盟商提供了有力的保障。这些文字、图片、影像、声音就形成了特许经营手册。

特许经营手册是指在加盟商的经营过程中，特许商给予加盟商指导和支持，并对加盟商经营管理进行统一规范要求的书面文字材料，包括经营管理、技术支持以及业务培训等方面内容。特许经营手册是特许经营中必不可少的重要文件资料，是体现特许商特许项目发展潜力以及加盟商在实际经营中进行有效学习的主要材料依据，同时也是加盟商执行特许商统一经营模式的主要依据。

（一）编写原则

1.指导性

特许经营手册是特许商指导加盟商的重要物化工具，是特许商履行指导义务的一个重要媒介。

2.规范性

特许经营手册对特许商的经营模式、经营范围、商品和服务标准、工作流程、店铺管理、人员管理等各方面都进行规范化的描述，是加盟商规范经营的重要文件。

3.知识性

特许经营手册是特许商经营知识的积累，是特许商经营经验的提炼，手册中含有特许商大量的经营管理技术诀窍和商业秘密，是特许商知识产权的重要载体。

4.保密性

特许经营手册是特许商通过文件这种载体向加盟商转移知识产权的形式，通常在签订特许经营合同时特许商将手册以合同附件形式转移给加盟商。加盟商有义务对手册的使用、保管、保密以及合同解除后的返还负责。

（二）特许经营手册的分类

拓展阅读2-4：
特许经营操
作手册目录
（仅供参考）

特许经营手册是指特许商编制的一系列用于介绍、指导、规范、监督、考核特许经营体系并使之顺利运营的文件，是特许商将自己的知识、经验、技能、创意等以文本、图形、音频、视频等形式进行的总结、创造与升华，是特许商工业产权和知识产权的物化形式。特许经营手册主要分为"招商手册""特许总部系列手册""分部或区域加盟商系列手册""单店系列手册"四大部分。

1.招商手册

招商手册是特许商精练、概括地介绍自己的特许经营体系情况并吸引潜在加盟商加盟的文件，潜在加盟商可以根据招商手册的资料大致地了解特许商的情况，并按照招商手册上面的联系方式与特许商开展进一步接洽。特许总部在制作招商手册时要注意以下两点：篇幅不宜过长；语句要求高度提炼、突出亮点以增强吸引力，并不需要把企业所有细则都写在招商手册中。

特许总部在正式招募加盟商之前要设计招商手册，招商手册主要包括与特许经营

项目相关的宣传文件和有关法律文件。具体包括：加盟指南、宣传推广手册、加盟申请表、特许加盟意向书、加盟常见问题与解答、特许经营合约、信息披露文件等。

特许总部开展特许经营业务，宣传推广活动是必不可少的，这就需要编制一本富有吸引力的招商手册，以便在推广活动中提供给潜在加盟者。招商手册的设计既要真实，又要具有吸引力。招商手册还需要对企业披露的信息持谨慎态度，这是考验特许总部策划人员水平的一项工作，一些特许总部会委托外部专家负责招商手册的起草工作。一本完整的招商手册应该包括如下内容：

（1）特许总部基本信息

特许总部基本信息包括特许总部企业名称、发展历史、创始人、特许总部组织结构、加盟联系电话、加盟联系人、传真、网站、地址、邮政编码、邮箱、特许总部的位置及交通路线。

（2）企业文化

企业文化是一个特许经营体系品牌的浓缩，独特的企业文化能成为特许经营体系各个环节紧密协作的纽带。一般招募文件上需要对企业文化进行一定的解释，包括企业核心价值观、经营理念、服务理念和品牌释义等。

（3）产品和行业介绍

选择什么样的行业以及何种特色的产品进行投资是每一个潜在加盟者的关注重点。对于特许总部而言，竞争对手并非仅是来自同一行业的竞争者，还有来自其他行业的争抢同一类潜在加盟者的竞争者。因此，特许总部需要加强投资者对本行业的信心以及对本产品的信心。这就需要介绍行业未来的发展空间，以及本企业所提供的产品的特点。

（4）特许经营优势及特许总部支持

除了特许总部提供的产品必须在市场上有竞争力之外，特许总部还需要强调其对加盟商的各项支持政策，以打消潜在加盟者的疑虑。许多特许总部在招募文件中都会介绍加盟创业的优势，如缩短加盟投资回收期、快速获得行业专有技术、不需要自行研发、提高加盟成功率、体现连锁品牌效益、降低开店与运营成本、获得长期性和全面性技术及信息支持等。

特许经营优势和特许总部支持是招商手册的重点内容，这里不仅要呈现出"人无我有、人有我强、人强我特"的内容，还要用优美的语言描绘出来。有时候，语言修饰得好，也能反映出特许总部的管理水平。东方爱婴早教机构将自身的特许经营优势总结为四个方面：规模领先、价值领先、专业领先、服务领先。该公司对这四个方面进行了详细阐述，较好地说明了自身的特色。

（5）加盟模式及投资回报

现在的特许总部大多将特许经营模式设计成两种：一种是单体加盟模式；另一种是区域加盟模式。两种加盟模式适应不同加盟者的需求，对加盟双方也有不同的权利与义务要求。特许经营模式是特许权设计的承载方式，一定要介绍清楚，尤其是每种特许经营模式的相关费用，最好以表格的形式直观、清晰地列出来，便于潜在加盟者比较分析。

投资回报也是潜在加盟者十分关心的内容，特许总部要根据每一种加盟模式测算投资回报情况，一些关键数据的预测要有一定的根据，不能随意编造，更不能放大收入或缩小成本费用，误导潜在加盟者。当然，特许总部对于测算的投资回报内容，要说明只是参考数据，而不能承诺是可以达到的目标数据，以免将来发生纠纷。

▶经营之道2-3　　　　　　　　A公司的加盟优惠政策

A公司是一家具有传统文化特色的小木制品生产企业。公司从创立之初就非常重视企业文化和品牌建设，凭着对产品完美品质的不懈追求，凭着产品浓厚的传统文化底蕴，凭着对社会的强烈责任感和对消费者真诚的人文关怀，打造了小木制品木梳行业龙头品牌。公司营销网络已覆盖中国各省、自治区、直辖市，截至2021年年底共有特许连锁专卖店1 000余家。

A公司的加盟费在特许连锁行业中偏低，一次收取，地级城市1万元，省会城市2万元，同一加盟商同城增加建店加盟费减半；

公司允许在经营期间调换滞销货，正常经营到合同期满不再经营者，可退所有存货，但是会收取一定的折损费用；

公司负责将产品运至离加盟店最近的地点，其普通托运（铁路行包托运、水路行包托运、公路零担托运）费用由公司承担，加盟商要求发空运、中铁快运、特快专递费用由双方各承担50%（急件除外）；

免费对店主（营业员）进行开业前的文化理念培训、销售培训、市场风险及盈利分析等；

公司提供专卖店选址指导、专卖店服务标准化资料，在经营期间提供营销指导，定期享有促销企划资料并指导实施。

资料来源　谭木匠. 加盟［EB/OL］.［2022-01-05］. https://www.ctans.com/? c=leagues&a=index.

2.特许总部系列手册

特许总部系列手册是特许总部为了特许经营体系的良性运转而编制的用于整个特许经营体系运营、管理的指导性文件，其使用者主要为特许总部或特许商，必要时可以将其中的部分交由加盟商使用。这是特许商进行特许经营体系运营与管理的依据，包括：总部总则手册、总部人力资源管理手册、总部行政管理手册、总部组织职能手册、总部财务管理手册、总部商品管理手册、总部营建管理手册、总部销售管理手册、总部样板店管理手册、总部物流管理手册、总部信息系统管理手册、总部培训手册、总部督导手册、总部市场推广管理手册、总部CI及品牌管理手册、总部产品设计管理手册、总部产品生产管理手册等。

3.分部或区域加盟商系列手册

分部或区域加盟商系列手册的内容主要是描述分部或区域加盟商开展工作的原则、流程和具体的技术等。

4.单店系列手册

单店系列手册的使用者是特许经营体系内的所有单店，包括总部、分部的直营店和特许经营加盟店。单店系列手册是特许总部指导加盟店营运的操作指南。它包含单店建设前、经营中、特许合同终止的所有流程和操作步骤。它可以细分为MI手册、

BI手册、VI手册、AI手册、BPI手册、单店开店手册、单店运营手册、单店店长手册、单店店员手册、陈列手册、促销手册、员工手册等，供加盟商在日常营运中获得相关的支持信息。所有成功的特许经营体系，其核心都是一个符合连锁特点的单店管理系统，用以确保整个特许经营网络营业水平的稳定。

> **经营之道2-4** **某服装加盟店运营管理手册全文——商品管理（服饰遗失及污损赔偿制度节选）**

一、服饰遗失及污损赔偿制度

（一）仓库员遗失的处理

1. 每月盘点确定的遗失数量全数赔偿。

2. 遗失货品赔偿：正价商品按定价的七折计算，特价商品按售价进行计算。

3. 领班与仓管的赔偿比例为1∶9。

（二）店堂（场内）遗失处理

1. 每位店员应竭力防止货品流失，凡属店铺日常营运中出现的失货，正价货品原则上按现零售价的7折予以赔偿，特价货品按售价赔偿，其货区责任人承担50%，余下50%由其他导购人员共同承担。员工失货率将与评奖评优、晋升、降级乃至辞退直接挂钩。（另：在大型节假日、大型促销活动日销售高峰中的失货赔偿，公司将酌情予以处理）

2. 服饰损坏赔偿规定：货场服饰必须拆袋，每天必须重新折叠，挂装及模特每天更换，如果保管不当产生污损，由货区人员自行清洗及整理；清理后不能正常销售的服饰，对污损比率范围内的货品无须进行赔偿（污损比率=当月污损货品金额/当月销售金额）。一般情况下，每月的货品污损比率指标为2.5‰，大型特卖活动月的污损比率为1.5‰，若超出污损范围则由区域负责人、总店长、店长赔偿，其共计赔偿金额占需赔偿总额的70%，其余部分由店铺领班、店员按1.5∶1的比例进行赔偿；污损量的大小将列入店铺管理人员的年终绩效考核项目中，作为年终奖和评奖评优的依据之一。

资料来源 编者根据相关资料编写。

三、特许经营推广的渠道

特许总部制订招商计划时，首先要确定合适的特许经营推广渠道。特许经营推广渠道基本上可以分为两类：一是申请者主动接洽；二是特许经营企业主动寻找。发展初期的特许经营企业由于不具备较高的知名度，大都选择主动寻找加盟商，而具有一定知名度的企业则主要通过申请者主动接洽的方式寻找加盟商。

微课2-6：特许经营推广渠道

（一）媒体推广

传统的招募方式以媒体传递信息为主，传递的信息主要包括基本的加盟条件和联络方法等。使用媒体进行宣传时不仅可以招募加盟商，还可以提高企业的知名度，对潜在加盟者有较强的引导作用。特许经营企业在选择媒体时要注意其传播地区、传播目标及接触频率等，形成媒体组合优势。常用的媒体包括网络、电视广告、报纸广告、杂志广告、车厢广告等。在国内众多媒体中，大部分特许经营企业摒弃价格昂贵的电视广告，一般选择适合招募加盟商且效果比较好的企业网站、财经类杂志、报纸或行业内媒体。例如，很多特许经营企业在企业官方网站上开辟特许加盟专栏，专项介绍企业的特许经营项目，招募加盟商。此外，如果本行业拥有针对目标顾客或连锁会员发行的刊物，也可以将其视为一种好的媒体，利用其进行宣传。

（二）展览会和招商会推广

国内外经常有中介机构或行业协会组织举办的特许经营展览会和招商会，会上除了各种特许业务展览外，还举办相关主题的研讨会，对特许经营企业和加盟商来说，他们都比较容易接受这种形式。但是，目前各种展览会鱼龙混杂，特许经营企业最好对组织者的资格和能力进行审查，确信组织者有相应的资质和能力之后才能参加；否则，贸然参展，有可能达不到预期的效果。

（三）人员推广

有的特许经营企业设有专职的特许加盟业务拓展人员负责加盟工作，这些专职人员对于潜在加盟者或地段不错的独立店，经常会采取主动约谈的方式，说服店主加盟特许经营事业；对于零散的有意向的加盟者，也会由专职人员负责解说。此外，由员工或现有加盟者介绍的方式也常被采用，由于员工和加盟者对本企业加盟情况比较熟悉，对潜在加盟者来说，员工和现有加盟者更容易打消其疑虑。

（四）店面POP+口碑宣传

开展特许经营的连锁企业通常拥有一定数量的门店，所以在店面以POP方式传递招募信息是常用的招募方式。POP广告称为店面广告、卖场广告或销售点广告。连锁企业经常用POP广告进行商品和促销宣传，一些特许经营企业便利用POP进行招募宣传，这一方面是因为其成本费用较低，另一方面是考虑到潜在加盟者在门店出现的可能性较高，配合门店的业务展示及实际的经营状况，POP广告通常比其他文字和口头宣传更具说服力。

（五）内部创业推广

内部创业制度是专门针对招募内部员工成为加盟者而设立的一种制度，一方面是对现有员工的一种激励，另一方面也为特许企业拓宽加盟者来源渠道。对于许多成熟的特许连锁企业而言，其最好的加盟者莫过于在企业长期工作并对企业运作流程十分熟悉的内部员工。这些员工有丰富的操作经验，能完全接受企业的文化，能确保加盟店的经营水平，可使特许加盟的风险降到最低。目前，许多特许总部纷纷设立自己的内部创业制度，一方面可以提高开店的成功率，另一方面可以为员工提供职业发展规划。一般内部创业的资格限制在店长或副店长级以上，并且要有一定的工作年限，工作绩效考核在优秀或优良水平，有时还要求申请者参加一定时数的培训课程并考核合格等。如果员工的申请被审核通过，则企业一般提供三种创业方式：一是员工自己有资金，即完全由员工准备全部资金，相当于特许总部将直营店卖给申请的员工，不过价格相对于外部加盟者要优惠一些；二是入股方式，这种方式比较常见，通常公司所占的股份大于员工，例如，员工与公司出资比为3∶7，各公司统一规定，但没有绝对的标准；三是公司提供内部创业贷款，有些公司对创业的员工提供内部创业贷款，帮助创业的员工筹集资金。至于员工创业的店面选择，主要有员工自行选择和公司选择两种，非由公司选择的店面必须经过一定的审核程序经批准后才能加盟。

> **经营之道2-5**　　家乐福：积极发展新动能开拓新赛道，
> 家乐福"零售云"加盟店东莞首店盛大开业

　　家乐福自主变革积极拓展新赛道、谋求发展新动能，家乐福零售云服务平台从线上供应链赋能模式到线下实体店助力全运营新模式的发展。从"给店供货"到"帮店挣钱"，助力中小零售商户等轻松当老板是家乐福零售云的核心竞争力。

　　家乐福"零售云"是家乐福旗下的全国性快消品综合服务平台，开放加盟，对外赋能，为中小零售商户提供卖场管理、服务、供应链及IT系统等专业服务；进行品牌授权，输出品牌及共享商品供应链。家乐福"零售云"构建了一个全链路的智慧零售服务平台，"多、全、好、省"的服务理念受到了全国中小便利店商户的欢迎和好评；同时，填补了中小商户对店铺管理及服务的缺失。其为加盟的中小商户提供了系统性、全链路的平台服务支持；从商品价格、履约服务到数字化的店面管理，为中小商户切实解决所有经营问题。

　　目前，家乐福"零售云"平台服务已涵盖全国21个省51个地级市，拥有2 000多个商品品类。东莞加盟首店位于东莞麻涌镇碧水花园北区，交通位置便利，周边人流量大，面积约130平方米，店内品种齐全，顾客以附近居民为主。店铺主营蔬果蛋类、米面粮油、休闲零食、方便速食、酒乳冲饮、个护家清多品类商品。从项目签约到筹备开业，家乐福零售云团队与加盟店店长用时仅11天。家乐福"零售云"加盟模式有五大优势：商品最全、送货更快、商品最好、价格更低，售后无忧。家乐福"零售云"提供"一站式"订货平台，所需的商品平台不断在扩充，店主不再需要跟多个供应商对接，省时省力；家乐福"零售云"供应的所有商品，都是与各类品牌商合作的正品，在严格的品控体系下，保质期过半之后的产品都不允许出库；依托家乐福专业的服务人员及强大的售后服务能力，能及时解决商户的售后问题。目前，家乐福"零售云"加盟条件需面积100平方米以上，位于社区内部或社区周边，周边覆盖超1 000户居民。

　　"零售云"有效结合家乐福和加盟店的经营资源，提供全链路完整的解决方案，通过合作谋求高效的经营和事业的成功，能提供专业的卖场指导和多样化、差异化服务，实现总部和加盟店的共生存与共发展，创造更多利润。

　　资料来源　广东省连锁经营协会. 家乐福：积极发展新动能开拓新赛道，家乐福"零售云"加盟店东莞首店盛大开业［EB/OL］.［2021-09-30］. http://www.gdchain.org/index.php? m=content&c=index&a=show&catid=38&id=12312.

四、加盟商评价体系

（一）制定加盟商评价条件

　　加盟条件主要是对加盟商的要求，也称为招募标准，是一项政策性相当强的工作，工作人员应当多调查研究，多方征求意见。招募标准制定得是否准确决定了能否

微课2-7：
特许加盟
评价

招募到合格的加盟商，编制招募标准可从以下几个方面进行考虑：

1.申请人的信誉。

2.资金实力。

3.经营经验（本行业经营经验、其他行业经营经验、无经营经验）。

4.加盟动机（有强烈的个人创业欲望，欲借助特许经营创立一番事业；有一定的闲置资金，欲投资于回报高于银行利息的生意；退休后希望能有寄托）。

5.文化素质（高中以上、大专以上、本科以上学历）。

6.家庭关系（配偶、子女等）、身体健康状况。

7.心理素质（承受压力、自我约束、拼搏奋进等方面）。

8.个人社会关系、人脉资源状况。

9.个人能力和资历。

10.个人基本情况（年龄、性别、家庭所在地、户籍、国籍等）。

11.考察加盟商对本企业文化认可程度。

各个特许商对加盟商的要求都不尽一致，特许商应针对单店运营的实际需要、针对自己样板店店长分析的结果、针对已有加盟商特征的分析，同时考虑到自己的期望，定出一个大致的加盟商"模型"。但此模型不能太详细，应留有一定的余地，因为太详细的"加盟商模型"描述会使招募工作失去很多有发展潜力的潜在加盟商。模型也不能过分宽泛和模糊不清，因为这样会使招募人员在实际的工作中无所适从，或感到每个申请者似乎都合适。

▶ **经营之道2-6**　　　　　　**某特许商对加盟申请者的要求**

1.认同特许商企业品牌文化

理解并始终维护品牌的统一标准，认同品牌利益高于单店利益。

2.良好的商业意识

具有创业精神，对加盟事业有长远的规划。

3.理解特许商行业的运作模式

了解行业的运作与经营，具备连锁行业的从业或创业经验为佳。

4.优良的财务资质及风险意识

个人拥有不低于200万元的合法资金、优良的财务资质，信誉良好，具备一定的风险承受能力，对投资回报有合理的期望。

5.无重大刑事案件记录，无犯罪记录

6.将对申请人进行全面评估

将对申请人从"诚实守信、执行力、责任心、原则性、服务意识、进取心、敬业精神、全局观念"等多维度进行测评，合格的申请人必须通过资质评估。

资料来源　编者根据相关资料编写。

（二）加盟商遴选工作内容

1.分析、审核加盟申请人提供的资料。

2.邀请加盟申请人到特许总部参观和考察样板店。

3.赴加盟申请人所在地考察加盟申请人资信，并做目标商圈调查。

这部分工作是与潜在加盟商进行大量沟通的阶段，也是宣传和推广自己的特许经营体系的机会。

（三）加盟商遴选工作要求

在特许商考察加盟商的同时，加盟商也在考察特许商，因此特许商必须做好以下工作：

1.清楚地向加盟申请人传达企业的理念、文化以及加盟条件、加盟优惠政策。

2.样板店的规范操作及店面陈列要到位。

3.赴加盟申请人所在地考察要细致耐心。

4.在可能的情况下，一个地区至少要选择两个以上加盟申请人作为候选对象。

5.把加盟申请人的资料输入数据库。

总体来讲，特许总部遴选加盟商应主要从工作经验、工作态度、性格取向、个人资历、财务能力几个方面进行考虑。

（四）加盟资格的审定与评估

全面评估加盟申请人的加盟资格，确认准加盟商。评估带有决策性质，因此要求做好以下几点：

1.组成评估工作小组负责对加盟商资格进行全面评估工作，小组成员应包括招募经理、主管、财务主管、总部营运经理等。

2.采用打分制评估方法，具体评估指标应包括组织状况、资本信誉、业务拓展、管理能力、市场运作、社会关系、经营方案、与特许总部的关系等。

3.从若干加盟申请人中筛选可以确认的准加盟商，填写准加盟商申报表报主管领导批准。

4.特许商与准加盟商签订加盟意向书。

单元四　特许经营管控体系

一、全面质量管理概述

（一）全面质量管理的定义与作用

质量管理是指在质量方面指挥和控制组织的协调活动。它通常包括制定质量方针和质量目标，以及质量策划、质量控制、质量保证和质量改进。

全面质量管理是指一个组织以质量为中心，以全员参与为基础，目的在于通过顾客满意和本组织所有成员及社会受益而达到长期成功的管理途径。

特许经营企业开展全面质量管理的作用主要体现为以下几点：

1.可以有效提高企业经济效益。对任何企业而言，产品或服务质量是影响企业发展的核心要素，换句话说，质量就是效益。特许企业实施全面质量管理，能促使体系内各门店商品或服务质量提高，从而有效提高特许经营体系整体经济效益。

微课2-8：
特许经营
管控体系

2.可以提高企业素质。企业素质是由企业内在固有因素凝固而成的，是企业从事生产经营活动能力的综合体现。决定企业素质的有员工、经营管理、技术等因素。一般而言，企业产出的产品或服务质量好，就说明企业素质高。因此，通过实施全面质量管理，特许经营企业可以通过提高产品质量，提升员工素质，提高生产技术水平等，来达到全面提升企业素质的目的。

3.可以提升顾客满意度，增强企业竞争力。特许经营企业通过加盟，不断扩大经营规模，其目的还是通过满足市场需求获取利益。而特许企业产品或服务质量的好坏，会影响特许企业的整体形象和未来发展。因此，只有通过实施全面质量管理，保证高品质、稳定的产品质量，才能不断满足顾客需要，增强企业竞争力。

质量是企业发展的命脉，而众多特许企业之所以选择实施全面质量管理，就是因为开展全面质量管理，可以全面增强加盟商及员工的质量意识，改善商品设计，规范生产工艺与流程，提升服务水平，提高商品质量，从而达到全面提升特许经营体系质量水平的效果。

（二）实施全面质量管理的基本方法——PDCA循环

1.PDCA循环的含义

PDCA循环可以使企业的思想、方法和工作步骤更加条理化、系统化、图像化和科学化，作为广泛应用于全面质量管理的基本手段，其经典模式被称为"四阶段"和"八步骤"。

P（Plan）——计划；D（Do）——执行；C（Check）——检查；A（Action）——处理。

2.四个阶段

一是计划阶段（P）。此阶段的主要任务是制订计划。通过市场调查、用户访问等，确定存在的问题或用户对质量的要求，找出出现问题或者影响用户对质量的要求，找出出现问题或者影响质量的主要因素，进而确定质量政策、质量目标，制订具体的工作计划。

二是执行阶段（D）。此阶段的任务是执行计划。根据上阶段的计划要求和标准要求具体实施。

三是检查阶段（C）。此阶段的任务是对实施情况进行检查。在计划执行过程中或执行之后，对照计划要求，检查执行情况，确定是否符合预期结果，并查找差异点。

四是处理阶段（A）。此阶段的任务是总结处理。根据检查结果，采取相应的措施，巩固成绩，把成功的经验纳入标准或规范，形成制度。遗留问题则转入下一个PDCA循环去解决，即巩固措施和下一步的打算。

3.八个步骤

分析现状、找出原因、找主要原因、制定措施、实施计划与措施、实施结果与目标对比、对实施结果总结分析、未解决问题转入下一个循环。

二、特许经营体系开展全面质量管理的思路

全面质量管理的管理对象和管理范围扩大到了企业的方方面面，从本质上讲，它是一种管理和运营企业的思路、理念和方法。众多经营实体在日常的经营管理中实施全面质量管理，均获得了良好的效果。

特许经营企业在经营模式和运作方式上虽然不同于传统企业，但也可采用全面质量管理的思路开展经营管理。因此在特许经营体系建立之后，必须用全面质量管理的思想和理念指导特许经营企业的日常经营管理，在开展全面质量管理时，应注意把握以下几点：

（一）确定"大质量"观念

提到开展质量管理，多数人想到针对有形商品的设计、生产、销售进行管理，但在众多特许经营体系中，除了有形商品外，体系内的服务、设备、作业流程、工艺技术、商品包装、单店外观、店内布局、商品陈列、服务等无形的特许经营资源都必须达到一定的质量水平。在特许经营体系内，不仅特许商和特许总部的管理者要树立"大质量"观念，加盟商和各加盟店的员工也都应该有"大质量"意识，在思想上为特许经营体系的持续进步奠定基础。

（二）树立"以顾客为中心，为客服务"的意识

全面质量管理强调，为取得经济效益，管理必须始于顾客的质量要求，终于顾客对消费的满意，实施全面质量管理就是为了实现这一目标：不断提高顾客满意度。这也是特许经营体系所追求的最高目标。体系中的特许商和加盟商互为顾客关系；各部门之间，以及部门与加盟店之间的关系可被视为顾客关系；员工之间的关系可被视为顾客关系，在此氛围下，大力宣传服务，树立"以顾客为中心，为顾客服务"的意识，有利于全面促进特许经营体系工作效率和服务水平的提高。

（三）切实做到"三全"管理

全面质量管理的实施要求做到"全对象""全过程""全人员"的"三全"质量管理，这是系统科学中全局观点和全局最优原则的反映。特许经营涉及大量的"复制"，特许经营体系为每一个工作都设计和规划了详细、科学、经过实践证明是成功的程序与步骤，因而，在实施全面质量管理中，一定要注意每一个细节，关注每一个环节和步骤，做到精益求精。同时，要确保特许体系内全员参与，包括特许商、特许总部工作人员、加盟商、加盟店员工，以及体系的合作者，所有与特许体系相关的人员都要参与到质量管理的活动中，避免出现局部影响全局的状况。

（四）以人为本，树立人力资源是企业第一资源的意识

在特许体系内部，对员工，应开展人性化和亲情化管理；对加盟商，不得"俯视"，应保持"平视"，应始终树立"双赢"观念，在合作中相互理解、携手共进；对特许体系的外部合作者，应坚持互利互惠、共同发展的原则；对特许体系单店所在商圈的公众，以及其他特许体系或单店的利益相关者，特许企业也应做到和谐共处，尽力使各方体会到共同发展与成长的成就感。

（五）不能产生依赖事后检验的思想

事后检验不能创造价值，只是将不符合要求的"次品"挑拣出来，防止外流，属于亡羊补牢的事后补救措施，不能帮助企业减少浪费。有研究人员指出："质量不是来源于检验，而是来源于改进生产过程。"要采用事前预防的方法，从一开始就要将质量意识融入商品中，以降低次品的发生率。当然，进行检验是必要的，它可以帮助企业及时发现生产中出现的问题，但是绝不能依赖检验。对于特许经营体系的质量管控，应从特许经营体系的构建规划设计以及对加盟商的招募时就开始，确保特许体系在构建之初就是"健康"的。

（六）全面落实 PDCA 循环

PDCA循环是有效开展全面质量管理的工作程序和方法，在特许经营体系中必须全面落实。一方面，特许经营体系内的任何一个系统和环节都需要保持稳定的运行质量；另一方面，特许经营体系的任何一个系统和环节都要不断改进和创新。因此，在实施全面质量管理工作中，落实PDCA循环，可确保全体系持续不断得到改进和提升。

三、督导管理概述

（一）督导的定义

在特许经营体系中，**督导**是指特许总部根据一定的标准和程序选拔人员，由其按照一定的规则和要求对各加盟店的经营行为、人员、商品、服务、工作流程、政策落实等方面进行的监督、指导、支持和管理活动。特许经营体系内从事督导工作的人员称为督导员，简称督导。

特许经营体系中，督导地位不容小觑。首先，督导承上启下，负责特许总部与加盟单店的沟通，发挥桥梁作用。一方面其将总部的政策信息、经营管理的新理念和新方法、刚刚开发出来的新产品信息等传达给加盟店；另一方面其将各加盟店的经营状况、产品的市场反馈、顾客需求等信息反馈给特许总部。其次，督导是加盟店重要的顾问和参谋。对加盟店而言，督导不仅仅代表总部对单店的经营情况进行检查、考核和监督，还能够帮助加盟店发现单店经营中存在的问题，并协助加盟商解决问题、改善经营和提高经营效益。最后，督导还是特许经营企业获取顾客信任和支持的得分点。

（二）督导管理组织建设

1.督导管理的组织

督导工作属于特许总部管理的核心工作之一。

设置的三种组建情况：一是隶属于总部的营运部门；二是隶属于客服部门；三是单独成立督导部门，由特许总部的总经理直接领导和管理。

2.督导人员基本职责

特许体系督导的核心职责是贯彻特许总部的政策、规范和标准，指导、支持和监督加盟商的业务活动。其基本职责主要包括四个方面：

（1）信息传达与沟通。第一，督导人员将总部的信息传递给加盟商，并确保信息能被加盟商接受和消化；第二，将加盟店的信息及时、准确地反馈给特许总部；第

微课2-9：
督导管理

三，将获取的市场信息、顾客需求信息、竞争对手信息以及合作伙伴的信息，及时传回特许总部，供总部参考。

（2）业务查核。督导人员根据特许总部所制定的标准运作规范，查核单店是否按此运作，是否有违规行为。特许总部应事先发给督导人员工作检查表，以便于督导人员在各个单店进行检查考核时使用。

（3）指导帮助。督导人员应及时发现部分单店在运营过程中存在的问题，并根据外部环境的变化，辅导这些单店采取有效措施，以提高营业额，创造更多的利润。

（4）经营分析。督导人员要根据区域内部单店的日报表、月报表及年度报告，计算出各项营业指标并找出异常点，以便及时采取应对措施。一定时期内，各个区域的督导人员要将资料汇总，进行综合分析，为总部的经营决策提供依据。

3.督导人员的任职资格

从督导管理的意义和督导人员的基本职责不难看出，督导人员的综合素质要很高，并非任何人都可以担任督导。督导人员必须具备市场营销、特许加盟、企业经营管理等方面的基本知识，有着过硬的专业技能，还必须具备良好的管理素质。因此，在特许体系中，符合以下条件的人才具有成为督导人员的资格：

（1）要有基层工作经验。督导人员大多从基层做起，这样才能深入了解门店的运作环节，做好督导工作。一般至少需要有1年半到3年的门店实务经验，从清洁、服务、理货、收银到财务管理、业绩分析、人员调配等方面都必须全面了解。

（2）要有丰富的专业知识。督导人员面对的是来自各方的问题，小至简单的门店业务操作，大至整个门店的经营分析，因而仅仅具备门店管理经验是不够的，还必须具有丰富的专业知识，如商品知识、计算分析知识等。

（3）有良好的沟通能力。督导人员的一项重要工作是扮演"桥梁"的角色，因此运用良好的沟通技巧，与各单店建立良好的人际关系并获得信任是十分重要的，好的督导员，必须具有良好的亲和力，对于不同性格的员工，可以灵活采取沟通策略，教导他们按照规范的流程作业；而且要具备敏锐的感觉，可以感知员工心里的想法，从而有针对性地进行指导和教育。

（4）有强烈的责任感。督导人员工作效果的好坏不仅取决于其工作能力的高低，还与其工作责任心的强弱紧密相关，缺乏责任心的督导人员，即使每日忙忙碌碌，也难以使工作有实效。

（三）开展督导管理的基本方法

在特许体系内开展督导管理，要建立督导管理组织机构，要选拔优秀的督导人员，同时还必须运用科学有效的督导管理方法。常用于督导管理的基本方法可以分为以下四种：

1.现场督导

特许体系督导人员亲自到加盟店现场进行定期、不定期的巡查，并对加盟店的日常经营情况及员工的岗位操作技能进行监督和指导。

现场督导属于正式的检查与交流，督导人员通过亲临现场对各个门店的经营管理工作展开全方位检查，通过正式的渠道获得第一手数据资料。然而，若店面员工提前得知督导检查，可能会积极表现，做出与平时不一样的举动和行为，或者隐藏存在的不利问题，从而也就使得督导结果不一定能真实地反映员工的工作行为和状态。为杜绝这一情况的出现，很多督导人员在进行现场督导前并不提前告知加盟店，而是进行"突袭"检查，以确保掌握加盟店最真实的情况，但由于特许企业门店分布广泛，采用这种方法会增加企业的管理成本。

2. 远程督导

远程督导是指特许体系督导人员不亲赴加盟店现场检查，而是通过特许企业管理信息系统，加盟店经营报表，年度、季度、月度工作总结，书面报告，专项汇报等方式获取加盟店经营信息，并通过特许企业内部管理信息系统、电子邮件、网络视频、电话等远程传输方式对加盟店的经营情况和问题加以指导和帮助。

3. "影子顾客"

"影子顾客"也称神秘顾客，是指特许经营企业通过在企业内或社会上聘请专业人士，以顾客的身份、立场和态度在加盟店消费，在消费过程中查找问题的方法。之所以称之为"神秘顾客"，是因为加盟店无法提前预知哪位顾客是督导人员。"影子顾客"的监督方法最早是通过肯德基、诺基亚、飞利浦等一批国际跨国公司引进国内的。

"影子顾客"的监督方式之所以被众多大型特许企业所推崇，是因为在加盟店毫不知情的情况下所得到的加盟店信息是最真实的。同时，"影子顾客"监督无形中也给加盟店带来了压力，有一定的威慑作用。但这种方式也有不足，它只能从顾客层面了解加盟店信息，难以接触到门店内部管理的深层次问题。

4. 社会监督

社会监督是指特许经营企业借助特许体系外的资源开展的对体系内各加盟店的日常经营情况的监督。常用到的有：荣誉顾客监督、利用顾客投诉和第三方监控。荣誉顾客监督是指发掘特许体系内忠诚顾客，通过聘请这类顾客成为荣誉顾客，让他们在享受消费优惠的同时，可以作为特许体系督导队伍的外援，给加盟店多提建议。利用顾客投诉主要是指特许体系督导部门在处理顾客投诉时可以间接地掌握加盟店的做法，同时也可借此对加盟店的经营做出考评。第三方监控则需要特许企业广泛借助社会团体、新闻媒体、社会舆论等多种途径，实现对加盟店的监控，此类监督方式主要是借助外部资源，监督的针对性不强。

四、维护特许经营关系

（一）特许经营关系的实质

在特许经营体系中，特许商与加盟商之间授权与被授权的关系称为特许经营关系。对特许经营关系的认识有狭义和广义之分。

狭义的特许经营关系，是指从特许经营合同签订时起到合同终止或解除，其间由特许商与加盟商形成的关系的总和。广义的特许经营关系，是指特许商和加盟商（含潜在加盟商）自知晓对方到签订特许加盟合同，直至特许加盟合同终止或解除的所有关系的总和。

1.特许经营关系是一种经济关系

获取经济利益是每个企业或个体经营者的根本目标，经济因素是双方建立特许经营关系的最根本因素。在特许经营中，加盟商从特许经营业务中获取收益，特许商则主要通过特许权的转让获取收益，双方获益都依赖于共同的特许经营事业，双方的利益是紧密联系在一起的，只有确保"双赢"，双方才有可能建立长期的特许经营关系。因此，特许商和加盟商是利益共同体，它们之间是一种利益相关的经济关系。

2.特许经营关系是一种合作关系

严格地说，特许经营双方是两个独立的法人实体，双方既非上下级关系，也不同于传统意义上的合作关系。因此，双方之间的关系应当是为了实现双赢而建立的特殊的合作经营关系。在这种关系中，特许商将自己的特许经营资源（包括商标、商号、经营管理技术等）授权给加盟商使用，加盟商在自己所拥有的门店有偿使用。特许总部负责特许经营事业发展的总规划和管理控制，加盟店在总部领导下完成经营，如此双方建立了实实在在的合作关系。

3.特许经营关系是一种契约关系

在特许经营关系建立初期，特许经营业务双方通过签订合同的方式将经济关系和"合作关系"详细、明确地规定下来。特许合同是建立和维系特许双方关系的关键纽带。因此，从法律角度出发，特许经营关系是"契约关系"，这种关系要求双方在签订特许合同时，一定要本着公平、公正、合理、科学的态度，认真、明确地规定双方的责任、权利和义务。

（二）特许经营关系管理的方法

1.树立正确的特许经营理念

良好的特许经营关系，首先要建立在正确的特许经营理念的基础上。特许商和加盟商双方只有在正确认识特许经营运作的规律和原则的基础上，本着平等协作、互利双赢、共同发展的基本理念，通过多种方法和措施努力塑造和维系平衡的特许经营关系，减少特许商和加盟商之间的冲突，避免损失，才可能使特许商和加盟商皆获得成功，实现真正的双赢。

2.选择合适的加盟商

加盟商的甄选与评估是特许经营关系的开始，一旦选错合作伙伴，后续合作就会产生诸多麻烦。因此，在甄选加盟商时，特许商需要一套科学的加盟商的选择评估办法。

3.搭建沟通交流平台

有效的交流是所有商业合作取得成功的关键，特许商应该顺应新零售时代的发展，积极推动特许经营体系数字化发展，加强与加盟商的交流。成功的特许经营企业经常定期或不定期组织加盟商论坛、专题研讨会、培训等以保证有效交流，了解加盟商的想法以及其在经营过程中遇到的各种问题。利用先进的互联网技术或者通过编辑内部报刊等方式来加强与加盟商的沟通，有的特许商还通过赠送生日礼物、进行节日问候等方式建立与加盟商的良好个人关系。

4.签订完备的特许经营合同

尽管特许经营合同不能解决特许经营关系中的所有问题，但是通过完备的特许经营合同明确双方的权利义务关系，使双方的合法权益都建立在法律保护的基础之上，这样可以避免很多不必要的纠纷，万一发生冲突和纠纷，特许经营合同也是一个很好的权益保护的依据。

5.加强对加盟商的支持

加盟商之所以加盟某一个特许经营体系，就是因为能得到特许商的支持而更容易获得成功。特许商只有通过加强对加盟商的支持，使加盟商获得成功，才能使自己获得成功；也只有通过持续不断的支持和管理，才能增进加盟商对特许商的信任和依赖，才能维护长期的特许经营关系。特许商可通过适度放权、持续的培训与指导等方式，加强对加盟商的支持。

6.做好加盟商激励

特许商应建立有效的加盟商激励机制，对优秀的加盟商予以各种形式的奖励，以表示对其努力和贡献的认可，不断激发其热情。同时，特许商也需要给优秀加盟商一定的发展空间，使其能够在特许经营体系中得到不断发展。这些措施将加强特许商和加盟商之间的了解，增强加盟商对特许商的认同感。

知识掌握

1.主要概念

特许经营体系　特许经营手册　全面质量管理　督导

2.单项选择题

（1）（　　）是提供商标、商号、商品、服务、标记、专利、专有技术、经营模式及其他营业标志的法人机构。

A.特许商　　　　　B.加盟商　　　　　C.制造商　　　　　D.经销商

（2）特许商从事特许经营活动应当拥有至少（　　）家直营店，并且经营时间超过（　　）年。

A.2，1　　　　　B.1，2　　　　　C.2，2　　　　　D.1，1

（3）特许企业的样板店一般是（　　）。

A.直营店　　　　　B.加盟店　　　　　C.专卖店　　　　　D.以上都不是

（4）特许经营企业通过在企业内或社会上聘请专业人士，以顾客的身份、立场和态度在加盟店消费，在消费过程中查找问题的方法是（　　）。

A.现场督导　　　　　B.远程督导　　　　　C.影子顾客　　　　　D.社会监督

3.多项选择题

（1）特许经营体系的主要支柱是（　　）

A.特许总部　　　　　B.加盟单店　　　　　C.配送中心　　　　　D.财务系统

（2）特许经营店铺经营网点选择时，客流分析的内容有（　　）。

A.客流目的、速度和滞留时间　　　　　B.客流规模

C.竞争对手　　　　　　　　　　　　D.地形特点

（3）特许经营体系融资可行性分析，主要包括（　　　）。

A.资金来源渠道分析　　　　　　　　B.项目筹集方案确立

C.投资使用计划确定　　　　　　　　D.借款偿还计划制订

4.简答题

（1）简述特许商从事特许经营的基本条件。

（2）简述特许商的备案流程。

（3）样板店选址要考虑哪些因素？

（4）特许商进行加盟推广要披露哪些信息？

（5）遴选加盟商的主要内容有哪些？

（6）简述特许经营体系开展全面质量管理的思路。

（7）简述开展督导管理的基本方法。

（8）简述特许经营体系构建的流程。

◆ 双创应用

1.项目背景

"狗不理"的特许经营管控体系

狗不理集团股份有限公司（以下简称"狗不理"）以餐饮业为主营业务，旗下各酒店经营驰名中外的"狗不理"系列包子和正宗鲁菜、津菜已有一百余年的历史，并在长期的生产经营中创立了以"狗不理"商标为核心的独有的"狗不理"体系。其主打产品"狗不理"包子，是闻名遐迩的"天津三绝"之首。历经152年的"狗不理"包子，经几代大师的不断创新和改良，已形成秉承传统的猪肉包、三鲜包，创新品种海鲜包、野菜包、全蟹包几大系列100多个品种，百包百味，特色超群，被消费者誉为"中华老字号，天下第一包"。

公司早年就开始实施特许加盟，但其发展特许体系的道路并不顺畅，由于"狗不理"与旗下多家子公司以及外部公司签订了大量的长期合同，允许它们使用"狗不理"品牌，造成企业无形资产流失严重。改制后的天津著名三绝小吃之一"狗不理"积极重塑品牌，严格规范加盟店管理。当时，"狗不理"在全国有70多家分店，绝大多数属于加盟店，每年只向天津总部交纳几万元不等的"牌匾费"，总部负责技术培训和包子原料配送。由于集团总部对各加盟店实行松散管理，对各加盟店的监督管理跟不上，致使分散在北京、河北等地的"狗不理"连锁店管理不规范，各地包子千差万别。即使在"狗不理"的故乡天津市，各加盟店也是良莠不齐。这些低档店铺的长期存在，严重影响了"狗不理"的品牌形象。鉴于此，"狗不理"调整发展战略，开始全面整顿加盟店，严格控制加盟店数量，以保证品牌的品质。

资料来源　编者根据相关资料编写。

2.双创任务

目标：阅读案例背景资料，分析特许加盟企业建立管控体系的重要意义与作用。

要求：将学生分组，4人为一组。以背景资料为着眼点，结合餐饮特许经营企业，谈谈管控体系在特许经营活动中的作用及优缺点。撰写分析报告，制作PPT，进行汇报。

考核："狗不理"的特许经营管控体系双创应用考核评分表见表2-2。

表2-2　　　　　　　"狗不理"的特许经营管控体系双创应用考核评分表

小组名称：

实训任务	考核要素	评价标准	分值（分）	得分
撰写分析报告，制作PPT，进行汇报	报告结构	结构完整、规范、有条理	20	
	数据分析	文字与图表结合、分析深入，能发现问题	30	
	报告内容	报告编排符合逻辑，层次分明，观点明确，论据充分	30	
	文字表达	语言表达流畅、通顺、言简意赅	20	
合计				

得分说明：各小组针对双创任务要求，进行汇报。得分90～100分为优秀；75～89分为良好；60～74分为合格；60分以下为不合格。

项目三
特许总部营运管理

学习目标

通过本项目的学习，要求达到以下目标：

知识目标：理解特许总部的营运设计；掌握特许总部的招商流程；掌握特许权的构成；掌握特许总部收益核算。

能力目标：能根据特许企业自身的实际情况，设计特许总部各职能部门营运管理内容；能提炼特许企业自身的资源，形成有独特优势的特许权；能设计符合特许商和加盟商双方利益要求的收益核算方式。考察行业内优秀特许企业总部的营运模式，吸收优势做法，规划适合本企业特许总部的组织结构，设计特许总部的基本职能。

思政目标：确定"经营创新，技术创新，为构建一流消费环境贡献力量"作为本项目课程学习的思政教育主题，通过对案例导入、经营之道、知识拓展、双创频道等栏目内容的学思践悟，激发广大特许商夯实基础，强化体系、赋能数字化的信心，真正利用好特许经营模式为大众创业、万众创新服务。

案例导入

居然之家数字化新征程

　　居家之然前瞻性地布局数字化，引领行业向数字化转型。居然之家作为数字化转型的行业标杆企业，带来"数字化家居零售平台——洞窝"、"数字化家居生活平台——智慧家"和"数字化家居设计平台——每平每屋·设计家"三大数字化成果。2021年，居然之家的数字化业务成果变现，营收首次突破百亿元。2022年上半年，居然之家的数字化优势持续释放，中期营收达62.83亿元。

　　在数字化工具和数字化改造方面，居然之家打通线上线下全域营销，构建了新零售转型基础能力；实现品牌和商品数字化，满足消费者线上线下购物场景，提升商品全生命周期管理能力；实时展示销售、招商、会员等经营主体的关键指标，提高数据获取效率，提供日常数据跟踪能力。截至2022年上半年，在数字化赋能及高效营运能力驱动下，居然之家开展联合营销活动87场，实现销售25亿元，毛利率增长2.32个百分点，达到46.28%。居然之家在年报中称，"专注于引领家居行业数字化转型，以全面赋能产业链合作伙伴，实现行业效率提升"。

　　居然之家作为国内家居行业龙头，"直营+加盟"的轻资产模式高效发展，携手阿里引领家居新零售，同时拓展自营IP业务提供家装家居一体化服务，盈利能力持续提升。

　　资料来源　居然之家. 扬帆出海，居然之家数字化新征程［EB/OL］.［2022-09-26］. https://www.juran.com.cn/article/1738.html.

　　案例启示：现代特许商要前瞻性地布局数字化，在加盟授权、培训督导、物流配送、信息管理、资源开发等方面向数字化转型。通过数字化转型，全面赋能产业链合作伙伴，实现特许加盟效率提升。由此，特许总部的数字化经营思路和营运模式设计就显得尤为重要。

单元一　特许总部营运设计

　　特许商为了能够科学化、标准化地管理特许经营体系，常见的做法是成立特许总部，全面管理特许经营业务。特许总部营运管理涉及诸多流程，既包括授权流程、物流配送流程、客户管理流程、人力资源管理流程、信息管理流程、营销策划流程、培训与督导流程等主流程，也包括财务管理流程和行政管理流程等辅流程。这是特许总部为获得预定的总部系统输出而必须进行的一系列工作任务，只有设计好主辅流程，才能保证高效率地完成特许总部的运营与管理工作。

一、特许总部的职能

　　特许总部是统领众多加盟店的"大本营"，总部职能是否健全直接影响特许经营体系业务开展的成败，所以，在出售特许权之前，应规范各个层面组织机构的职能。

　　特许总部的运作和管理职能是否健全，对整个特许经营体系发展的成败具有巨大

微课 3-1：
特许总部
职能

而深远的影响。为了有效地管理整个特许经营体系，提升各加盟店的运营管理水平，特许总部应具有以下几项基本职能：

（一）系统开发职能

特许总部具有系统开发职能，负责制定整个系统长期的开发与发展规划。一方面，一个成熟完善的特许总部，要根据特许商的情况持续发展加盟商，并能通过企业核心商品为加盟商带来日益增加的利润；另一方面，特许总部要负责发挥其总部的组织功能，也就是说，特许总部除了要关注自己的直营店或是某个加盟店外，更要从宏观上管理每个加盟单店，促使整个特许经营体系发挥最大的效率。

（二）采购配送职能

特许总部具有采购配送职能，负责各个直营店与加盟店所需商品、原材料及设备的采购与配送。特许加盟企业为了达到运营成本最低的目的，在采购环节上，总部一般采取统一采购原材料的方法，并及时高效地配送到各个加盟店。例如，餐饮业和食品制造业，为了达到"统一性"的原则标准，特许总部向每个加盟店提供原材料，并要求每个加盟店严格按照特许总部发放的"特许经营手册"执行。但在某些行业中，如特许零售行业，由于其商品具有同质性或产品差异性很小，为了节约配送成本，个别加盟店在经特许总部允许的情况下也可自行进行商品采购。

（三）研发推广职能

特许总部具有研发与品牌推广职能，开发独特的商品与服务，并以快捷方式和合理价格供应给加盟店，开展特许品牌的推广，提高商品与服务的知名度和美誉度。特许总部要负责向各个加盟店提供商品，所以要根据市场变化和消费者需求的变化，及时更新和改进商品特色、质量以及商品结构。对于体现该特许商核心竞争力的商品或服务，要在原有的商品或服务的基础上不断研发出新商品或开发商品的新功能，从而引导市场、引导消费，源源不断地给加盟店增加新的具备市场竞争力的商品或服务。

（四）培训督导职能

特许总部具有教育、培训与督导职能，这是指特许总部对加盟店负有定期或不定期现场指导和教育培训的义务，重点是传授企业经营管理技巧。加盟店开业之前，总部负责对其进行培训和指导。加盟店开业后，不论是新加盟商还是原有加盟商新增加盟店，特许总部都要负责对其进行持续定期的培训、指导和监督。其中包括编写培训计划、培训教材，现场演示或集中讲授。此外，特许总部还要派专业督导员定期寻访各个加盟店，进行现场监督指导，以便随时掌握各加盟店的经营状况及其对特许总部相关制度的执行情况。

（五）促销职能

特许总部具有促销职能，这是指特许总部负责整体促销计划的制订与活动的开展，树立特许经营体系统一的营销形象，促进加盟店的销售。特许总部要根据企业实际状况，进行区域性、全国性，甚至全球性的产品广告宣传及大型新产品促销活动，并指导各个加盟店实施单店小型促销活动，从而使该特许经营企业的品牌形象得到提升，做到老商品占有的市场份额稳定、新商品得到推广，最终促进特许经营体系整体销售额的增长。

（六）融资职能

特许总部具有融资职能，可向财力较弱的加盟店提供资金援助或向金融机构担保，帮助其融资。

（七）信息收集分析职能

特许总部具有信息收集与分析职能，这是指特许总部为加盟店提供市场和消费信息及动向信息，并收集整理加盟店反馈的销售信息。特许总部收集信息主要的目的是及时给加盟商提供优质的商品和服务；及时了解加盟商的情况，协助解决加盟商经营过程中出现的问题。

（八）财务分析职能

特许总部具有财务分析职能，这是指特许总部承担加盟店的经营统计分析，如销售额、成本、费用、利润的核算。对加盟店之间的经营业绩进行比较分析，对业绩低的加盟店进行督导。特许总部要求其财务部门能分析各加盟店定期上交的销售额等数据指标，并对分析结果进行归纳比较，最终提出有利于整个特许经营体系发展的可行性意见，切实提高各加盟店的经营效益。

二、特许总部制度构建

（一）内部控制制度

1.会议管理控制程序。其目的是规范会议制度，维护会议纪律，保证会议效果，适用于公司高层领导召集的会议、部门主管召集的会议和公司内部跨部门的培训和讲座。其主要职责是确定会议议题、会议时间、会议地点和参会人员等会议要素。

2.文件管理控制程序。其目的是对公司发出的文件实施有效控制和规范管理。文件包括制度、规定、通知、公告、决定、决议、意见、函件、答复等形式的书面材料。制度建设包括文件的签发、批准、审核、制定与修订、发行与保存、分发与销毁、查核与调阅等内容。

3.工作纪律控制程序。主要使特许经营总部员工工作纪律规范化、制度化，同时达到降低管理成本、提高工作效率、提升企业形象的目的。制度建设包括团队关系、礼仪准则、电话及计算机的使用、安全准则、保密制度、环境卫生管理等内容。

4.车辆管理控制程序。主要适用于公司所有公务车的申请、使用及开车前后应办理的手续，制度建设包括申请公务车的程序及资格、车辆损坏赔偿、车辆保养与检查、车辆载重限制、违规处理等内容。

5.办公用品申购领用控制程序。其目的是使办公用品的管理规范化和制度化，制度建设包括对所有办公用品的填报、购买、领用和报销的全过程的控制。

6.印章管理控制程序。印章管理包括对印鉴、职章、部门章、职衔签字章等的管理，涉及印章的监印与盖用等具体制度建设和使用规定。

（二）岗位职责制度

1.总经理职责制度建设。公司总经理的直接上级是公司董事长，直辖人员有副总经理、总监、总经理助理、部门经理。总经理的主要职责是负责公司的经营管理工作，对公司经营中遇到的重大问题进行决策，制定公司的远景规划，在企业文化、组织创新、人才开发、业务拓展、对外投资等关键领域实施战略管理，组织、审批公司重大经营管理项目，维护企业良好运营环境，拓展新的业务领域，为公司发展进行开创性的探索与尝试。其制度建设应围绕上述职责进行，对总经理的权限、责任、上级与下级等内容进行明确规定。

2.特许经营总部总监职责制度建设。总监的直接上级是公司总经理，直接下级是各部门经理与主管。其主要职责是对直营店及加盟店的支持、沟通、控制与创新。其制度建设应围绕年度拓展计划实施、市场营销计划实施、工作指导与协调、品牌维护与推广、对加盟店或直营店的支持等方面进行。

3.企业规划总监职责制度建设。企业规划总监的直接上级是总经理，直接下级是企业规划部的全体员工。

4.营销总监职责制度建设。营销总监的直接上级是公司总经理，直接下级是营销部全体员工。其制度建设应从营销调研、营销计划、营销实施、营销控制等方面进行，为公司整体营销工作提供决策参考。

5.技术总监职责制度建设。技术总监的直接上级是公司总经理，直接下级是产品开发部全体员工。其主要职责是结合公司的品牌经营策略制订开发计划；定期组织开发新产品及生产监控；利用本部门力量并组织协同生产、营销部门，收集、分析、整理客户反馈信息，以改进和开发新产品，为董事会制定公司中长期发展规划提供决策依据。

6.人力资源总监职责制度建设。人力资源总监的直接上级是公司的总经理，直接下级是人力资源部主管、行政部主管。其主要职责是负责公司企业文化建设、人力资源管理和行政管理工作。其制度建设应从编写、执行公司人力资源规划，组织各项活动，制定、监督和执行公司行政规章制度，招聘与培训、绩效考核、激励与薪酬、劳动合同与人事关系等方面进行。

7.财务总监职责制度建设。财务总监的直接上级是公司总经理，直接下级是特许经营总部及各个区域分公司全体财会人员。

此外，还要建立健全行政主管、行政助理、会计与出纳人员、营销区域主管、市场主管、服务中心主管、产品开发部经理、物流部主管、配送中心主管、前台文员等职责制度。

单元二　特许总部招商流程

特许总部招募加盟商的流程即特许商的授权流程，是特许总部将其拥有的特许权按照招商计划和特许经营合同的约定授予加盟商的一系列相关活动。

特许总部招商流程需要对应合适的授权体系，即不同的特许经营体系采用不同的授权体系结构，但其总体流程顺序是相同的。比如，按照特许商向加盟商授权区域的大小以及性质的不同，特许经营授权体系可划分为单店授权体系、区域授权体系。不论是哪一种授权体系，特许总部的招商流程都分为四大模块：第一部分是特许加盟信息发布、接受咨询模块；第二部分是评估加盟投资人模块；第三部分是特许经营合同

微课3-2：
特许总部招
商流程

洽谈签署模块；第四部分是加盟店筹备开业模块。特许总部的招商流程，如图3-1所示。

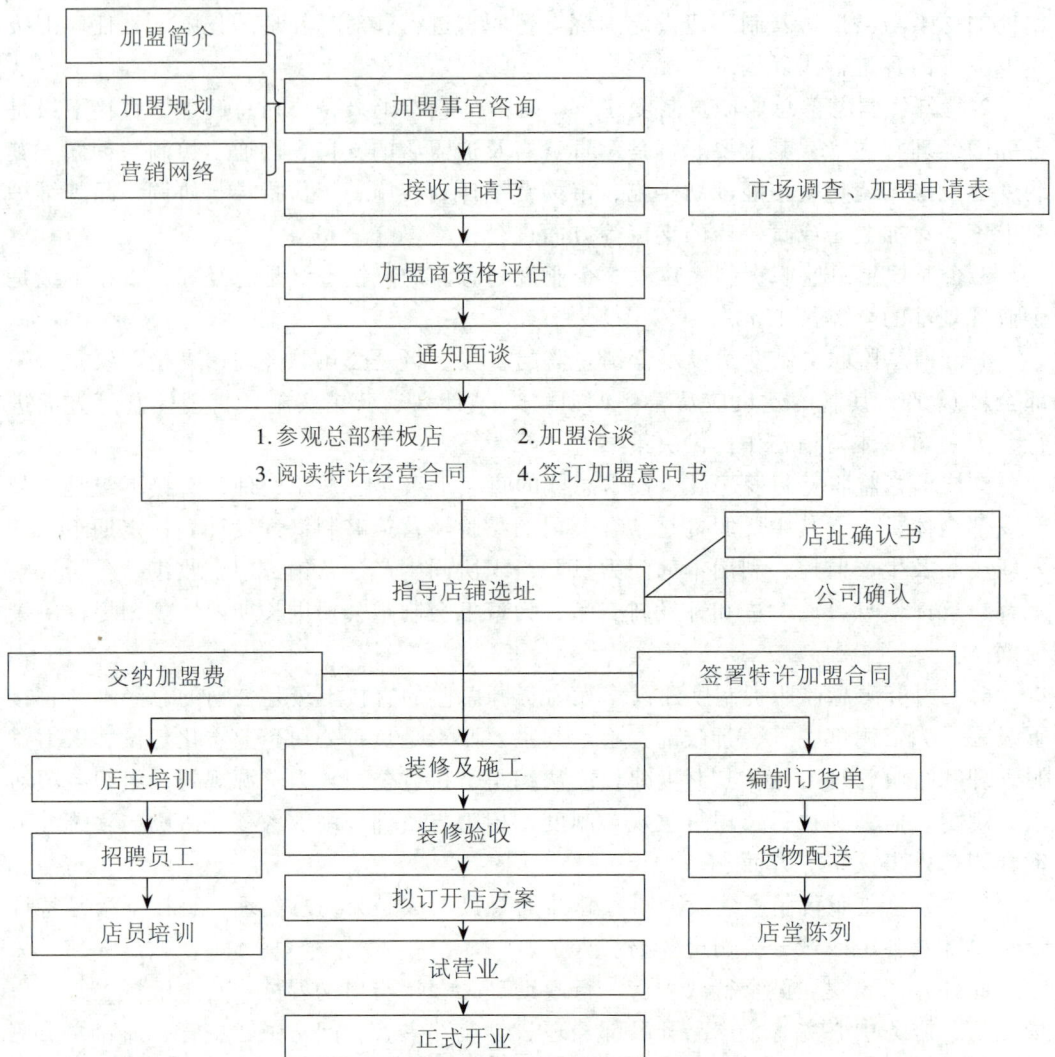

```
┌──────────┐
│ 加盟简介 │
└──────────┘
┌──────────┐      ┌──────────────┐
│ 加盟规划 │─────→│ 加盟事宜咨询 │
└──────────┘      └──────────────┘
┌──────────┐             ↓
│ 营销网络 │      ┌──────────────┐      ┌────────────────────┐
└──────────┘      │  接收申请书  │─────→│ 市场调查、加盟申请表 │
                  └──────────────┘      └────────────────────┘
                         ↓
                  ┌──────────────┐
                  │ 加盟商资格评估 │
                  └──────────────┘
                         ↓
                  ┌──────────────┐
                  │   通知面谈   │
                  └──────────────┘
                         ↓
        ┌──────────────────────────────────┐
        │ 1.参观总部样板店    2.加盟洽谈      │
        │ 3.阅读特许经营合同  4.签订加盟意向书 │
        └──────────────────────────────────┘
                         ↓                    ┌──────────────┐
                  ┌──────────────┐           │  店址确认书  │
                  │  指导店铺选址 │──────────→└──────────────┘
                  └──────────────┘           ┌──────────────┐
                                              │   公司确认   │
                                              └──────────────┘
        ┌──────────────┐                      ┌────────────────┐
        │  交纳加盟费   │                      │  签署特许加盟合同 │
        └──────────────┘                      └────────────────┘
```

店主培训	装修及施工	编制订货单
↓	↓	↓
招聘员工	装修验收	货物配送
↓	↓	↓
店员培训	拟订开店方案	店堂陈列
	↓	
	试营业	
	↓	
	正式开业	

图3-1　特许总部招商流程图

一、发布特许招商信息

特许商确定开展特许业务后，首要的工作是制订加盟商招募计划并发布相关信息。招募计划中要明确五部分的内容：一是特许业务战略布局；二是特许模式创新点；三是招商信息；四是招商信息发布渠道；五是特许经营招商咨询方式。

（一）特许业务战略布局

特许业务战略布局是特许商对自身特许业务在未来若干年内的发展规划，包括特许商的发展史、经营模式、销售渠道、店铺分布、加盟规划等。

（二）特许模式创新点

特许商为了更好地发展特许经营业务，吸引更多优质的投资人加盟，就要根据市场情况不断地创新特许经营模式，在加盟投资人关注的加盟模式、加盟政策支持方式、店铺经营模式、培训督导方式等方面加大创新的力度。

（三）招商信息

招商信息是特许商向加盟投资人宣传特许加盟业务的重要资料，主要以"招商手册"的形式体现，"招商手册"的设计要求主题突出、语言简洁、图文相配、体现优势、逻辑清楚。主要内容包括：特许商介绍、加盟类型、授权期限、盈利模式、加盟商资质、双方权利与义务、特许商的支持培训、国家规定的特许经营需要披露的文件等。

（四）招商信息发布渠道

特许加盟招商信息发布的方式有全球性、全国性、地方性的特许加盟展会，特许商的企业网站，相关行业平面媒体，特定地区的广播电视媒体，特定地区加盟商招募新闻发布会，行业协会、商会、特许经营顾问咨询机构等中介机构及其网站，现有的直营店、加盟店、合作伙伴、关系户等推荐，电话、信件邮寄、E-mail等。

（五）特许经营招商咨询方式

特许经营招商咨询方式有与加盟申请人面谈或通过网络、电话、传真、E-mail等接洽；设立网络加盟互动平台，由经过培训的专门人员在线与申请人互动；设立24小时加盟热线，随时回答申请人的问题；向加盟申请人发放"加盟指南"和"加盟申请表"，并指导其正确填写；邀请申请人参观样板店，安排专人详细讲解；建立加盟申请人信息资料数据库等。

二、评估加盟申请人

特许商通过分析、审核申请人提供的资料，筛选出初步符合加盟条件的申请人，并邀请申请人到特许总部参观和考察样板店，加强申请人对特许商、加盟项目、加盟店经营状况的认知。特许总部一般会在此时与申请人进行面谈，进一步了解申请人的工作态度、性格取向、个人资历、工作经验、财务能力等方面的信息，双方有合作意向，可以签订加盟意向书，为下一步特许加盟合同的洽谈签署做准备。

三、特许经营合同洽谈签署

签订加盟意向书后，对于准加盟商，特许总部会赴申请人所在地考察申请人资信，做目标商圈调查，给予相应的店铺选址指导，申请人填写店址确认书，特许总部对申请人的备选店址进行评估，确认符合加盟店选址标准时给予店址确认，待时机成熟时签署正式特许加盟合同，正式确立特许商和申请人之间的特许契约关系。

四、加盟店筹备开业

签署正式的特许加盟合同后，作为一个合格的特许商在加盟店正式开业前要做好三件事情：一是人员培训；二是店铺装修；三是货品准备。

（一）人员培训

特许总部要有专人负责加盟店开业前的人员培训和指导，主要包括特许商企业理念、企业文化、服务标准、商品标准、设备使用、利润核算、售后服务等店铺经营的全方位的指导和培训。

（二）店铺装修

为了保证加盟店铺的一致性，特许商对于加盟店铺的装修一般会有统一的要求，往往需要加盟商按照特许商提供的图纸进行店铺装修。常见的做法有两种，一种是加盟商购买特许商的店铺图纸，自行装修店铺，特许商负责协助和监督装修的效果。另一种是特许商安排装修，由加盟商支付装修费用。装修完成后，特许总部验收，店铺装修效果符合加盟店标准后，双方协商拟订开业方案。

（三）货品准备

特许总部根据合同约定给加盟店提供开店设备，编制订货单，组织物流配送，协助加盟店铺进行货品陈列，完成店铺开业前的全部工作。

以上全部工作完成后，按照前期双方拟订的开业方案，可以先试营业一段时间，这期间特许总部要提供专人帮助加盟店平稳度过试营业期，如遇到问题，特许总部要及时帮助加盟商进行解决，做好加盟店支持工作，保障加盟店正式开业能达到双方预期效果。

> ### 经营之道3-1   某特许商的加盟流程

拓展阅读3-1：
数字化特许
产品手册

一、咨询加盟事宜

首先到特许人官方网站上详细阅读并了解清楚加盟政策、加盟条件等。

二、填交申请表

加盟方填写加盟申请表、规定的证明及经营能力的资料文件，提交至公司总部审核。

三、加盟资格评估

总部接收到申请表后，对加盟商的具体情况及条件进行审查；审查通过，通知申请人，即可签约。公司将于三日之内回复是否同意建立加盟意向。

四、洽谈过程

来公司详细洽谈加盟未尽事宜，交纳各项加盟费用并签订加盟合同，正式确认加盟。同时，公司将详细介绍加盟各项注意事项。

五、选店地址及确认

根据加盟方提供的开店地址，公司确定项目的可行性，共同确定最终选址方案。店址确定后，加盟方需办理营业执照等相关证件

六、签署合同

公司提供特许加盟合同文本，并予以解释。

公司与加盟方签订加盟合同，明确双方合作方式、权利及义务，交纳相关加盟费用。

七、准备营业

落实开业宣传方案及促销措施。

举行开业仪式。

追踪开业运营情况，提供咨询意见。

及时反馈开业初期运营情况。

资料来源　谭木匠. 加盟流程［EB/OL］.［2022-10-30］. https：//www.ctans.com/？c=leagues&a=flows.

单元三　特许权构成

特许总部的重要工作之一是特许权组合的设计，它是特许体系知识产权有效开发和特许体系扩张的有效保证，涉及商标、商号、专利、商业秘密、经营模式等范畴。企业根据自己的特许经营模式设计对应的特许权组合。

微课 3-3：
特许权的
构成

一、特许权设计原则

特许权是特许商特有知识产权的提炼，是特许商一系列知识产权的集合。特许总部在设计特许权组合时要充分考虑如下内容：一是对潜在加盟商具有较强的吸引力，便于他们的理解和学习。二是实现与竞争者的差异化，确保竞争优势。三是充分利用企业现有资源和优势。四是满足现有和潜在消费者的各种需求。五是充分考虑企业实际业务和经验积累，力求有自己的特色。六是充分考虑特许经营体系运营管理、维护与控制的因素。七是充分考虑企业核心竞争力提升。八是充分考虑特许经营体系投资获利组合的因素。九是充分考虑企业未来的发展。十是符合法律、法规的要求。

二、特许权的组成要素

（一）特许权的有形物质部分

每一个特许经营体系都会要求加盟店和直营店在店面、商品、原料、设备、经营方式等各个方面遵循一致性原则，所以就需要企业根据已有的和未来的发展计划，提炼出本体系所需要的统一的特许权，然后采用说明书配以图案和照片等方法，对其属性等进行详细的描述，以使加盟商能够准确理解和把握，更为双方签订特许经营合同和制作特许经营手册打下良好的基础。

（二）特许权的无形技术部分

这部分主要包括专利、专有技术、经营诀窍等内容，是复制给加盟商的特许权的主体内容，是关键性的技术描述，应该准确全面，便于加盟商在培训中以及日后的单店运营中随时学习、体会和研究。特许权的技术按其属性可分为硬技术（工程类技术）和软技术（管理类技术）；按其存在形态可分为隐性技术（不能用语言、文字、声音、图像等方式交流和传授，但保密性好）和显性技术（可以用语言、文字、声音和图像等交流和传授，但保密性差）；按其是否属于专利可分为专利技术（可细分为发明专利技术、实用新型专利技术、外观设计专利技术等）和非专利技术；按其对企业的重要作用可分为关键技术（核心技术）、重要技术（辅助技术）、一般技术（普通技术）等；按其价值链环节不同可分为研发技术、工艺设计技术、生产技术、销售技术、售后服务技术等。企业在对特许权的技术部分进行设计时，应根据分类情况进行，以免混乱和遗漏。

（三）特许权的企业文化部分

企业文化是企业在长期的经营管理活动中培育形成并由全体成员共同遵循的理念、价值标准和行为规范。广义上企业文化应等于理念文化加物质文化，具体包括企业使命、企业宗旨、企业格言、企业精神、企业价值观、企业管理风格、企业经营理念、企业经营目标等，其核心应包括特许权的内容。无论在特许权设计阶段，还是在特许权授予阶段，或者是在特许体系营建、管理和维护阶段，企业文化始终起决定作用。严格地说，企业文化并不属于知识产权的范畴，而更属于精神层面，其实质是企业所有者和管理者对本企业或本系统企业的人员进行思想管理的工具。特许商应当根据本企业的经营范围、经营特点、服务对象、发展愿景，并结合个人的世界观、事业观和价值观等因素，来制定能有效促进企业进步的独具特色的企业文化，并通过企业识别系统的导入逐步将企业文化外化为企业形象。

（四）特许权的主要约束部分

它是指特许权使用的时间、区域、数量方面的限制。所谓时间权益就是加盟商可以使用特许权组合的年限，也是一份特许合同的有效期限。一般特许期限国内为3～5年，国外为10～20年，我国因为特许商的成熟程度较低，实力较弱，以3～5年为期比较符合实际，今后随着特许体系的巩固和发展，可以适当加长，以增强投资者信心，节约管理成本和交易成本。所谓区域权益就是加盟商使用特许权组合的区域范围，属于特许权组合的动态设计，与特许商的管理和控制能力有关。一般而言，每个加盟店都应拥有独立的商圈，即保证每个加盟店核心商圈之间的最近范围彼此相切，本区域内无其他加盟店的竞争，维护特许商和加盟商的利益。在数量方面，根据体系扩张需要，加盟店可以是一个或多个，当特许经营体系发展到一定规模后，可以选择区域主加盟的授权方式。

三、特许权组成的内容

（一）特许总部形象识别系统设计

特许总部形象识别系统是特许总部为了达到区别于其他企业的目的，确立的独有的理念、行为和外观体系，是特许总部展示给加盟商和顾客的外在表现。特许总部形象识别系统的内容具体包括理念识别、行为识别、视觉识别、声音识别、室内识别和工作流程识别六大部分。

1.理念识别（MI）

理念识别指经营过程中经营理念和经营战略的统一，具体包括特许总部经营策略、管理体制、分配原则、人事制度、人才观念、发展目标、企业人际关系准则、员工道德规范、行为准则及相关政策等基本要素，集中通过企业信念、经营口号、企业标语、守则和座右铭等来表现。理念识别是企业群体价值观的核心要素，是企业识别系统的灵魂。

> 经营之道3-2　　　　　　　　　　嘉和一品的经营理念

嘉和一品成立于2004年，17年专注一碗健康好粥，用这碗融合了大自然五谷精华的粥，和诚信的坚守、品质的匠心，来传承中华千年的饮食文化，希望让消费者体会到"尊重食材原生态，匠心一品味天成"的健康美食体验，同时，在一碗粥中喝出幸福和家的温暖。品牌旗下设立嘉和营养研究院，由专业营养研究团队进行菜品研发、科学配餐，力求带给消费者"家的味道"和"家的放心"，将"一品好粥，为我所爱"的品牌信仰奉献于每一个家庭。其开设连锁餐厅100余家，累计服务顾客上亿人次，是京城原创民族品牌的优秀代表。

嘉和一品现已启动"加盟创业扶持项目——千人千店计划"，在全国范围内招募1 000名创业者，提供1亿元开店扶持资金，并制订"3年开店1 000家"的门店拓展计划，加速布局全国连锁。

经过多年努力，嘉和一品的经营领域已由单纯的餐饮连锁经营，发展成为集高品质农产品加工及食品销售、餐饮连锁经营、便民生活服务提供于一体的多元化健康饮食及餐饮服务提供商。作为国内开创多项业界先河的餐饮企业之一，嘉和一品秉承"嘉和如家，和贵天下"的企业文化，"匠心品质，诚信创新"的经营理念；以"用心、专注、坚持、平衡、和谐"作为企业价值核心，倡导人与自然、人与人、人与社会之间的和谐与平衡；善用自然资源，通过"健康、优质、营养、均衡"的美食，服务于民众生活与社会的昌盛安宁。

资料来源　嘉和一品. 嘉和简介〔EB/OL〕.〔2022-10-30〕. http://www.jhyp.com.cn/About/19451459.html.

2.行为识别（BI）

行为识别指在特许总部理念的指导下，特许总部与员工在实际经营过程中所有规范化、协调化、统一化的行为。行为识别的具体内容包括：规范化经营理念的执行、各级职能部门规范化接受和完成对管理制度的实施、收集和整理来自社会对企业的信息反馈、促使特许总部良性发展以及特许商的各类公益活动等企业行为和企业制度。行为识别是企业形象策划的动态识别系统，是理念识别的载体。

3.视觉识别（VI）

视觉识别指视觉信息传递的各种形式的统一，是特许商区别于其他企业的、独特的名称、标志、标准字、标准色等视觉要素。视觉识别的具体内容包括：企业名称、品牌标志、品牌标准字和标准色、企业专用印刷字体、象征性造型与图案、宣传标语等要素，还包括企业产品、设备、招牌、标志、制服、包装、广告、建筑、环境、传播展示与陈列规划等应用媒体。视觉识别是整个企业形象识别系统中最形象、最直观、最具冲击力的部分，必须借助物质载体才能传递出来。

4.声音识别（AI）

声音识别指企业的歌曲、口号、规定用语、标志性声音、背景音乐等，尤其店内员工使用的标准化用语，对门店形象起着关键作用，声音识别与店面特色合理搭配即可相得益彰。

5.室内识别（SI）

室内识别指店铺的设计与识别。室内识别涉及空间设计和管理两方面内容：空间设计包括招牌系统、平面系统、天花板系统、墙面系统、地面系统、配电与照明系统、展示系统、POP系统等；管理部分包括工程预算、材料说明、施工程序、协作管理、估价与验收等项目。室内识别是视觉识别（VI）的延伸和最具活力的部分。

6.工作流程识别（BPI）

工作流程识别指企业或店铺所有必要工作的步骤。特许总部统一开发的工作流程，可以实现标准化、简单化和细节化的操作，是加盟店快速复制样板店的关键和成功的保证。

在上述六大企业识别系统中，最核心的部分就是前三大子系统的设计与构建，其中理念识别是最高决策层，是企业识别系统的策略面，相当于企业的"心"；行为识别是其动态识别形式，是企业识别系统的执行面，相当于企业的"手"；视觉识别则是其静态识别符号，是企业识别系统的展开面，相当于企业的"脸"。

（二）特许经营单店经营模式设计

单店经营模式设计是特许权组合设计的主体，单店既是特许经营体系的产品，又是特许经营体系的窗口。单店的设计重点是商圈与选址定位、单店获利模型、商品与服务组合设计、单店的企业识别系统设计等内容，即店铺从零开始建设到维持正常运转的整个设计过程，凭此设计可以建立起一个形象既定的单店和营销终端。

1.商圈与选址定位

单店商圈的划定、店址的选择及客户的定位是单店设计最基础的要素，也是特许经营体系能否成功扩展的前提保证。店铺选址是特许企业为加盟商提供的基础服务之一，帮助加盟商选对了店铺，就是帮助加盟商奠定了业绩基础。过去的店铺选址，对于商圈信息、店铺信息、顾客信息与销售预测之间的关系分析比较困难，更多的是通过传统的纸张或表格，对店铺信息进行"描述"或"记录"，这导致了选址不准，进而难以达到预测的投资回报。现在，越来越多的特许企业运用数字化店铺选址，将特许企业的商圈、店铺、顾客进行数字化建模，将网络规划、选址开发的跟进过程、判断方法、决策逻辑和报告，全部数字化，并将相关的知识、经验、流程、数据，沉淀到企业中，成为企业资产。在数字化店铺选址的示例中，有的基于大数据与AI算法，帮助企业完成商圈洞察和店铺评估，进而获得更精确的销售预测和投资回报分析；有的帮助特许企业了解顾客从哪里来、到哪里去、如何分布等。从人和场等多个角度，帮助特许企业更快、更准、更低成本地去完成店铺选址。

2.单店获利模型

单店获利模型是指单店在为目标消费群体创造价值时获取回报的方式，是一个单店各种盈利方式的组合。处于不同行业的单店获利模型会有所不同，比如时装店的获利模型是商品零售利润，咖啡店的获利模型为服务利润和饮品零售利润的组合，大型商场与超市的获利模型为卖场租赁利润、财务利润和商品零售利润。

3.商品与服务组合设计

商品与服务组合设计是为目标顾客群提供的全部商品或服务，其设计重点在于"组合"，就是按一定的标准将单店提供的全部商品或服务划分成若干系列和项目，并确定各系列和项目的商品或服务在总体中的比例。一般情况下，在组合设计中重点按照销售额和利润水平对商品或服务进行分类，可以分为主力商品或服务、辅助商品或服务、关联商品或服务等类别。

4.单店的企业识别系统（CIS）设计

单店的企业识别系统设计是特许总部企业识别系统设计的延伸，是特许总部设计的样板店的复制。特别是理念识别（MI）、视觉识别（VI）、声音识别（AI）、室内识别（SI）都具有很好的延伸性。因此，应在特许总部的企业识别系统设计的基础上，参照并相应设计出单店的企业识别系统，以保证总部与单店的协调性和一致性。

> **经营之道3-3**　　　　　　**谭木匠加盟条件**

谭木匠要求加盟商具备品牌意识，理解并接受谭木匠经营理念和企业文化；具有长期合作的意愿，有一定的经商经验；具有一定的计算机基础知识，店内必须配置电脑、POS扫描设备并开通网络；在繁华商业区或古文化街、聚人气的旅游景点有店面，原则上要求店面面积达15平方米以上，以及在商场有独立的专卖区域；店址须经公司书面确认，店面由公司负责设计与全套装修，装修费用由店主自行承担；具有一定的经济基础，地级城市一般情况下前期投入资金15万~20万元，省会城市一般情况下前期投入资金20万~25万元（加盟费+保证金+货款+装修费+房租+杂支），同时首批进货结算额为地级城市4万~5万元，省会城市5万~6万元，款到发货不赊欠。

资料来源　谭木匠官网. 谭木匠加盟条件［EB/OL］.［2022-11-02］. https://www.ctans.com/?c=leagues&a=index.

单元四　特许总部收益核算

一、特许总部收入模式分析

（一）加盟费

如果将特许权组合视为特许商的产品，那么加盟费（Franchise Fee）的本质就是特许权组合的价格。加盟费的设计就是制定特许权组合的价格。

加盟费是指特许商将特许经营权授予加盟商时所收取的一次性费用。它体现的是特许商所拥有的品牌、专利、经营技术诀窍、经营模式、商誉等无形资产的价值。

微课3-4：加盟费

加盟费设计合理与否主要取决于四大因素：特许权组合的开发成本及市场价值、区域权益的价值、招募加盟商的成本和时间权益的价值。

在特许经营体系中所指的"加盟费"，是加盟商在与特许总部签署特许经营合同时一次性付给特许总部的费用。特许总部要收取多少加盟费并不是随意而定的，要能体现特许权的核心价值。

1.设计加盟费要考虑的要素

（1）所授权商业经营模式的价值及特许商所拥有的品牌价值。

其具体包括：商标设计的成本及市场价值、专利开发的成本及市场价值、单店经营模式开发的成本、单店经营管理体系的开发成本、单店的企业识别系统开发的成

本、特许总部运营管理系统构建的成本、特许经营体系拓展的成本。

特许商的品牌价值是在特许商经营过程中逐渐形成的，在特许经营体系中是自然的转移，很难被精确计算出来，因此特许商的品牌价值在一定程度上取决于加盟商愿意支付的价格。如麦当劳和肯德基的价值究竟谁高些，北京烤鸭和北京东来顺的价值又是谁高些，其均取决于加盟商愿意支付的价格。

理论上也可依据投资学对品牌价值的估算方法和量化方法进行计算，即：

品牌及商誉的价值=该特许商的商业市场价值×适当比率（该比率一般取4%～12%）

市场价值=该特许商每年所能创造的利润×1.5

例如，某特许经营餐厅每年能获得利润50万元，则该餐厅的市场价值在理论上就是75万元（50×1.5）。该餐厅的品牌价值为3万～9万元。因此，一个特许经营企业只要有自己直营店2年到3年的营业利润数据，就可以依据这个公式来计算加盟费。随着特许商商誉知名度的提高，商誉价值就会得到提高，加盟费自然也就跟着提高。

在我国，有些新的特许商只收取很少的加盟费甚至不收加盟费，这并不代表这些企业没有品牌价值和市场价值，只是其另一个目的更加明确，那就是快速进行市场扩张。

（2）区域权益的价值。

与前一要素相比，特许商授权的城市或授权区域的价值更难以计算。一般来讲，特许总部按照该授权城市或授权区域的人口统计资料和市场统计资料来测算。授权区域越大，收费越高；区域独占许可的收费高于非独占许可的收费。

（3）招募一个加盟商的成本。

特许总部要大致测算出每个加盟商的平均招募成本，例如广告宣传费、参加特许加盟展览会费用、培训加盟商费用、各项运营手册及培训教材的编写费和印刷费，以及特许总部和单店的企业识别系统设计费用等。这些因招募加盟商而支出的费用可以由各个加盟商分摊。一般情况下，特许总部招募的加盟商越多，特许总部的加盟费收入就越多。

例如，一家特许连锁服装企业在2019年计划授权50个加盟商。年度广告预算50万元，则平均每个加盟商所需分摊的费用是1万元；50个加盟商的培训费用预算为150万元，则平均每个加盟商所需分摊的费用是3万元；其他手册制作及印刷费用、通信费用、交通费用及行政管理费用总共75万元，则平均每个加盟商要分摊1.5万元。这样就可以计算出该特许经营企业每个加盟商应承担的招募成本为5.5万元（1+3+1.5）。

（4）时间权益的价值。

这里指的时间即特许经营合同的年限。特许经营合同中的特许权组合使用的年限越长，收费就越高。

2.加盟费收取的方式

加盟费收取的方式，视特许商经营规模和企业的发展目标而定，其主要有以下几种：

（1）在签订特许加盟合同时一次收齐。

（2）将加盟费的总额除以特许经营合同的年限，计算出年平均加盟费的数额后，按年收取。

（3）不收加盟费。某些特许商，特别是品牌知名度很低的特许商在特许经营体系发展的初期采用免加盟费或只收取少量加盟费的方式来吸引投资人加盟。

（二）特许权使用费的设计

特许权使用费是加盟商在经营过程中按一定的标准或比例向特许商定期支付的费用。它体现的是特许商向加盟商提供的持续支持和指导的价值。特许权使用费是特许商除加盟费以外收益的主要来源。

1.特许权使用费的内容

特许总部收取多少特许权使用费合适，要依据特许总部为各个加盟商提供服务的质量和范围而定。特许总部在收取特许权使用费时，其与各个加盟商均应清楚特许权使用费的用途，其中包括：加盟商开店后的持续性培训、特许总部督导人员的定期指导、当地市场业务的拓展指导、商品促销及宣传指导，以及日常经营管理费用等。

微课3-5：
特许权
使用费

2.特许权使用费的收取方式

（1）比率制

比率制是特许总部按照加盟单店每个月营业收入额的一定比例来收取特许权使用费的方式。美国特许连锁企业大部分都采用这种方法。这是一种比较公平地分享利润的方式。比较常见的比率为月营业额的3%～6%或利润的18%～20%。

但这种方法也有缺陷，运用这种方法收取权益金，需要一个控制性较强并能随时掌握加盟商营业额的财务收银控制系统软件，可能会有加盟商为了寻求自己的利益最大化，采取隐蔽的方法隐瞒自己的实际营业额，或者制作虚假月营业额报表，从而使特许总部特许权使用费收入遭受损失。

（2）定额制

加盟商每月向特许总部交纳合同中约定的固定额度的权益金，也称最低特许权使用费。定额制特许权使用费的收取方法较能让加盟商接受，因为它明确了加盟商要支付的款项。但若是采取此种办法，就要求总部在当地一定要有直营店作为"对等店"来做参照。如果某行业经营较具季节性，即在每个季节营业收入都会不同，定额特许权使用费则会在市场淡季增加加盟店的负担。加盟店刚刚开业的阶段也没有能力支付太高的特许权使用费。这些客观情况都要求特许总部在制定特许权使用费时将其考虑在内。

（3）日收制

特许总部派专人入驻加盟店，负责每日特许权使用费的收取，并担当督导员的角色。这种收取方法效果最好，可最大限度地避免由于单店销售额不清楚或虚报销售额而造成特许总部特许权使用费的损失。同时，督导人员可随时作现场指导并进行经营指导。但这种方法也有缺陷，使用这种方法收取特许权使用费要求特许总部派出的专业督导必须具备一定的专业知识及专业技能，这无疑会加大特许总部人力资源管理部

门的工作压力。

总之，特许总部在制订收取加盟费和特许权使用费的方案时，应该比较同行业竞争者的收费标准、加盟店数、经营年数、投资者的认同度及加盟商的获利回报情况，进行综合分析。

（三）货品销售收入

在特许经营过程中，特许商为了保证特许经营体系的统一性，会要求加盟商统一购买特许商提供的商品进行销售或使用特许商提供的原材料生产加工产品，并且由于加盟店销售商品或生产加工产品的数量相对稳定，因此，这种销售行为在很大程度上增加了特许商的收益，是特许商收入的主要来源之一。

（四）保证金的计算

严格意义上说，保证金不是特许商的直接收益，因为保证金原则上是需要退还的。在特许经营合同执行期间，若加盟商没有违反合同条款的规定，则在合同期满后，特许总部要无息全额返还其保证金。但是，特许商在特许经营合同签订时即收取保证金，在合同期满才退还，实际上是特许商在一定时期内占用了加盟商的资金，所以此处将保证金暂时放入特许总部的收入中。

特许总部收取保证金主要有以下两个作用：

一是作为采购抵押款。在一些特许经营系统中，特许总部在合同中要求加盟商必须订购指定的产品或原材料等物品。在执行过程中，加盟商若不履约，则特许总部便可将此保证金扣除充抵货款。

二是作为违约金。若加盟商在合同期内的经营有违反合同约定的行为，则特许总部可以按合同规定扣除其保证金，作为特许商损失的补偿。

> **经营之道3-1** 　　　　　　合同保证金的常见形式

关于合同保证金，目前经常出现的基本上是三种：

1.商业合同的保证金，现在多用于加盟、承包工程等商业活动中。根据规定，在签署商业合同时，如合同条款的约定中有提到合同保证金的事宜，此时合同中的合同保证金就属于一种约定，是受法律保护的，在履行合同时需按双方有效合同的约定处理。

2.劳动合同中的合同保证金，劳动法明文规定，用人单位与劳动者订立劳动合同时，不得以任何形式向劳动者收取定金、保证金（物）或抵押金（物）。对违反以上规定的，由公安和劳动行政部门责令用人单位立即退还给劳动者本人。若未交，可以不交；若已交，可以要求用人单位退还，或向当地劳动行政主管部门举报。如就此发生争议，可以自发生争议之日起60日内申请劳动仲裁，此合同保证金不成立且不合法。

3.租赁合同保证金，房屋出租时，出租人可以与承租人约定收取房屋租赁合同保证金。租赁合同保证金是一种履约保证的措施，是指出租人根据租赁期限、租金支付期限、房屋用途、维修责任等因素与承租人约定收取的租赁押金。

资料来源　编者根据相关资料改编。

（五）特许加盟期限的设计

这里的特许加盟期限指的是"一个加盟的长度"，即特许总部和加盟商缔结一次特许经营合同所规定的合同持续时间，一般以"年"为单位。不同特许经营体系的加盟期是有很大差异的，不同行业之间的加盟期长短也各有不同，即使属于同一个行业的特许商，其加盟期之间也可能差别很大。

一般来讲，一个合理的特许加盟期限应该由两段时间组成，即加盟期=投资回收期+盈利期。

1.投资回收期

一个加盟期至少要等于该加盟商（加盟单店）的投资回收期。加盟商如果要加盟某个特许体系，特许商至少应保证加盟商能收回投资。这个投资回收期就是一个加盟期限的"底线"，即投资回收期是一个加盟期限的最小值。从这个理论出发可以证明一些政府特许经营项目的期限为什么都比较长，长达数十年甚至上百年，其主要原因就是政府特许经营项目的投资大、投资回收期长。

2.盈利期

加盟商投资特许经营项目绝不仅仅只是为了能收回投资，还希望在收回投资之后能有一段合理的盈利时间，即盈利期。因此，对于投资回收期相差不大的特许经营项目而言，其加盟期限的区别就是这个特许商给予加盟商的"盈利期"。至于盈利期的长短，它并不完全取决于特许商的主观意愿，还要受一些外在客观因素的制约，如加盟费、加盟店盈利率、行业更新性、体系成熟度和竞争状况等。

二、特许总部运营管理成本分析

（一）特许商前期支持成本

特许商在加盟店开业前期需要为加盟商提供许多支持，包括接受申请人的第一次咨询，挑选合格加盟商，帮助加盟商选址，对加盟商进行培训（免费的部分），帮助加盟商招聘人员，赠予加盟商物品（包括开业用品、促销品甚至前期铺货等），开业支持，派特许总部的人员到加盟店进行现场指导等。简而言之，从申请人第一次向特许商咨询开始，一直到加盟店正式开业并进入正常营运阶段，特许商需要为加盟商提供一系列支持，这些支持需要特许商耗费一定的费用，那么这个费用应该估算在运营成本里。

特许商应该首先详细列出自己在前期为加盟商所提供的所有支持活动，然后根据每项活动所耗费的资源来初步估计出前期的费用总计。

（二）市场推广宣传费用

因为特许经营体系具有"克隆"性质，所以各个加盟店在经营理念、外观形象、店铺软件硬件方面都是完全一致的，为了确保特许经营体系推广宣传的整体性和一致性，需要特许总部对特许经营体系进行集中策划、推广、宣传，这些费用前期会由特许总部支出，计入特许总部的运营成本中，但是要注意的是这些费用后期会分摊给每位加盟商。

另外，由于各个加盟店所在区域的实际情况不同，有时需要特许总部在部分加盟店所在区域进行单独广告策划与宣传，这部分费用也要算到特许总部的运营成本中去。

（三）培训费

特许商对加盟商进行培训通常分为两个阶段。

第一个培训阶段是特许经营合同签订之后到加盟店开业之前的这段时间。这个阶段的主要培训目的是使加盟商完全进入单店运营管理者的角色之中。作为特许商对加盟商的支持，此时的培训多是特许总部免费提供的，加盟商要承担的只是自己的交通费和食宿费。

第二个培训阶段是加盟商开业之后的日常经营阶段。在加盟店正常营业的过程中，特许商对加盟商进行培训的主要内容是特许商开发的新技术和新知识、特许经营体系的新规定等。特许商通过集中培训和安排专业人员到加盟店现场指导的方式开展培训，产生的费用都要计入特许总部的运营成本中。

以上是特许总部运营成本的主要组成部分，除了这些以外，还有维持特许总部日常经营管理的一些其他必要开销。

三、特许总部收益核算实例

某特许连锁企业，目前已有直营店3家，加盟店2家。该特许企业计划在下一年的1—6月份新增直营店2家，并分别定于3月、5月开业；计划新增加盟店6家，并定于3月1家开业，4月1家开业，5月2家开业，6月2家开业。该特许企业单店的月标准收入为20万元，加盟费为每店5万元，特许权使用费为加盟店月营业收入的10%，特许总部每月统一配送给各个加盟店的货品平均为10万元，需加盟店购买。要求根据以上条件制定出特许总部下一年度1—6月份总营业收入指标。

微课3-6：特许总部收益核算

1.根据新增直营店和加盟店的数量制订特许总部下年度1—6月的单店拓展计划，见表3-1。

表3-1　　特许总部下一年度1—6月份单店拓展计划表　　单位：家

地区	单店类型	1月	2月	3月	4月	5月	6月	合计
A地区	直营店			1				1
	加盟店			1		1	1	3
B地区	直营店					1		1
	加盟店				1	1	1	3
合计	直营店							2
	加盟店							6

2.确定下一年度1—6月的单店存在数量情况，见表3-2。

表3-2　　　　　　　　特许总部下一年度1—6月份单店存在数量表　　　　　单位：家

分类	单店类型	1月	2月	3月	4月	5月	6月
各月原有	直营店	3	3	3	4	4	5
	加盟店	2	2	2	3	4	6
各月新增	直营店	0	0	1	0	1	0
	加盟店	0	0	1	1	2	2
合计	直营店	3	3	4	4	5	5
	加盟店	2	2	3	4	6	8

3.根据单店拓展计划和单店经营情况，制定下一年度1—6月份的总营业收入指标，见表3-3。

表3-3　　　　　　　　特许总部下一年度1—6月份总营业收入表　　　　　单位：万元

项目	1月	2月	3月	4月	5月	6月	合计
直营店	3	3	4	4	5	5	5
加盟店	2	2	3	4	6	8	8
新增加盟店	0	0	1	1	2	2	6
直营店收入	60	60	80	80	100	100	480
加盟费收入	0	0	5	5	10	10	30
特许权使用费收入	4	4	6	8	12	16	50
统一配送货品销售收入	20	20	30	40	60	80	250
总营业收入	84	84	121	133	182	206	810

下一年1—6月份的营业收入=直营店收入+新增加盟店交纳的加盟费+各加盟店交纳的特许权使用费+特许总部向各加盟店统一配送货品的销售收入。

经计算，特许总部下一年1—6月的总营业收入指标为810万元。依此类推可以计算特许商全年的总效益指标。

知识掌握

1.主要概念

特许权　特许总部形象识别系统　加盟费　特许权使用费

2.单项选择题

（1）某特许经营企业，其每年能获得利润50万元，计算该企业的品牌价值是（　　　）。

随堂测3-1

A.3万～6万元　　　B.3万～9万元　　　C.6万～12万元　　　D.6万～18万元

（2）在合同期满后，特许总部要（　　）保证金。

A.全额返还　　　B.无息全额返还　　　C.不返还　　　D.以上都不对

（3）特许权使用费收取方法效果最好，可最大限度地避免由于单店销售额不清楚或虚报销售额而造成特许总部特许权使用费损失的形式是（　　）。

A.比率制　　　B.定额制　　　C.日收制　　　D.月收制

（4）特许加盟期限包括投资回收期和（　　）。

A.约定期　　　B.固定期　　　C.盈利期　　　D.以上都不对

3.多项选择题

（1）特许权的组成要素包括（　　）。

A.特许权的有形物质部分　　　　B.特许权的无形技术部分

C.特许权的企业文化部分　　　　D.特许权的主要约束部分

（2）特许总部招商流程包括（　　）。

A.加盟信息发布，接受咨询　　　B.评估申请人

C.特许经营合同洽谈签署　　　　D.加盟店筹备开业

（3）加盟单店设计最基础的要素包括（　　）。

A.单店商圈的划定　　　　B.店址的选择

C.客户的定位　　　　D.店主的想法

（4）加盟费设计合理与否主要取决于（　　）因素。

A.特许权组合的开发成本及市场价值　　　B.区域权益的价值

C.招募加盟商的成本　　　　D.时间权益的价值

4.简答题

（1）特许总部的职能有哪些？

（2）特许总部的招商流程是什么？

（3）特许权的组合要素有哪些？

（4）特许权组合包括的内容有哪些？

（5）特许总部的总营业收入包括哪些内容？

（6）特许权使用费收取形式有哪几种？各自的优缺点有哪些？

双创应用

1.项目背景

某商务连锁酒店的特许加盟条件

（1）特许加盟店选址

①有规模、成气候的经济开发区、新开发中央商务区。

②周边有高星级酒店。这是因为高星级酒店选址一般经过了细致的认证，较易通过高星级酒店与商务酒店性价比的比较使客人选择入住商务酒店。

③在案二三类旅游城市或县级市旅游景区，人流量到达一定条件即可，主要以原有的招待所、小宾馆改造为主。

（2）特许加盟费用

①加盟费：50万元。

②加盟保证金（合作1年后可以返还）：10万元。

③加盟管理费：为加盟方月营业收入总额的3%，按月收取。

④广告宣传费：为加盟方月营业收入总额的2%，按月收取。

资料来源　编者根据相关资料编写。

2.双创任务

目标：阅读案例背景资料，分析商务连锁酒店的选址特点和加盟费用的收取方式。

要求：将学生分组，4人为一组。以背景资料为着眼点，结合商务酒店的特点，分析同类加盟店主要考虑的要素，并分析特许加盟费用收取的形式和金额是否合理，说明理由。撰写分析报告，制作PPT，进行汇报。

考核：某商务连锁酒店的特许加盟条件双创应用考核评分表，见表3-4。

表3-4　　　　　　某商务连锁酒店的特许加盟条件双创应用考核评分表

小组名称：

实训任务	考核要素	评价标准	分值（分）	得分
撰写分析报告，制作PPT，进行汇报	汇报结构	结构完整、规范、有条理	20	
	数据分析	文字与图表结合、分析深入，能发现问题	30	
	汇报内容	报告编排符合逻辑，层次分明，观点明确，论据充分	30	
	文字表达	语言表达流畅、通顺、言简意赅	20	
合计				

得分说明：各小组针对双创任务要求，撰写分析报告，制作PPT，进行汇报。得分90~100分为优秀；75~89分为良好；60~74分为合格；60分以下为不合格。

项目四
特许经营合同

■ **学习目标**

通过本项目的学习，要求达到以下目标：

知识目标：熟悉特许经营合同的内容；熟悉特许经营合同的类型和设计原则；掌握特许经营合同的注意事项；熟悉特许经营主体合同和辅助合同的内容区别与要点；掌握特许经营合同主要条款的制作规范以及特许经营合同规定的主要权利、义务。

能力目标：辨别加盟商自身条件是否适合特许经营合同；具备特许经营合同风险的识别能力。根据特许经营合同的编写规范，独立撰写特许经营合同和各类相关协议。

思政目标：通过对特许经营合同的学习和研讨，植入"公平、法治、爱岗敬业"等社会主义核心价值观，培育学生的权利意识、规则意识、诚实守信的契约精神。贯彻落实课程思政培养的思想品德标准、专业技术能力、科学素养、专业思维和方法、职业道德和职业素养等五个指标点，切实发挥课程思政教育的功能。

案例导入

涉"网红品牌"加盟特许经营合同纠纷典型案例的思考

2021年3月25日，北京西城法院召开"涉'网红品牌'加盟特许经营合同纠纷典型案例"新闻通报会。该院知识产权庭对近两年审理的特许经营合同纠纷案件的审理情况、案件特点、多发原因、认识误区以及法官建议进行通报。

西城法院知识产权庭于近两年审理的特许经营合同纠纷案件中随机抽取100件进行分析发现，该类案件数量呈逐年上升趋势，特许经营合同纠纷案件占知识产权案件比例由2019年占比不足10%提升至20%以上；原告绝大多数为被特许人，特许人主动提起诉讼的仅占6%；特许经营合同纠纷案件多发于餐饮行业，约占此类案件的73%。

调研结果显示，网红品牌加盟所提供的产品或服务普遍与老百姓的日常生活紧密关联，多发于餐饮服务、母婴服务、教育培训、美容美发等诸多行业。大多被特许人会选择加盟一些广受网友关注的网红品牌，包括"鹿某某""分某某"等网红餐饮品牌，也包括"爱亲某某"等网红母婴服务品牌。涉"网红品牌"特许经营合同纠纷多发，一方面由于部分被特许人冲动签约后经营不善、利润未达预期起诉要求解除合同退还加盟费；另一方面由于部分特许人夸大商业宣传，不积极履行对被特许人开展相关培训、配合被特许人选址开店等合同约定义务，不履行如实披露的义务导致被特许人诉至法院要求解除或撤销合同退还加盟费。

通报会上，法官介绍了"特许资源种类多，加盟投资需认清""特许经营权限有区别，店未开业未必可退费""信息披露不全面，未必影响合同效力""加盟遭遇新冠肺炎疫情，解约不能一概而论""'冷静期'不是试用期，随意毁约不可取"等5起涉"网红品牌"加盟特许经营合同纠纷的典型案例，并就典型案例进行释法析理。

法官建议，签订特许经营合同应细致约定权利义务，被特许人做到审慎考察项目，特许人如实披露相关信息。合同履行过程中双方均应诚信、规范履约，留存履约书面证据。合同到期后被特许方应及时停止使用资源。

资料来源　北京市西城区人民法院. 北京西城法院召开"涉'网红品牌'加盟特许经营合同纠纷典型案例"新闻通报〔EB/OL〕.〔2021-01-25〕. https://bjxcfy.bjcourt.gov.cn/article/detail/2021/06/id/6084950.shtml.

案例启示：合同是约束当事人非常重要的文书。特许经营合同是约束特许总部与加盟商的法律契约，双方通过特许经营合同建立特许与被特许关系以后，都应该根据合同约定的条款行使权利和履行义务。

单元一　特许经营合同概述

一、特许经营合同的概念

特许经营合同中的特许商与加盟商是在法律上完全独立的主体，通过适当的经济

微课4-1：特许经营合同概述

形式形成有效的经济合作关系来经营共同的事业，如何处理特许商与加盟商之间的关系是维持各方事业成功的关键。特许商与加盟商之间的权利义务主要通过特许经营合同确定，特许经营合同成为各方处理相互关系和日常经营行为的准则。

特许经营合同是特许商和加盟商之间签订的用于规定双方权利义务、确定双方特许经营关系的法律契约。特许经营合同的意义在于明确了当事人的权利义务，对合同存续期间当事人的经营行为进行了规范，确保当事人的合法权益，是解决特许商和加盟商之间争议的主要依据。

特许经营合同签订后，由加盟商向特许商支付一定的费用，特许商将其拥有的商标（包括服务商标）、商号、产品、专利技术、经营模式等附条件地授权给加盟商使用。特许经营合同包括特许经营主体合同和特许经营辅助合同。特许经营主体合同规定特许经营双方的主要权利义务、特许权的内容、特许期限、特许地域、特许费用、违约责任、合同解除等所有重要内容。特许经营辅助合同一般包括商标使用许可协议、软件许可与服务协议、市场推广与广告基金管理办法、保证金协议等。

二、特许经营合同的主要内容

《商业特许经营管理条例》第十一条规定，从事特许经营活动，特许人和被特许人应当采用书面形式订立特许经营合同。不论哪种形式的特许经营合同，都应该包括以下主要内容：特许人、被特许人的基本情况；特许经营的内容、期限；特许经营费用的种类、金额及其支付方式；经营指导、技术支持以及业务培训等服务的具体内容和提供方式；产品或者服务的质量、标准要求和保证措施；产品或者服务的促销与广告宣传；特许经营中的消费者权益保护和赔偿责任的承担；特许经营合同的变更、解除和终止；违约责任；争议的解决方式；特许人与被特许人约定的其他事项。

三、特许经营合同的设计原则

特许经营合同要坚持合法原则，自愿原则，平等、公平原则和诚信原则。

（一）合法原则

合法原则是指合同的订立、履行、变更、解除、终止，及其内容和形式都应当符合法律规定。特许经营合同必须符合合法原则。

《中华人民共和国民法典》（以下简称《民法典》）第四百六十五条规定，依法成立的合同，受法律保护。

特许经营合同的合法原则主要体现在：（1）特许商和加盟商订立特许经营合同的程序、形式、内容必须符合相关法律的规定。（2）特许商和加盟商在履行特许经营合同时必须遵守全国性的法律和行政法规。（3）特许商和加盟商必须尊重社会公德，不得违背社会公共利益。

（二）自愿原则

自愿原则是指当事人依法享有在缔结合同、选择交易伙伴、决定合同内容、变更和解除合同、选择合同补救方式等方面的自由。自愿原则既表现在当事人之间，因一方欺诈、胁迫订立的合同无效或者可以撤销，也表现在合同当事人与其他人之间，任何单位和个人不得非法干预。自愿原则是法律赋予的，同时也受到其他法律规定的限制，是在法律规定范围内的"自愿"。

（三）平等、公平原则

1.平等原则

平等原则是指合同当事人在交易活动中的法律地位平等，权利义务对等。

合同当事人的法律地位平等，一方不得将自己的意志强加给另外一方。

当事人法律地位平等是指在合同法律关系中当事人之间在合同订立、履行和承担违约责任等方面都处于平等的法律地位，彼此的权利和义务对等。

2.公平原则

公平原则指合同当事人在交易活动中，以公正平允为交易准则，确定双方合同权利和合同义务，它是法律基本的价值目标。

民事主体从事民事活动，应当遵循公平原则，合理确定各方的权利和义务。只有真正贯彻平等、公平原则，才能保障特许经营体系的持续健康发展，实现"双赢"的格局。

（四）诚信原则

诚信原则指当事人在从事民事活动时，应诚实守信，以善意的方式履行其义务，不得滥用权利及规避法律和合同规定的义务。

诚信原则体现在合同订立、履行、变更、解除的各个阶段，在合同关系终止以后都对当事人有约束力。

四、特许经营合同的注意事项

特许经营合同一般由总部制定，加盟商可根据自身的需要，对某些条款予以补充、说明等。为了使整个特许经营体系运作顺畅，发挥特许经营体系的整体功效，特许总部在制定合同时应注意以下问题：

（一）特许经营合同文字应该明确

特许经营合同规定双方当事人的权利和义务关系，因此，文字应该力求明确。如果同样的文字，特许商和加盟商在解释上有差异，或因时间、地点的变化有不同的理解，这都会损害特许体系的统一性。一旦产生特许经营纠纷，特许经营合同文字明确有利于解决纠纷。

特许经营合同是特许商与加盟商在对等的立场上签订的协议书，因此，合同内容应该力求简单易懂，避免使用晦涩难懂的字眼。

（二）权利和义务应尽可能交代清楚

特许经营合同包括特许商向加盟商提供的"加盟营运组合"内容，以及加盟商必须承担的责任。前者可以说是特许商的义务，后者则是加盟商接受特许商的指导和帮助后，应付的代价和必须遵守的规定。因此，为了避免缔结合同后，发生不必要的纠纷，合同上应明确、详细地记载双方的权利和义务。

（三）特许经营合同内容在相当长时间内不应改变

在特许经营体系内，由于各加盟商几乎都是在同一条件下和特许商缔结合同的，因此，合同内容应该经得起时间的考验。对于在一定时间内预期将要改变的内容，应该避免在合同中规定。

（四）特许商应避免只规定对己有利的项目

特许经营的基本精神是互信、互利，双赢甚至是多赢，特许商和加盟商是追求共同利益的"命运共同体"，只有这样，整个体系才能运作顺畅。特许商如果利用交易上的优势，不适当地将不利于加盟商的条件规定在合同中，则可能招募不到优秀的加盟商，而且也会为日后加盟商的管理埋下隐患。

（五）对加盟商的营业活动不应该有不适当的限制

特许经营体系最大的特色是各个加盟商按照特许商设定的经营方式进行营业活动。因此，在特许经营合同上特许商会对加盟商的营业活动附加若干条件加以限制。如果这个限制超过与特许商为了维护自己特许权等有关的必要范围，那么就可能违反所谓的"公平交易"。

在特许经营合同条款中，特许商对加盟商的限制，常见于以下方面：

1.特许商提供的服务项目及其费用

（1）合同应详细列明特许商提供的服务项目。

（2）有无因此不可预见的费用？

2.合同期间

（1）合同期限是否确定？

（2）期限是否和租约配合？

3.合同延续

（1）期满后可否续签？

（2）合同延续有无条件，若有，条件是什么？是否详细列明。

（3）合同延续是否需要再付加盟费？

4.加盟费、权利金及其他款项

（1）加盟费具体包含哪些项目？

（2）初始资金中自有资金所占的比例是多少？

（3）权利金的缴纳金额是多少？如何计算？如何给付？

（4）特许商是否提供记账、报税等服务？如有，是否要额外缴纳费用？

（5）是否必须加入合作广告计划？其费用的分摊如何计算？特许商提供哪些产品或促销服务？

5.商圈保护

（1）特许经营合同中是否有授予独占经营区域的条款？

（2）独占经营区域是否在某些目的或营业额达到某种标准即终止？

6.采购设备器具

（1）是否所有的设备器具都必须向特许商购买？其价格及条件是否合理？

（2）特许商是否提供贷款？

7.选择地点

（1）特许商是否协助选择地址？

（2）谁对最后的选址作最后决定？

（3）装修图纸是否由特许总部提供？

（4）有无定期重新装修及翻新的要求？

（5）如需申请更改建筑使用执照，谁负责提出申请及负担费用？

（6）租约条款对此有无约束？

8.教育训练

（1）特许商是否要求加盟商参加训练课程？

（2）有无继续教育及协助的支持？

（3）是否持续提供加盟商员工训练？

（4）是否要付费用？费用是多少？

9.财务协助

（1）特许商是否提供财务协助或协助寻找贷款？

（2）如提供财务协助或贷款，其条件是否合理？

（3）特许商是否提供缓期付款的优惠？

（4）有无抵押？

10.采购对象限制

（1）合同是否要求加盟者只能向特许商购买所需的货品？或只能向特许商指定的厂商购买？

（2）如果有特许商指定的厂商，其价格及条件是否合理？

11.限制营业范围及销售的物品

（1）合同是否对所销售物品的项目有限制？

（2）限制是否合理？如果要购买其他物品，是否需向特许商统一申请？

12.竞业禁止

（1）合同是否限制加盟者在约满后或转让后，不得从事同类型的商业行为？

（2）如有竞业禁止条款，其期限及区域是否合理？

13.会计作业要求

（1）特许商是否提供簿记及会计服务？

（2）如有，是否额外收费？其收费是否合理？

14.客户限制

（1）有无客户限制？

（2）如在超越授权的地区经营，有无惩罚条款？

15.广告促销计划配合

（1）广告是区域性的还是全国性的？其费用支付方式是什么？

（2）如区域促销，是加盟商自理还是特许总部统一分摊广告费用？

（3）特许商是否提供各种推广促销的材料、室内展示海报及文宣品等？有无另外收费？

（4）加盟商可否自行策划区域促销？如何取得特许商的同意？

16.违约条款

（1）何种状况视为违约？

（2）违约项目是否属加盟商能力范围内所能控制的？

（3）其约定项目与核定标准是否合理？

17.通知条款

（1）若违约，特许商是否有义务以书面形式通知加盟商延期并更正？

（2）其期间有多长？是否足够？

18.违约后果

（1）违约时，特许商以何种方式应对？

（2）特许商是否可以直接取消该特许经营合同？

（3）有无违约金条款？违约赔偿金额为多少？

19.合约终止处理

（1）特许商是否有义务购买加盟商的设备器具、店面租约及资产？

（2）处理费用如何归属？

（3）处理期间多长？是否足够？

20.加盟商转让权利

（1）特许商是否有权核准或拒绝加盟店转让，是否合理？

（2）加盟店转让是否同时转让加盟合约？或特许商是否有义务与承买者签订新合约？

（3）租约可否转让？

（4）特许商是否有权核定承买者的资格？其资格如何认定？

（5）是否须付给特许商部分转让费？

21.特许商优先承购权

（1）合同中有无明示何种情况下特许商可承购？

（2）承购价格由谁评估？无形资产及净值是否列入考虑？

（3）加盟商求售时是否有义务先向特许商求售？

22.加盟者生病或死亡

（1）合约是否直接由继承人承接？

（2）合约是否由遗产管理人承接？

（3）加盟商如丧失工作能力，是否必须转让？

23.仲裁诉讼处理

（1）是否由总部仲裁解决所有争议纠纷？

（2）仲裁是否比诉讼省时、省钱？

24.诉讼管辖地

（1）特许商指定的诉讼管辖地是否为其总部所在地？

（2）是否考虑将诉讼管辖地改为加盟店的所在地，这样会对加盟商较为有利吗？

25.加盟商亲自经营的要求

（1）特许经营合同是否要求加盟商每日亲自经营？

（2）特许经营合同是否禁止加盟商从事其他职业？

✓ **双创频道4-1** 　　　　当事人双方应全面履行原合同义务
　　　　　——杜某与某超市有限责任公司特许经营合同纠纷案

一、案情简介

原告杜某与被告某超市签订了《开办资助型加盟店协议书》，约定杜某加盟被告的某超市系统，双方就保证金、加盟费、加盟期间、违约责任等事项进行了约定，约定的加盟费用为12 000元/年。后来，双方又签订补充协议，将附条件的加盟费用变更为24 000元/年。合同履行过程中，被告按照约定的优惠政策提供商品，双方也按照24 000元/年结算加盟费。受各方因素影响，原告超市经营状况不佳，诉请被告返还保证金、多收取的加盟费。法院认为，双方特许经营合同合法有效，合同期内，双方之间无争议，均应依约履行合同义务。合同期满，双方未再签订书面协议，原告继续使用被告名称及注册商标作为门店店招，使用被告的POS机系统进行结算，被告亦通过系统扣除加盟费，依法认定双方之间的协议书和补充协议书继续有效，应按照24 000元/年的标准向被告支付加盟费，对原告返还多收取加盟费的请求不予支持。

二、典型意义

本案是一起典型的特许经营合同履行过程中，因加盟费用争议引发的纠纷。特许经营合同到期后，原告作为被特许人未停止使用特许人经营资源、也未对加盟费用提出异议或与特许人签订新的特许经营合同，双方仍应按照合同约定的加盟费标准履行原合同义务，不得以自身经营不善或费用过高等理由拒绝履行。提示大家，在履约过程中，如果有任何争议，不应消极应对或停止履行，应在严格履行现有约定的同时，积极与对方沟通协调，避免出现不必要的纠纷。

资料来源　天津市第二中级人民法院. 天津二中院发布特许经营合同纠纷案件典型案例［EB/OL］.［2022-04-25］. https://tj2zy.tjcourt.gov.cn/article/detail/2022/04/id/6654548.shtml.

五、特许经营合同的类型

特许经营合同主要有两种类型：单店特许经营合同和区域特许经营合同。

（一）单店特许经营合同

单店特许经营合同是指特许商赋予加盟商在某个地点开设一家加盟店的权利时，特许商与加盟商直接签订的特许经营合同。

单店特许经营合同是最具典型意义的特许经营合同，包含了特许经营合同的主要要素。这种合同的一方是特许权的所有者，另一方是特许权的使用者，它反映了特许权所有者和使用者之间的权利义务关系。单店特许经营合同适用于特许权所有者直接发展加盟商的情况。

（二）区域特许经营合同

区域特许经营合同是指特许商将在指定区域内的独家特许加盟权授予区域加盟商，区域加盟商可将特许加盟权再授予其他申请者，也可由自己在该地区开设特许加盟店，从事特许经营活动。此时签订的合同就是区域特许经营合同。

区域特许经营合同主要有三个特点：第一，合同主体一方是特许权的所有者，另一方不一定直接使用特许权，可以用自己的名义发展加盟商；第二，合同包含区域开发的内容；第三，与单店特许经营合同比较，区域特许经营合同更加复杂。

单元二　特许经营合同的设计

特许经营合同是一种特殊的合同，其中的一些条款是所有合同普遍适用的，但也有一些条款是特许经营合同所独有的。因为特许经营涉及的是经营模式、专利、专有技术、品牌、商标、服务标志及其他商业符号，所以特许经营合同的设计在内容上也应该突出它的特殊性。

微课4-2：
特许经营
合同设计

特许经营合同包括特许经营主体合同和特许经营辅助合同，故特许经营合同的设计也主要从这两种合同的内容上考虑。特许经营主体合同就是狭义上的特许经营合同，也是人们通常意义上理解的特许经营合同。特许经营辅助合同主要包括一些协议、办法等。

一、特许经营主体合同

特许经营主体合同规定特许经营双方的主要权利、义务、特许权的内容、特许期限、特许地域、特许费用、违约责任、合同解除等所有重要内容。

拓展阅读4-1：
《商业特许经
营合同（单
店通用版）》

目前，国内流行的标准特许经营主体合同大致可以分为四个部分：

1.合同引言。

2.合同中的关键用语释义。

3.合同主体部分：

第一条　特许授权的内容。

第二条　加盟店的地点。

第三条　特许费用。

第四条　特许商的权利。

第五条　特许商的义务。

第六条　加盟商的权利。

第七条　加盟商的义务。

第八条　特许商声明。

第九条　加盟商声明。

第十条　当事人关系。

第十一条　合同权益的转让。

第十二条　特许商保留的权利。

第十三条　合同的终止。

第十四条　合同终止后加盟商的义务。

第十五条　违约责任。

第十六条　不可抗力。

第十七条　争议的解决。

第十八条　可分割性。

第十九条　对于合同的弃权。

第二十条　对合同的修改。

第二十一条　其他约定事项。

4.合同的附件。合同的附件包括单店的经营范围及工作程序、单店设计图、加盟商的部分手册目录、供货合同、房屋租赁合同、指定供应商名录等。

二、特许经营合同样本

【××××专卖店有限公司的特许经营合同】

甲方：×××

统一社会信用代码：×××

法定代表人：×××

注册地址：×××

电话：×××

（以下称"特许商"）

乙方：×××

统一社会信用代码：×××

法定代表人：×××

注册地址：×××

电话：×××

（以下称"加盟商"）

第一部分　序言

双方经友好协商，本着诚实信用、互惠互利、共同发展的原则，依据《中华人民共和国民法典》及有关法律法规的规定，特许商授权加盟商在指定建筑物内经营××××专卖加盟连锁店，并就相关事宜达成一致：

第1条　宗旨

1.1　特许商依法拥有"××××"系列产品和品牌的知识产权，加盟商只有经过特许商的允许，才可以使用"××××"的名称、商标、图案、色彩等受法律保护的知识产权（以下统称名称和商标）。

1.2　加盟商使用特许商的运营体系和操作系统，须根据本合同条款，在合同第4条所规定的建筑物（首层）开设"××××专卖店"，销售特许商相关指定产品。

第2条　加盟商的法律地位

2.1　加盟商以自身名义，自付费用，作为独立的经营者进行其活动。因此，加盟商须接受对所有经营者共同的法律要求，特别是有关资格的规则以及社会的、财务的和商业的要求。作为一个独立的经营者，加盟商应就其活动自负一切风险和从中获利。

2.2　加盟商不是特许商的代理人、买卖代表，也不是它的雇员或合伙人。

加盟商不是特许商的佣金代理人，加盟商无权以特许商的名义签订合同，使特许商在任何方面对第三人承担责任，或由特许商负担费用，承担任何义务。

第3条　授予的各项权利

为了使加盟商正常经营，特许商授予加盟商下列各项权利：

A.使用"××××"名称和商标的权利；

B.在引进以及经营过程中从特许商处获得技术、商业、法律和经营等方面指导的权利；

C.在经过核准的建筑物内经营"××××专卖店"相关指定产品的权利。

第4条　授权范围

特许商授予加盟商在____省____市____区/县/镇经营"××××专卖店"加盟连锁店（以下称该店）。

加盟商未经特许商事前和书面许可不得变更或超越授权经营的建筑物，如违反规定，特许商有权解除本合同，取消加盟商该合同剩余时间的授权，所缴纳的费用不予退还；若因租约终止或其他因素致该店无法继续营运，加盟商应于该店终止营业前一个月向特许商提出书面申请，经特许商同意后注销该店，撤除一切与"××××"相关的标志、装潢；加盟商另觅特许商认可的地点，按特许商标准装修，验收合格后方可重新营运。

第5条　授权期限

5.1　授权特许经营期限为：

____年__月__日至____年__月__日。

本合同在双方签字、盖章之日生效。

5.2　合约期满，特许商将根据加盟商的表现，决定是否续约；加盟商必须于本合同期限届满前至少6个月通知特许商是否续约，双方不发出续约通知将终止本合同。通知需用挂号信或任何其他书面传递手段，可借以确定收到通知的日期。

第二部分　经营与管理

第6条　装修及设备要求

签约后的90日内加盟商必须对该店完成店铺装修并开业，如加盟商未能依照上述约定完成相关工作，特许商有权单方面解除本合同，加盟商缴纳的所有费用作为违约金不予退回；因此而造成的相关经济损失由加盟商承担。

6.1　店面设计

特许商提供标准设计图纸，加盟商根据此设计图纸进行店面规划，加盟商不得变更加盟店的设计装修风格。如加盟商不能自行规划店面，特许商可以单独为加盟商设计图纸，每次设计收取设计费现金人民币_____元整。（如需到现场，实际产生的差旅费由加盟商承担）

6.2　店面装修

该店在装修和建筑物装饰以及产品（服务）的展示方面须严格按照本合同附件所列特许商规定的条件、标准执行，门店装修和建筑物装饰使用的物料必须由特许商提供或按特许商提供的标准购买。门店装修与建筑物装饰完毕，必须由特许商或特许商委托人对门店进行验收，若发现门店装修、装饰不符合特许商要求的，必须修改或重新装修该门店，其费用由加盟商及其指定的装饰公司负担。在特许商书面验收合格前，该店不得开业，因此造成的一切损失由加盟商承担。

加盟商装修上述门店，凡涉及名称与商标的所有标示、装潢材料需从特许商处统一采购（包括招牌、销售柜台、展示架、宣传栏等），费用由加盟商承担。

6.3 店内设备

加盟商必须按特许商的要求配备传真机、冰柜、收银机等设备，且加盟商须根据设备清单统一向特许商订购（费用由加盟商承担），由特许商统一配送。

在本合同履行期间，根据经营需要，加盟商必须按特许商的要求增添、更换、升级设备，费用由加盟商负担。

6.4 其他

特许商在公司发展的过程中，涉及店面图纸更新，新增物品、设备等项目时，加盟商必须严格按特许商的要求调整，按标准执行。

第7条　品牌形象与管理

7.1 店铺形象

加盟商必须按照运营手册中描述的标准维护店面的形象，保养设备，当其不符合要求时，加盟商必须按照特许商的要求对店铺进行调整和装修，包括更新老化的设备。

如果在特许商合理的评价下，店面的装修和清洁程度，包括它的设备等未达到"××××专卖店"形象要求的标准，特许商及其指定执行者会通知加盟商进行改善。如果加盟商在收到特许商书面通知____天内仍没有对要求改善之事项（店内的清洁、维护、修复或更换）做出完全调整的，特许商将记录在案，并有权要求其立即进行改善。如加盟商一年内累积____次对不符合特许商标准的店面改善不力或拒绝改善，特许商有权单方面解除本合同，履约保证金及当年的特许权使用费作为加盟商违约金不予返还，加盟商自行承担因此造成的相关经济损失。

7.2 授权的产品和服务

不影响本合同第15条规定，不得出售本合同第1条所述产品（服务）之外的任何产品或服务（包括但不限于其他商品及其他饮料等，特许商书面同意的除外），否则，特许商视为加盟商单方面解除本合同，履约保证金及特许权使用费作为加盟商违约金不予返还，并保留追究加盟商因此而造成特许商相关经济损失的权利。

7.3 服务的标准

7.3.1 加盟商及其雇员要对顾客提供及时、礼貌、友好、有效的服务，并对顾客以及公众保持最大程度的诚实、公平以及遵守道德上的准则。加盟商同意执行特许商在运营手册____中设立的以下条款：

A.正确的采购、陈列、储存、销售商品的方法和程序；

B.店铺的安全、维护、清洁、运行和外观；

C.加盟商及其雇员所穿的制服以及外表；

D.对所有名称与标志的使用；

E.营业时间的保证及对运营资金的保持；

F.对于标牌、商标、海报、陈列、标准配置以及相关产品的使用；

G.加盟商选择投放广告的内容、风格以及媒体的审批；

H.店内陈列或出售商品的来源、种类和牌子的标注与陈列；

I.加盟商所保持的最低限量的库存保证；

J.特许商许可的礼物、赠券，特许商许可的当地或全国性的促销活动的开展；

K.保证最佳数量的受训员工；

L.加盟商不符合前款要求的，特许商有权要求其立即进行整改，如加盟商一年内累积____次改善不力或拒绝改善的，特许商有权单方面解除本合同，履约保证金及当年的特许权使用费作为加盟商违约金不予返还，加盟商自行承担因此造成的相关经济损失。本合同另有约定的除外。

7.3.2　加盟商将自行制订的广告计划事先提交特许商书面同意，同意只限于广告的性质与内容，而不涉及广告成本等内容。

7.3.3　加盟商对顾客的投诉应当正确和勤勉地对待。

7.4　监督

7.4.1　特许商有权在不事前通知的情况下，于正常的工作日和工作时间充分进入加盟商的经营场所、仓库等处，使特许商得以确保加盟商符合本合同各项条件。

为此，在特许商的要求和专家（公司审计人员、律师……）的协助下，可对加盟商进行财务和法律审计。此项费用应由特许商负担。

加盟商方面，在回答特许商（或任何其他经授权的人）提出的问题时，应无条件地提交所有有用的资料，并提供完全、坦诚的合作。

7.4.2　加盟商应该遵循特许商关于账目登记的要求。在下列规定时间内，加盟商必须将特许商要求的材料和报表发送给特许商，加盟商不得以任何理由、任何方式虚报、拖延或拒报；否则，特许商有权在情节严重时，每次扣加盟商履约保证金的1%作为违约金。

加盟商须在每日的____时前，按特许商要求通过现代化的通信手段（互联网、移动通信网络等，或特许商指定的通信途径）上报该店前一日的销售情况。

按特许商要求在每月的____日前加盟商应向特许商提交下列文件：

A.会计报表；

B.符合特许商要求的相关信息反馈表；

C.该店产品销售的进销存报表。

第8条　人员的聘用与培训

8.1　加盟商必须聘请不少于____人，专业全职管理该店，且从业人员必须办理健康证，符合食品销售人员的有关规定，并经过特许商的培训，认定合格后方能上岗，以保证其运作和管理方面符合特许商的要求。

8.2　特许商应提供加盟商初始的和后续的培训：

A.在任何活动开始前，加盟商及其雇员都必须接受特许商的相关培训或指导，加盟商应熟悉各种条款以及网络技术、金融、商务和管理程序。培训由特许商通知日期和地点。组织培训的费用由特许商负责，但差旅费和食宿费由加盟商负担。

B.在本特许合同有效期间，特许商可以组织培训及研讨会，由加盟商及其雇员中的有关人员参加。日期和地点由特许商决定。组织此类培训的费用由特许商负责，但差旅费和食宿费由加盟商负担。

C.特许商根据加盟商的要求在由加盟商负担费用的情况下可组织课题研讨班，日期、地点及费用由双方协商确定。

8.3　在初始培训期间，特许商应向加盟商提供特许商认为有必要的其他培训资料。

加盟商应保证规范地使用这些资料和文件。

在特许合同有效期间，特许商应向加盟商提供经营"××××专卖店"不同方面问题的解说，费用由前者负担，以保证对某些问题的解释清晰无误，并介绍特许商和其他加盟商的经验。

8.4　如果特许商决定改变某些实施方法，必须立即书面通知加盟商。

因此，特许商应当经常地或不定时地向加盟商提供所有修订、更新经营"××××专卖店"的实施方法或相关资料，费用由特许商负担，以保证加盟商能始终保有最新版的资料。

第9条　食品卫生安全

9.1　该店营业前必须自费申领由当地政府机关颁发的营业执照、卫生许可证等营运该店必备的证照，加盟商须将上述证件复印件发给特许商进行登记备案；否则，特许商有权不予接受加盟商订购货物，因此而造成的一切损失由加盟商承担；加盟商必须按照当地政府主管部门的规定对上述证件进行年度注册与重新办理，凡不按规定进行办理，导致证件失效的，特许商有权停止供应货物，因此而造成的一切损失由加盟商承担。

9.2　加盟商必须按照特许商的运营手册或其他相关文件、资料的规定贮存、调配、使用、销售从特许商处订购的产品。违反一次，扣除履约保证金____%，累计违反____次及以上的，特许商视为加盟商单方面解除本合同，履约保证金及特许权使用费作为加盟商违约金不予返还。如因加盟商违反或不遵守上述规定致使该店发生相关安全事故或纠纷的，加盟商除承担上述违约责任外，还须承担所有损失与法律责任，且特许商保留追究加盟商因此而造成特许商相关经济损失的权利。

9.3　加盟商发现食品、半成品、成品、包装材料、食品调配设备有异常情况或者存在疑虑的，必须立即停止使用并上报特许商，经特许商确认或处理，恢复正常或消除疑虑后，方可继续使用；否则，因此造成相关食品安全事故或纠纷的，加盟商承担所有损失与法律责任，且特许商保留追究加盟商因此而造成特许商相关经济损失的权利。

9.4　不管任何原因致使该店发生相关安全事故或纠纷的，加盟商必须在事件发生____分钟内通报特许商，且加盟商必须立即妥善安置相关人员；否则，造成特许商名誉和相关经济损失的，特许商有权单方面解除本合同，履约保证金及特许权使用费作为加盟商违约金不予返还，且特许商保留追究加盟商因此而造成特许商相关经济损失的权利。

9.5　加盟商不得擅自勾兑产品，不得添加任何其他未经特许商允许的物质到产品中；否则，特许商有权单方面解除本合同，履约保证金及特许权使用费作为加盟商违约金不予返还；致使该店发生食品安全事故或纠纷的，加盟商承担所有损失与法律责任，且特许商保留追究加盟商因此而造成特许商相关经济损失的权利。

9.6　所有产品必须在保质期限内销售，超过保质期限的产品加盟商必须销毁处理，如加盟商因销售过期产品导致发生食品安全事故或纠纷，特许商有权单方面解除本合同，履约保证金及特许权使用费作为加盟商违约金不予返还，加盟商承担所有损失与法律责任，且特许商保留追究加盟商因此而造成特许商相关经济损失的权利。

第三部分　特许权使用费及其他收费

第10条　特许权使用费

为了获得加盟商的身份和加盟的权利，双方签约时，加盟商必须付给特许商人民币____元整，其中特许权使用费人民币____元整，履约保证金人民币____元整，合同期满或经双方协商终止合同后，加盟商无违约情形的，特许商在15个工作日内免息退还履约保证金给加盟商，若延期退还，加盟商有权每日向特许商收取_____的滞纳金。

以上费用在本合同签字时以 (支票/现金/转账) 支付。

特许权使用费指特许商品牌及服务的使用费，但不包括本合同第1条所述商品（服务）的供应及本合同第6条和第11条所述加盟商的费用。

第11条　管理费及其他费用

11.1　加盟商须于每月的____日前向特许商支付管理费（含商标使用费、广告费）人民币__元/月。本合同于当月____日前（含____日）签订的，免收当月管理费，10日后签订的，免收下月管理费。如加盟商不按时向特许商缴纳以上管理费用，每逾期一日，加盟商须按欠款的1%支付滞纳金。如超过____天加盟商仍不补缴以上欠款的，特许商视为加盟商单方面解除本合同，履约保证金及特许权使用费作为加盟商违约金不予返还，同时加盟商应向特许商支付所欠的一切费用。

11.2　加盟商支付给特许商的以上费用，必须以转账的形式向特许商缴纳，特许商开户银行及账号为：

开户银行：

银行账号：

11.3　如加盟商有积欠款项（包括滞纳金、违约金），特许商可从履约保证金中直接抵扣。

11.4　加盟商不得以任何理由要求返还上述费用。

11.5　根据市场和发展的需要，特许商有调整收取管理费（含商标使用费、广告费）的权利。

第四部分　产品、易耗品供应

第12条　供应的义务

为特许经营的目的，特许商应按照下述各条规定向加盟商提供本合同第1条所述的产品。

加盟商有责任维护特许商的价格体系，不得擅自调整终端零售价；价格若有变动，应以特许商的书面通知为准，加盟商须执行特许商新的价格标准；如加盟商未经特许商书面同意或不按本约定的产品价格体系进行销售，特许商视为加盟商单方面解除本合同，履约保证金及特许权使用费作为加盟商违约金不予返还，并保留追究加盟商因此造成的特许商相关经济损失的权利。

第13条 订货

13.1 特许商提供的本合同第1条所述产品（服务）符合国家相关的质量卫生标准，并对产品质量负责。

13.2 加盟商在特许商规定的期间内向特许商订货，特许商在确定收到加盟商购货款后的_____个工作日内完成加盟商的产品订单。

13.3 特许商免费为加盟商提供____次/月的配送服务；如加盟商需订购多批次的产品，从第____批次开始，所有配送费用由加盟商承担。

13.4 加盟商或加盟商指定受领商品者在验收货物时，应当场清点，并当面盖章签收，出现少货、破损、变质情况的，须当场在验收单据上注明并通知特许商，经特许商确认后给予补、退、换。在销售过程中发现丢失、破损、过期现象的，其损失由加盟商承担。

13.5 特许商于每月____日前提供上月对账单给加盟商。加盟商如果没有收到对账单或对对账单有任何异议的，须于次月5日前向特许商指定部门提出，否则特许商将视为加盟商收到对账单且无异议。

第14条 换货

14.1 换货（仅限于"××××"成品系列：罐装饮料、冲剂、含片、膏类）

为降低加盟商的经营风险，在合同有效期内且合同生效____个月后，特许商对加盟商的滞销产品实行换货制度。

14.2 加盟商每一次换货总量（同类货物总量）不超过每次换货前最后一次的进货总量。

14.3 加盟商保证换货的产品保质有效期在____个月以上，产品质量及包装外观完好无损，不影响再次销售。

14.4 换货物品在加盟商发运到特许商指定地点后，特许商按照符合上述第14.2条、第14.3条规定标准的实际货品数量扣除10%后换货。

14.5 换货的往来运输费用由加盟商承担。

14.6 如换货时发生价格下调，则按新价格进行结算；如换货时发生价格上涨，则按旧价格进行结算。

第五部分 同业竞争及商业秘密

第15条 不允许同业竞争

15.1 加盟商不得在本合同第4条所规定的建筑物内直接或间接地、独立地或作为一雇员，代表自己或者使用任何其他人的名义，开展具有类似性质的任何商业活动。

15.2 如果加盟商不遵守上述15.1条规定的义务，视同加盟商单方面解除本合同，履约保证金和特许权使用费作为加盟商违约金不予退回，并保留追究加盟商因此导致的特许商相关经济损失的权利。

第16条　商业秘密

16.1　加盟商在其与特许商的来往关系中所获得的一切信息，无论此种信息的形式和种类为何，均视为秘密。

但是，对商业秘密信息的表述不适用于：本合同签字之日已是众所周知的信息；特许商传达信息给加盟商之日，后者早已持有该项信息并能证明其本人确已持有信息。

16.2　加盟商不直接或间接地把从特许商处获得的秘密信息传达给任何第三者，但工作人员或任何其他人履行本合同所列义务所必需的信息除外。

16.3　特许商保证其本人或下属任何工作人员或履行本合同义务的任何其他人不在本合同规定的使用范围之外使用秘密信息。

16.4　按法律或事实上控制了加盟商或受到加盟商单独或联合控制的任何个人或公司，均被视为履行本合同义务的人。

16.5　履行本合同的工作人员在按上述16.2条搜集信息时应认识到本合同的存在和所传达的信息的秘密性质。

加盟商保证履行本合同义务的工作人员在接受信息之前就遵守秘密信息的机密性和禁用的义务，如同本合同所规定的义务一样。他们的就职合同应该包括如下条款：保密规定未得遵守时，特许商有权对工作人员或其他有关人员采取直接行动。

在任何情况下，加盟商对其工作人员透露或使用秘密信息完全负责（甚至在他们的就职合同终止以后或这些雇员离职以后）。

第六部分　双方的权利与义务

第17条　特许商的权利与义务

17.1　特许商保证：

特许商是名称与商标持有人，因而有授予加盟商使用名称和商标的权利。

在合同签订时，不存在任何第三方声称对品牌或商标拥有权利或者未来有任何可以预见的行为。

17.2　特许商同意在任何特许经营开始之前向加盟商提供下列服务：

向加盟商提供包括场地装修和产品（服务）展示标准在内的说明，发展业务所需准备的清单；

向加盟商提供示范的装修条款和有关加盟商许可范围内进行改制的建议；

就加盟商为其开展特许经营而进行的任何广告宣传活动提出建议。

17.3　向加盟商提供优质产品，并对产品的品质负责。在销售过程中，若因加盟商原因导致产品质量责任，由加盟商承担。

17.4　当特许商在加盟商所在区域确定代理商后，特许商有权将所承担的产品配送、管理、监督及服务的义务转移给代理商，并保障加盟商享有的其他权利不变。

第18条　加盟商的权利与义务

18.1　特许商按本合同第3条和第4条所述授予加盟商使用名称与商标的权利

（非独家权利），此种使用权限于合同<u>第1条</u>所规定的对产品（服务）的销售。

18.2　加盟商应进一步发展按本合同<u>第8.2条</u>和<u>8.3条</u>规定从特许商那里获得的专有技术，按本合同<u>第8.4条</u>进行革新。

18.3　加盟商及其职工应参加按本合同<u>第8条</u>规定的必要的初始训练班。

18.4　加盟商应向特许商提供一切能改善特许网络的建议及在特许经营活动中获得的经验。加盟商同意为了特许体系的利益，向特许商提供关于这一专有技术的使用情况。

特许商应保证，特别是向加盟商提供技术时，通知他们此种信息的秘密性质，因而要保证使他们保守秘密和遵守不使用信息的义务。特许商也须保证在出现违反秘密合同的情况时，加盟商享有采取直接行动的好处。

18.5　加盟商应当排他性地从特许商获得产品。为了满足客户的需要，加盟商应当设立和维护其固定价值不低于人民币____元整的存货，以确保该店在经营中不出现全部或部分产品的缺货或断货；如因加盟商的原因造成该店全部或部分产品缺货或断货的，特许商或特许商指定执行者将给予加盟商书面警告，如加盟商拒绝改善上述状况，且累计出现____次以上的，特许商有权视为加盟商单方面解除本合同，履约保证金及特许权使用费作为加盟商违约金不予返还，同时加盟商应向特许商支付所欠的一切费用。

18.6　加盟商应向特许商购买产品，其最低总值应为：

该店开业首次向特许商购货金额不少于人民币____元整。

加盟商每月购货金额不得低于人民币____元整/店，其中"××××"系列产品每月订货金额不得低于人民币____元整/店；如果加盟商连续____个月未达到以上要求，则特许商在考察该店的经营情况后，有权解除本合同。

18.7　在本合同期限内，如特许商针对战略或市场需求推出新产品或与经营"××××"系列产品相关的销售、推广、宣传等任何活动计划或方案，加盟商必须无条件给予配合，加盟商必须无条件执行特许商制订的销售、推广、宣传等活动计划或方案；如加盟商拒绝配合或执行以上规定，特许商可视为加盟商单方面解除本合同，加盟商已经缴纳的履约保证金及特许权使用费不予返还。

18.8　货物的验收标准：按特许商的企业标准执行。

18.9　加盟商不得向特许商核准区域外的第三方供货，否则特许商有权解除本合同，加盟商已缴纳的所有费用概不退回。

18.10　"××××专卖店"使用的所有纸杯、塑料瓶、工衣等经营"××××专卖店"必须配备的全部用品及设备必须从特许商处购买。否则，特许商视为加盟商单方面解除本合同，加盟商已经缴纳的履约保证金和特许权使用费不予返还。

18.11　本合同期间，如加盟商免费或以其他方式向任何第三方转让本合同规定的全部或部分权利和义务，必须提前30日书面通知特许商并取得特许商书面同意，且特许商有排他性地优先承接该店的权利。

18.12　加盟商一旦发现侵犯或滥用特许商商标、商业名称或者其他简称以及任何侵权或不正当竞争情况，应将此情况立即通知特许商。

18.13　加盟商应就法律程序向特许商提供必要的帮助以便在诉讼中成功地得出结论。此项帮助引起的费用应由加盟商（或特许商）负担。

第七部分　合同的转让

第19条　特许商转让

特许商可以转让本合同中的任何或所有义务。

在不迟于＿＿＿日内，特许商应当通过书面形式通知加盟商。

特许商确定加盟商所在区域的代理商后，该区域内的产品配送、管理、监督及服务权利自动移交代理商。加盟商需在接到特许商书面通知的＿＿＿日内无条件地与特许商及代理商签订三方合同，管理费（含商标使用费、广告费）由特许商委托代理商代收。

第20条　加盟商转让

20.1　转让给特许商

20.1.1　依照本合同第18.11条、第22.2条的规定，如特许商确定接收该店的，加盟商只能将该店转让给特许商；加盟商有义务在接到特许商书面通知后的15日内将该店的承租权转给特许商，且加盟商必须配合特许商办理相关法律文件；该店内与"××××"名称和商标相关的所有标示、装潢须无条件交给特许商；加盟商遵守本合同第6.2条和第6.3条为该店添置的设备，特许商以它们的剩余残值（设备当时的购买价值除以36个月乘以本合同剩余的授权月份数，公式为：残值=设备当时的购买价值÷36×本合同剩余授权期限）回购。

特许商从承接该店承租权后的一切利益与加盟商无关。

加盟商自行承担加盟商过去（转让给特许商前）或将来的所有债务。

20.1.2　如加盟商拒绝遵守上述第20.1.1条转让该店给特许商的相关规定，特许商视为加盟商单方面解除本合同，加盟商履约保证金不予退回，因此造成的相关经济损失由加盟商承担。

20.2　转让给第三方

本合同期间，遵守上述第20.1条规定，特许商书面通知不承接该店的，没有特许商事先书面同意，加盟商不得免费或以其他方式向任何第三方转让本合同规定的全部或部分权利和义务，且特许商、加盟商、受转让方（候选人）须签订三方协议，经特许商认可该行为，否则，特许商视为加盟商单方面解除本合同，因此而造成的经济及法律责任由加盟商承担，履约保证金及特许权使用费作为加盟商违约金不予返还，因此造成的相关经济损失由加盟商承担。

如果考虑第三方，则该第三方应当是控制加盟商或者被加盟商共同控制下的任何人或公司。

20.3　考虑到本合同的性质，特许商在考虑提议的候选人和交易条件时有全权。转让要约中不得以任何方式提出候选人自负费用承担加盟商过去或将来的所有权利和义务。

在转让要约中，必须要求候选人明确同意遵守第16条所述的保密条款。

20.4　如果特许商同意转让，加盟商应当：

在转让之日起 1 年期间内，在本合同第 4 条规定的区域内遵守第 15 条不允许同业竞争条款。

与受让人一起对特许商同意转让通知之前的所有义务承担连带责任。

第八部分 合同的终止与续约

第 21 条 不可抗力

21.1 如果特许商和加盟商由于它们不能控制的情况而不能履行其义务，本合同的履行可以终止。

不能控制的情况应理解为由任何一方不应负责的事件造成，而从商业或生产的观点看任何一方当事人均不可能履行其义务或者该事件可能使得该履行不现实。

21.2 如果发生不可抗力事件（不能预见、不可避免和不能克服的自然原因和社会原因），援引不可抗力的当事人应立即通知另一方（除非特许商和加盟商之间的所有通信方式均受影响）；并应在不可抗力事件发生后 30 日内，向另一方当事人出具有关政府部门的证明文件。如果在上述期限内未能这样做，其将不能继续从本条规定中获益。

声称不可抗力的当事人应当采取一切必要步骤以便限制由于不可预见事件可能造成的所有损害。

21.3 如果不可预见的事件持续____个月以上，另一方当事人可以通过书面方式在 30 天内通知终止本合同，并且不承担赔偿责任。

第 22 条 提前终止合同及停业

22.1 如果加盟商严重违反合同，特许商可以不经任何必要通知，直接书面终止本合同，履约保证金和特许权使用费不予退还，且不妨碍进一步索赔的权利。

22.2 停业

22.2.1 加盟商需暂停营业的，必须提前____日通知特许商，并经特许商书面同意，且管理费仍须按时缴纳。如该店累计停止营业____个月或以上，特许商视为加盟商单方面解除本合同，特许商有权代为拆除该店一切与"××××"相关的标志及装潢，费用由加盟商承担。加盟商所缴纳的所有费用均作为违约金不予退回，因此造成的相关经济损失由加盟商承担。

22.2.2 如加盟商停止营业____日或以上，又不遵守上述第 22.2.1 条规定的，特许商将给予加盟商书面通知要求其恢复经营，如该店在____个工作日内仍未恢复经营，特许商有权扣除加盟商本合同履约保证金的 50% 作为违约金，并将再次给予加盟商书面通知要求其恢复经营。如加盟商在再次接到特许商复业通知后的____个工作日内仍拒绝恢复该店经营，特许商有权视为加盟商单方面解除本合同，履约保证金及特许权使用费作为加盟商违约金不予返还，并且特许商有权接管该店，其接管办法按本合同第 20.1 条规定执行。

22.3 如果特许商或加盟商任何一方已有无偿付能力的风险，例如产生了主张的债务、扣押令、欠税、公司债务、银行账号冻结、破产、因破产而欠债务、法院监管或者任何其他形式的自愿或强制清盘，终止本合同。在收到书面通知时终止决定立即生效，但不妨碍索取进一步损害赔偿的权利。

22.4　如加盟商于本合同期满后不再续约或合同期限内放弃履行本协议，须在本合同到期前_____个月以书面形式通知甲方；双方合同到期，特许商在加盟商确实已拆除该店一切与"××××"相关的标志及装潢后的____个工作日内，退还加盟商本合同履约保证金。

第23条　续约

在本合同期限届满时，加盟商在满足下列条件的情况下，享有合同到期后同等条件下优先续约的权利：

A.较好地履行了本合同的义务，没有发生过比较重大的违约行为。

B.已经向特许商支付了到期的全部款项。

C.提前3个月书面提出续约申请。

第24条　股权变化

本合同不因特许商或加盟商股东有重要变化而终止。

第25条　效力

如果本合同终止，不论终止理由如何，加盟商应当：

在收到特许商书面要求____日内，返还特许商为履行本合同而提供的所有物品，包括文件及其副本，不管物品的形式或种类（手册、小册子、标志、样品……）如何，并消除其以前特许的所有直接或间接的引用之处。

第26条　争议

任何直接或间接因本合同而引起的争议，由双方协商解决；协商不成的，任何一方有权向特许总部所在地的人民法院起诉。

本合同所有内容解释权归特许商所有，并保留所有权利。

本合同未尽事宜，可由双方约定后签订补充合同。补充合同与本合同具有同等法律效力。本合同及其补充合同内，空格部分填写的文字与印刷文字具有同等效力。本合同一式四份，双方各执二份，具有同等法律效力。

备注：建筑物是指有基础、墙、顶、门、窗，能够遮风避雨，供人在内居住、工作、学习、娱乐、储藏物品或进行其他商业活动的空间场所。

特许权使用费是指特许商提供或者转让专利权、非专利技术、商标权、著作权等而取得的权益金。

广告费是指特许商支付给电视、报刊等各种大众媒体的费用，但不包括各种推广、宣传活动的费用。

甲方（特许商）：　　　　　　　　　乙方（加盟商）：
（盖章）　　　　　　　　　　　　　（盖章）
合同签署人：　　　　　　　　　　　合同签署人：
（签字或盖章）　　　　　　　　　　（签字或盖章）
签约时间：　年　月　日　　　　　　签约时间：　年　月　日

三、特许经营辅助合同

特许经营辅助合同一般包括商标使用许可协议、软件许可与服务协议、市场推广与广告基金管理办法、保证金协议、弃权书、雇员协议书、存货购买协议等。

（一）商标使用许可协议

商标使用许可协议的内容是特许商和加盟商在平等互利、协商一致的情况下依法设立的，一般应包括下列内容：

（1）特许商和加盟商的名称、地址；该名称和地址均为经市场监督管理部门依法登记的企业名称（包括法人或者非法人）和工商业经营场所地址。

（2）许可使用的商标及其注册证号。

（3）授权范围包括商标使用许可的性质；被许可商标的图样，被许可商标使用的商品或者服务的范围；许可使用商标的标志提供方式；许可使用的地域范围和许可期间等。

（4）加盟商的使用限制。

（5）为保证商品质量而约定的有关措施，如技术设备、技术指导、技术服务等。

（6）特许商保证被许可商标专用权的有关条款，如到期续展，不得在协议存续期间注销被许可商标等。

（7）协议终止或解除条件。

（8）商标许可使用费金额、计算方法及支付方式。

（9）违约责任。

（10）法律适用及争议的解决方式。

（11）协议应当约定的其他条款。

（12）协议生效日期。

（13）协议签约日期、地点。

（14）许可人和被许可人签字、盖章。

（二）软件许可与服务协议

软件许可与服务协议是许可方（特许商）与被许可方（加盟商）本着相互信任、真诚合作、共同发展的原则，在友好协商的基础上共同制定的。协议大致可包括四个组成部分：引言部分、关键术语解释部分、主体部分、附件部分。

1.引言部分

该部分主要说明的是许可软件的名称、内容、所有权，双方订立本协议的意图。

2.关键术语解释部分

该部分主要说明本协议中用到的一些专业术语的准确定义。

3.主体部分

该部分主要说明特许商与加盟商在软件使用过程中的权利和义务等。

4.附件部分

该部分主要包括许可软件的描述和说明以及许可方初始提供的范围等。

（三）保证金协议

保证金协议是为保证加盟商履行特许经营合同，特许商和加盟商之间协商达成的由加盟商给付特许商一定数额的定金作为担保的协议。

保证金协议一般包括以下内容：

（1）合同双方的名称、地址。

（2）主合同情况。

（3）支付保证金的期限、数额。

（4）协议变更或解除条件。

（5）保证金返还的条件、形式。

（6）违约责任。

（7）免责条款。

（8）其他事项。

（9）协议生效日。

（10）协议双方签字、盖章。

（四）弃权书

1.全面弃权书

全面弃权书是由加盟商在约定续约、经营转让及股本转让时必须签署的书面确认书，它是使加盟商不能向特许商提出现在已经存在或潜在的索赔或权利要求的法律文件。所有的加盟商与特许商在约定续约并继续执行特许经营合同、转让经营合同或转让其在加盟店中的股份时，都必须签署并执行全面弃权书。

全面弃权书一般包括以下内容：

（1）弃权人（加盟商）的名称、地址、身份证号。

（2）弃权的内容（不能向特许商提出所有已经存在或潜在的索赔或权利要求）。

（3）风险的承担。

（4）责任免除与赔偿协议。

（5）条款的独立性。

（6）签署日期。

2.特别弃权书

特别弃权书是由加盟商在停止经营加盟店时签署的书面确认书。

特别弃权书一般包括以下内容：

（1）弃权人（加盟商）的名称、地址、身份证号。

（2）弃权的内容。主要是加盟商确认不存在统一特许加盟公告中没有规定的特许商已做出的或加盟商可以信赖并依据的收入索取权、事实陈述或保证、担保。

（3）签署日期。

知识掌握

1.主要概念

特许经营合同　保证金协议

2.单项选择题

（1）特许经营合同的（　　）是指当事人在从事民事活动时，应诚实守信，以善

意的方式履行其义务，不得滥用权利及规避法律和合同规定的义务。

　　A.平等原则　　　　B.互利原则　　　　C.公正原则　　　　D.诚信原则

　　（2）（　　　）是为保证加盟商履行特许经营合同，特许商和加盟商之间协商达成的由加盟商给付特许商一定数额的定金作为担保的协议。

　　A.保证金协议　　　B.商标许可协议　　C.软件使用协议　　D.弃权书

　　（3）加盟合同中的（　　　）条款要求加盟者在约满后或转让后，不得从事同类型的商业行为。

　　A.特许商义务　　　B.加盟商义务　　　C.竞业禁止　　　　D.不可抗力

　　（4）（　　　）规定特许加盟双方的主要权利、义务，特许加盟权的内容、特许期限、特许地域、特许费用、违约责任、合同解除等所有重要内容。

　　A.特许加盟主合同　B.商标许可协议　　C.软件使用协议　　D.以上都不对

　　3.多项选择题

　　（1）特许经营合同的合法原则主要体现在（　　　）。

　　A.订立特许经营合同的程序、形式、内容合法

　　B.双方主体合法

　　C.尊重社会公德

　　D.不违背社会公共利益

　　（2）特许经营合同的平等原则是指合同当事人（　　　）平等。

　　A.法律地位　　　　B.经济财务　　　　C.权利义务　　　　D.机会风险

　　4.简答题

　　（1）什么是特许经营合同？

　　（2）特许经营合同的原则是什么？

　　（3）特许经营主体合同的主要条款有哪些？

　　（4）特许经营辅助合同主要有哪些？

　　（5）商标许可协议包括哪些内容？

　　（6）保证金协议包括哪些内容？

🔷 双创应用

1.项目背景

特许经营合同解除后的责任

　　特许商A公司是全国知名的从事美容行业的特许经营企业，2021年5月，加盟商B与A公司签订《特许经营合同》，合同约定在5年的特许经营期内，A公司不得在某市C行政区B所开加盟店方圆1 000米范围内授予其他加盟者同样的经营权；还约定B在合同期满或终止2年内，不得自行或与他人合作经营与特许商相同或近似行业的企业。2021年8月，由于某市行政区划的变更，B所开加盟店东边500米范围外被划归D行政区，A公司于是又在D行政区距B所开加盟店1 000米范围内授权E另开了一家同样的加盟店，该加盟店的开张造成了B营业收入一定程度的减少。B与A公司协商赔偿未果后，于2021年10月以A公司违约为由提起诉讼，请求解除与A公司之间

的《特许经营合同》，要求A公司返还2万元加盟费并赔偿损失。2022年1月，法院判决解除合同、赔偿损失，但并未支持返还加盟费的请求。

合同解除后，B更换了名称继续经营原来的业务。2022年5月，B收到法院传票，A公司以B违反竞业禁止协议为由提出诉讼，要求其停止同业经营并赔偿损失。目前，该案已经在法院开庭审理。

资料来源　编者根据相关资料编写。

2.双创任务

目标：阅读上述背景资料，根据特许经营合同知识解决实际特许加盟法律问题。

要求：将学生分组，4人为一组。以背景资料为着眼点，讨论思考以下问题：（1）合同解除后，加盟费是否应返还？（2）对"A公司不得在某市C行政区B所开加盟店周边1 000米范围内授予其他加盟者同样的经营权"条款如何理解？即A公司是否违反合同规定？（3）A公司以竞业禁止为由起诉B是否合理？（4）说明分析的理由，制作PPT，进行汇报。

考核："特许经营合同解除后的责任"双创应用考核评分表见表4-1。

表4-1　　　　"特许经营合同解除后的责任"双创应用考核评分表

小组名称：

实训任务	考核要素	评价标准	分值	得分
制作PPT，进行汇报	汇报结构	结构完整、规范，有条理	20	
	数据分析	文字与图表结合，分析深入，能发现问题	30	
	汇报内容	报告编排符合逻辑，层次分明，观点明确，论据充分	30	
	文字表达	语言表达流畅、通顺，言简意赅	20	
合计				

得分说明：各小组根据双创任务要求，制作PPT，进行汇报。得分90～100分为优秀；75～89分为良好；60～74分为合格；60分以下为不合格。

项目五
特许经营法律法规

学习目标

通过本项目的学习，要求达到以下目标：

知识目标：熟悉我国特许经营的法律法规；掌握我国特许经营过程中常见的法律问题；掌握我国解决特许经营纠纷的方法。

能力目标：具备运用特许经营法律知识分析常见法律问题的能力；具备运用特许经营法律知识解决法律纠纷的能力。熟练运用特许经营管理条例、相关法律法规合法地开展特许经营活动。

思政目标：确定"诚信守法、公平正义"作为本项目课程学习的思政教育主题，通过对案例导入、经营之道、知识拓展、双创频道等栏目内容的学思践悟，弘扬社会主义核心价值观，帮助学生及广大特许经营创业者树立创新是引领发展的第一动力，保护知识产权就是保护创新的理念，鼓励创业者大力开发具有自主知识产权的关键技术和核心技术，进一步增强全社会尊重和保护知识产权的意识，努力营造尊重知识、崇尚创新、重信守诺、公平竞争的和谐特许经营氛围。

案例导入

加盟商未经许可随意转让加盟品牌，无效！

一、案情简介

A公司系"小诸烤鱼"（化名）的注册商标专用权人。2014年4月，殷某（案外人）与A公司签署《品牌加盟合同》，加盟"小诸烤鱼"。2020年11月，A公司发现B公司经营着一家"小诸烤鱼"店铺，店铺经营场所招牌、店内装饰、餐具包装上，以及网络宣传中使用"小诸烤鱼"字样。

A公司以侵犯其商标权为由将B公司诉至法院，但B公司辩称被控侵权店铺系其股东殷某实际开设并经营，所以B公司使用"小诸烤鱼"商标，不构成侵权。

二、裁判结果

法院审理认为，《品牌加盟合同》是A公司同意殷某或其经营的组织开展"小诸烤鱼"经营业务的商业特许经营合同，A公司作为特许人以合同形式将其拥有的经营资源许可被特许人殷某使用，在殷某按约支付加盟费后，有权使用经营资源，但B公司提供的证据不足以证实殷某系其股东。

因此，无论是B公司委托殷某经营案涉被控餐饮店，还是B公司以殷某名义继续履行《品牌加盟合同》，合同主体均系B公司。在未经A公司允许的情形下，殷某违反了《品牌加盟合同》第五条的约定，即未经A公司许可不得以任何形式、任何借口转让A公司的技术及品牌使用权。同时，根据《商业特许经营管理条例》第十八条的规定，殷某与B公司之间的授权或转让违反法律、法规强制性规定，应属无效。因此，B公司并不能取得"小诸烤鱼"的品牌使用权。最终，法院依法判决B公司赔偿A公司相应经济损失和维权合理开支。

资料来源　威海市中级人民法院．加盟商未经许可随意转让加盟品牌，无效！［EB/OL］．［2022-04-25］．http://whzy.sdcourt.gov.cn/whzy/yhyshj6/mtjj46/8384076/index.html.

案例启示： 在大众创新、万众创业的大环境下，广大创业者比较青睐的方式是加盟某行业的知名连锁店，即选择特许经营行业，这样的创业方式经营风险较小、创业成功的机会较高。但是，在加盟过程中，加盟者一定要擦亮眼睛，避免与不具有特许经营资源或者不具有特许经营转授权的一方签订合同，以免上当受骗，蒙受损失。同样，如果被特许人另行向他人转让特许经营资源，必须经过特许人的同意，否则该转让行为无效。

单元一　特许经营法律法规简介

一、我国的立法情况

我国在特许经营活动中涉及的法律主要是经济行为方面的法律，下面从对特许经营活动影响较大的几个方面介绍我国的立法情况。

（一）合同相关法律

1.《中华人民共和国民法典》中的相关规定

《中华人民共和国民法典》由第十三届全国人民代表大会第三次会议于2020年5月28日通过，并于2021年1月1日起施行。在《民法典》中，合同是民事主体之间设立、变更、终止民事法律关系的协议。依法成立的合同，受法律保护。

2.特许经营合同的基本特征

我国《商业特许经营管理条例》第三条规定，商业特许经营是指拥有注册商标、企业标志、专利、专有技术等经营资源的企业，以合同形式将其拥有的经营资源许可其他经营者使用，被特许人按照合同约定在统一的经营模式下开展经营，并向特许人支付特许经营费用的经营活动。基于上述定义，特许经营合同区别于其他合同的基本特征如下：

（1）特许商拥有特许经营权或称特许权。其核心一般体现在知识产权上，如注册商标、企业标志、专有技术或者专利技术、商业秘密等。

（2）特许商将上述特许权整体许可加盟商使用，即不是就单个知识产权进行交易，而必须是将复合特许权整体交易。特许权许可的过程中，必然发生特许商对加盟商的经营活动进行管理和控制，即要求加盟商按照统一经营模式进行经营的问题。因此，特许权包括许可权和管理权。

（3）特许商收取特许权使用费。特许经营合同属于有偿性合同。特许商有权向加盟商收取相应的特许权使用费。

3.特许经营合同性质

特许经营合同性质应当依照合同本身约定的权利义务来判断。

（1）除非有反证，合同约定的权利义务视为当事人最终确认的真实意思表示，应以此作为判断合同性质的依据。

（2）不能以合同中未约定特许经营费用条款否定特许经营性质。

（二）知识产权法

特许经营活动主要是围绕特许权的转移而展开，特许权是特许商在经营活动中不断积累的各种经验的物化表现，主要表现为知识产权。知识产权是人们对科学技术和文化领域的智力成果以及经营标志和工商业业绩所享有的法定权利。特许商与加盟商享有知识产权带来的利益，同时也要承担起保护知识产权的责任。

微课 5-1：
知识产权法

1.知识产权法定义

知识产权法是指调整知识产权的归属、行使、管理和保护过程中所发生的各种社会关系的法律规范的总称。知识产权又称"智力成果权"，指对科学技术、文化艺术等领域从事智力活动所创造的精神财富在一定地域、一定时间内所享有的独占权利。我国承认的知识产权主要有：商标权、著作权、专利权、商业秘密。知识产权法的综合性和技术性特征十分明显，在知识产权法中，既有私法规范，也有公法规范；既有实体法规范，也有程序法规范，但从法律部门的归属上讲，知识产权法仍属于民法，是民法的特别法。我国知识产权立法起步较晚，但发展迅速，现已建立起符合国际先进标准的法律体系。

2.知识产权法范围

知识产权法一般包括以下几种法律制度：著作权法律制度、专利证书专利权法律制度、版权法律制度、商标权法律制度、商号权法律制度、产地标记权法律制度、商业秘密权法律制度以及反不正当竞争法律制度等。

3.知识产权法的发展

随着经济的发展，我国在20世纪70年代末到90年代相继出台了《中华人民共和国商标法》（以下简称《商标法》）、《中华人民共和国著作权法》（以下简称《著作权法》）、《中华人民共和国专利法》（以下简称《专利法》），初步形成了我国知识产权法的基本框架。20世纪90年代国家开始把工作目标转移到经济建设上来，市场经济建设成为改革的主要目标，这就对知识产权法提出了新的发展要求，使知识产权法有了较大的发展。我国在1993年出台了《中华人民共和国反不正当竞争法》（以下简称《反不正当竞争法》），并分别于1992年和1993年对《专利法》和《商标法》进行了修改，在修订的《中华人民共和国刑法》中首次规定了"侵犯知识产权罪"，基本形成了我国的知识产权法律体系。进入21世纪后，为了适应加入世界贸易组织（WTO）的要求，我国多次对《商标法》《专利法》进行修改，并制定了一系列相关条例。2020年12月由最高人民法院审判委员会第1823次会议通过《最高人民法院关于修改〈最高人民法院关于审理侵犯专利权纠纷案件应用法律若干问题的解释（二）〉等十八件知识产权类司法解释的决定》，主要内容有：修改《最高人民法院关于审理专利纠纷案件适用法律问题的若干规定》；修改《最高人民法院关于审理商标案件有关管辖和法律适用范围问题的解释》；修改《最高人民法院关于审理著作权民事纠纷案件适用法律若干问题的解释》等。并自2021年1月1日起施行。目前我国已经建立起与我国国情相适应，符合国际通用规则，门类比较齐全的知识产权法律体系。

知识链接 5-1　　　　　中国知识产权保护的措施

一、增强知识产权保护意识。遵守知识产权保护的有关国际公约和我国法律法规，遵循国际贸易通行规则，信守企业间有关知识产权保护的合同、承诺。既尊重他人的知识产权，也注重对自己知识产权的保护。通过与国际社会的通力合作，赢得中国企业和企业家的荣誉与尊严。

二、完善企业自主创新机制，积极开展自主创新活动。只有大力开发具有自主知识产权的关键技术和核心技术，拥有企业所在领域的更多的自主知识产权，才能摆脱受制于人的弱者地位，才能有经济竞争力，才能享有受人尊重的国际影响力。为此，我们必须加快制定企业知识产权战略，在学习别人的同时立足自主创新，提高企业知识产权创造、运用和保护的能力。

三、在日常生产经营活动中，严格依法办事，不侵害他人的知识产权；不盗用他人的专利技术；不制造、不使用、不销售、不传播假冒产品；不盗用和仿造他人的商标、产品标志和外观设计。

四、坚决与侵害他人知识产权的不法行为作斗争，积极举报涉及知识产权的违法行为，主动配合政府做好对知识产权违法行为的遏制、查处和打击工作。

我国对知识产权尤为重视，相关的当事人员应按照我国的法律规定积极地办理这类知识产权证书，保护自身的合法权益。相关的知识产权的侵害人应积极地赔偿这类持有人，保护我国的知识产权合法权益。

资料来源　佚名．中国知识产权保护的措施［EB/OL］．［2022-08-04］．https：//mip.64365.com/zs/1145000.aspx.

（三）商标法

1.商标法定义

商标法是与特许经营活动密不可分的一部法律。**商标法**是调整商标注册、使用、管理和保护过程中所发生的各种社会关系的法律规范的总称。其核心是确认和保护注册商标的专用权。

狭义的商标法仅指1983年3月1日实施的《商标法》。广义的商标法还包括《中华人民共和国商标法实施条例》《保护工业产权巴黎公约》以及其他法律、法规和规章中有关商标的规定。加入WTO后，为了同国际接轨，我国除了制定一系列保护商标权的法律法规，还加入了保护商标权的国际公约。

微课5-2：
商标法

2.商标使用许可

《商标法》第四十三条规定的商标使用许可包括以下三类：

（1）独占使用许可，是指商标注册人在约定的期间、地域和以约定的方式，将该注册商标仅许可一个被许可人使用，商标注册人依约定不得使用该注册商标。

（2）排他使用许可，是指商标注册人在约定的期间、地域和以约定的方式，将该注册商标仅许可一个被许可人使用，商标注册人依约定可以使用该注册商标但不得另行许可他人使用该注册商标。

拓展阅读5-1：
中华人民共和国商标法实施条例

（3）普通使用许可，是指商标注册人在约定的期间、地域和以约定的方式，许可他人使用其注册商标，并可自行使用该注册商标和许可他人使用其注册商标。

3.人民法院受理的商标案件

不服国家知识产权局做出的复审决定或者裁定的行政案件；不服国家知识产权局做出的有关商标的其他行政行为的案件；商标权权属纠纷案件；侵害商标权纠纷案件；确认不侵害商标权纠纷案件；商标权转让合同纠纷案件；商标使用许可合同纠纷案件；商标代理合同纠纷案件；申请诉前停止侵害注册商标专用权案件；申请停止侵害注册商标专用权损害责任案件；申请诉前财产保全案件；申请诉前证据保全案件；其他商标案件。

4.侵犯注册商标专用权的诉讼时效

侵犯注册商标专用权的诉讼时效为三年，自商标注册人或者利害权利人知道或者应当知道权利受到损害以及义务人之日起计算。商标注册人或者利害关系人超过三年起诉的，如果侵权行为在起诉时仍在持续，在该注册商标专用权有效期限内，人民法院应当判决被告停止侵权行为，侵权损害赔偿数额应当自权利人向人民法院起诉之日起向前推算三年计算。

5.商标法与特许经营活动关系

商标法中的商标权是商标所有人对由法律确认并保护的商标所享有的权利。它的主要内容包括商标所有人对其注册商标所享有的专用权、商标续展权、商标转让权、商标许可权。特许经营活动中涉及的主要就是加盟商使用特许商的注册商标，即商标许可权，它是特许经营所有权的核心内容。

商标法中的商标许可权主要明确了商标权人有权许可他人使用其注册商标。商标权人许可他人使用其注册商标的，应当由当事人双方签订书面许可使用合同，并报商标局备案。在许可使用期间，许可人应当监督被许可人使用其注册商标的商品质量，被许可人必须在使用该注册商标的商品上标明其名称和商品产地。

在商标权的法律关系中，加盟商在使用商标权人的商标时，要缴纳商标许可费用。商标要在双方特许合同规定的合理使用授权范围内使用。

（四）著作权法

1.著作权

著作权又称为版权，版权最初的含义是copyright，也就是复制权，主要原因是过去印刷术不普及，当时社会认为附随于著作物最重要的权利莫过于将之印刷出版的权利，故有此称呼。不过随着时代演进及科技的进步，著作的种类逐渐增加。

著作权是指作者及其他权利人对文学、艺术和科学作品享有的人身权和财产权的总称。著作权的保护主要包括著作权的基本原则、著作权保护的主体、著作权保护的客体、著作权保护的内容、著作权保护的期限以及侵权的相关法律责任。

《著作权法》于1990年9月7日第七届全国人民代表大会常务委员会第十五次会议通过，并于2001年10月、2010年2月和2020年11月三次进行修订。

2002年8月2日中华人民共和国国务院令第359号公布《中华人民共和国著作权法实施条例》。根据2011年1月8日《国务院关于废止和修改部分行政法规的决定》第一次修订，根据2013年1月30日《国务院关于修改〈中华人民共和国著作权法实施条例〉的决定》第二次修订。

在中华人民共和国境内，凡是中国公民、法人或者非法人单位的作品，不论是否发表都享有著作权；外国人的作品首先在中国境内发表的，也依著作权法享有著作权；外国人在中国境外发表的作品，根据其所属国与中国签订的协议或者共同参加的国际条约享有著作权。

2.特许经营著作权的法律内容

（1）特许经营著作权的表现形式。

①店堂装饰。

店堂装饰又称店面装潢，是指经营场所包括的对经营服务起到美化和识别作用的色彩、装帧、装修风格的总和。特许连锁店铺必须要有统一规定的外立面装修、招牌、内部装饰，包括家具、书画、灯光布局、色调安排、盆景款式、背景音乐、店员的服装、菜单、标价签、卡通形象等。

②广告作品。

广告作品对特许经营而言是不可或缺的。广告作品主要包括：企业统一标志，口

微课5-3：
著作权法

拓展阅读5-2：
中华人民共和国著作权法实施条例

号标志语，用于宣传的各种照片、视频和文字资料，例如海报、宣传单甚至名片等。

③讲义作品。

针对一些培训类的特许经营企业会有其独特的讲义作品，包括教材、文字讲稿、图片、教学微课以及培训视频等。

④软件和数据库。

这里指特许商开发的各类商业软件，各类商品管理、加盟商管理、供应商管理、客户资源管理、价格管理数据库等。

⑤其他。

特许总部设计的如合同文本、营业手册、活动策划方案、维修指南、产品说明书、产品包装、网站资源以及赠品等。

（2）加盟商对特许商著作权的侵权行为。

①未经著作权人许可，发表其作品。

②未经合作作者许可，将与他人合作创作的作品当作自己单独创作的作品发表。

③没有参加创作，为谋取个人名利，在他人作品上署名。

④歪曲、篡改他人作品。

⑤剽窃他人作品。

⑥未经著作权人许可，以展览、摄制电影和以类似摄制电影的方法使用作品，或者以改编、翻译、注释等方式使用作品的，著作权法另有规定的除外。

⑦使用他人作品，应当支付报酬而未支付。

⑧未经出版社许可，使用其出版的图书、期刊的版式设计。

⑨未经电影作品和以类似摄制电影的方法创作的作品、计算机软件、录音录像制品的著作权人或者与著作权有关的权利人许可，出版其作品或者录音录像制品的，著作权法另有规定的除外。

⑩其他侵犯著作权以及与著作权有关权益的行为。

3.侵害著作权的诉讼时效

侵害著作权的诉讼时效为三年，自著作权人知道或者应当知道权利受到损害以及义务人之日起计算。权利人超过三年起诉的，如果侵权行为在起诉时仍在持续，在该著作权保护期内，人民法院应当判决被告停止侵权行为；侵权损害赔偿数额应当自权利人向人民法院起诉之日起向前推算三年计算。

▶ 经营之道5-1　　　　加盟商未获品牌授权 加盟店亦需担责

创业过程中，加盟知名品牌不失为一种有效方法，但如果加盟的公司没有得到品牌授权，店铺也要承担相应的侵权责任。近日，常熟法院审结一起涉及某奶茶品牌麦某某的侵害商标权纠纷案件。

原告上海麻某某餐饮管理有限公司诉称：麦某某有限公司旗下的麦某某奶茶系其知名创意饮品品牌，在日本、韩国、英国、中国等地均有经营。麦某某有限公司申请的图形商标依法应获法律保护。同时经麦某某有限公司申请，国家版权局对其名称为machimachi麦某某等著作权进行了登记。经麦某某有限公司许可，原告公司独占使用其名下包括商标、著作权等知识产权并负责"麦某某machimachi"品牌在大陆地区的运营和保护。经调查取证，原告发现被告未经原告许可，擅自在其所开设的奶茶店线上、线下经营活动中大量使用了与原告正品店铺相同或近似的服务名称、商标名称、包装、装潢等，有侵害原告商标权的不正当竞争行为。原告请求法院判令被告立即停止侵害涉案商标的行为，立即停止对原告构成不正当竞争的行为，包括停止使用与原告正品店铺相同或近似的服务名称、商品名称、包装、装潢等；赔偿原告经济损失及合理费用共计人民币10万元。

庭审中，被告某奶茶店辩称：其本想加盟正牌的麦某某奶茶店，于是在网上寻找加盟渠道，店铺中使用的商标和标志来自他人授权，但其并不知道自己加盟的公司没有获得原告授权。其承认侵权事实，愿意与原告协商处理。

后经庭外和解，双方当事人自愿达成和解协议：被告奶茶店承诺立即停止侵犯原告上海麻某某餐饮管理有限公司享有的注册商标专用权以及著作权的行为，并按时完成对店铺中广告、餐具、装修等处使用的上述标志的拆除销毁工作；一次性赔偿原告经济损失及合理费用共计人民币6万元。

法官提醒：在法院审结的知识产权类案件中，与店铺签约的加盟公司没有获得品牌授权的情况多有发生。提醒广大创业者，在加盟品牌之前，务必仔细审查授权方的主体资格、经营资源（如依法注册的商标专用权、著作权等）。在网上搜索加盟信息时，对不实的加盟广告一定要保持警惕，提高自身的辨别能力。

资料来源　江苏法院网. 加盟商未获品牌授权 加盟店亦需担责［EB/OL］.［2020-07-03］. http://www.sohu.com/a/310327033_99998872.

（五）中华人民共和国专利法实施细则

微课5-4：
专利法

2001年6月15日中华人民共和国国务院令第306号公布《中华人民共和国专利法实施细则》，根据2002年12月28日《国务院关于修改〈中华人民共和国专利法实施细则〉的决定》第一次修订，根据2010年1月9日《国务院关于修改〈中华人民共和国专利法实施细则〉的决定》第二次修订。

1.人民法院受理下列专利纠纷案件

拓展阅读5-3：
中华人民共
和国专利法
实施细则

《中华人民共和国专利法实施细则》中规定的人民法院受理的专利纠纷案件包括：专利申请权权属纠纷案件；专利权权属纠纷案件；专利合同纠纷案件；侵害专利权纠纷案件；假冒他人专利纠纷案件；发明专利临时保护期使用费纠纷案件；职务发明创造发明人、设计人奖励、报酬纠纷案件；诉前申请行为保全纠纷案件；诉前申请财产保全纠纷案件；因申请行为保全损害责任纠纷案件；因申请财产保全损害责任纠纷案件；发明创造发明人、设计人署名权纠纷案件；确认不侵害专利权纠纷案件；专利权宣告无效后返还费用纠纷案件；因恶意提起专利权诉讼损害责任纠纷案件；标准必要专利使用费纠纷案件；不服国务院专利行政部门维持驳回申请复审决定案件；不服国务院专利行政部门专利权无效宣告请求决定案件；不服国务院专利行政部门实施强制许可决定案件；不服国务院专利行政部门实施强制许可使用费裁决案件；不服国

务院专利行政部门行政复议决定案件；不服国务院专利行政部门做出的其他行政决定案件；不服管理专利工作的部门行政决定案件；确认是否落入专利权保护范围纠纷案件；其他专利纠纷案件。

2.诉讼管辖

因侵犯专利权行为提起的诉讼，由侵权行为地或者被告住所地人民法院管辖。

侵权行为地包括：被诉侵犯发明、实用新型专利权的产品的制造、使用、许诺销售、销售、进口等行为的实施地；专利方法使用行为的实施地；依照该专利方法直接获得的产品的使用、许诺销售、销售、进口等行为的实施地；外观设计专利产品的制造、许诺销售、销售、进口等行为的实施地；假冒他人专利的行为实施地。上述侵权行为的侵权结果发生地。

原告仅对侵权产品制造者提起诉讼，未起诉销售者，侵权产品制造地与销售地不一致的，制造地人民法院有管辖权；以制造者与销售者为共同被告起诉的，销售地人民法院有管辖权。

销售者是制造者分支机构，原告在销售地起诉侵权产品制造者制造、销售行为的，销售地人民法院有管辖权。

3.侵犯专利权的诉讼时效

侵犯专利权的诉讼时效为三年，自专利权人或者利害关系人知道或者应当知道权利受到损害以及义务人之日起计算。权利人超过三年起诉的，如果侵权行为在起诉时仍在继续，在该项专利权有效期内，人民法院应当判决被告停止侵权行为，侵权损害赔偿数额应当自权利人向人民法院起诉之日起向前推算三年计算。

（六）商业秘密保护

特许经营关系中涉及商业秘密保护。《反不正当竞争法》第九条规定，本法所称的**商业秘密**是指不为公众所知悉、具有商业价值并经权利人采取相应保密措施的技术信息、经营信息等商业信息。在商品型的特许经营模式中秘密配方和加工方法等是商业秘密的最主要表现形式；在经营型的特许经营模式中商业秘密除了产品配方和加工方法外，主要表现为营销计划、经销策略、商业数据和服务方式。加盟商在商业特许经营关系中既有使用商业秘密的权利，又有保护的义务。以下从特许经营关系的开始阶段、冷静阶段、存续阶段和终止阶段来分析特许经营中商业秘密保护的问题。

微课5-5：
商业秘密

1.开始阶段的商业秘密保护

在特许经营关系中，特许商和加盟商之间存在信息不对称的情况，因此加盟商在特许经营关系开始之前有权要求特许商进行初始信息披露。初始信息披露制度是指特许商按照规定或者政府规章，向特定潜在的加盟商事前提供相关特许经营合同、特许经营资源信息以及其他相关重要信息的制度。

在我国特许商向加盟商履行的初始信息披露义务属于一种法定义务，而不是约定义务，当出现特许商不真实、不充分和不准确履行该义务的情形，特许商对此应当承担法律责任。

《商业特许经营信息披露管理办法》第七条规定，特许人向被特许人披露信息前，有权要求被特许人签署保密协议。也就是说，加盟商在签署保密协议的前提下，

才可以获得特许商的相关秘密信息。

2. 冷静阶段的商业秘密保护

《商业特许经营管理条例》第十二条规定，特许人和被特许人应当在特许经营合同中约定，被特许人在特许经营合同订立后一定期间内，可以单方解除合同。这就是通常所说的冷静期规定，在此期间，加盟商享有单方面解除合同的权利，但要特别注意的是，冷静期仅仅是指初次签订特许经营合同阶段，对于合同续订期间和转让都不适用冷静期的说法。同时即使特许经营合同没有成立，在保密协议的法律规范下，加盟商也不得泄露或者不正当使用特许商的商业秘密。

在特许经营关系中，加盟商对于商业秘密达到了实际利用的标准视为冷静期结束。对于实际利用有"两利"解释。

（1）加盟商知情了解即为"实际利用"。

加盟商了解特许商的特许经营手册、商业计划、商业策略、客户信息、供应商名单资料、潜在加盟商资料和特许经营发展规划，视为加盟商的"实际利用"，冷静期结束。

（2）加盟商"实施使用"即为"实际利用"。

特许经营中，产品生产信息及配方、设备专有技术、技术诀窍和计算机软件等均属于商业秘密范畴，商业秘密具有明显的财产价值和操作实用性，也是为有限的专家所知晓并实施的。加盟商实施使用了商业秘密视为"实际利用"，冷静期结束。

3. 存续阶段的商业秘密保护

在特许经营关系存续阶段，保密协议仍旧是商业秘密保护的重要基础。一般在特许经营存续阶段，主要存在以下形式的商业秘密类型：特许经营手册、商业计划、战略信息、产品资源、配方、客户资料、供应商资料、计算机软件、专有技术等。

加盟商在特许经营关系存续阶段必须严格遵守《民法典》和《保密协议》有关规定，不得擅自将其知晓的特许商商业秘密泄露给第三方或擅自许可他人使用，此外，特许商在合同存续阶段往往还会通过竞业禁止条款来限定加盟商不得在加盟店以外的场所从事相同或者相似的经营业务。

4. 终止阶段的商业秘密保护

（1）返还、销毁协议。

①在特许经营关系终止时，加盟商有义务返还特许经营手册、特许经营商业计划、特许经营产品制作程序、配方、客户和供应商资料等以书面形式为载体的商业秘密。

②在特许经营关系终止时，加盟商有义务返还或销毁特许经营活动中的商业工具，如计算机相关软件系统等。

（2）商业禁止限制。

特许商为了保护自己的合法权益，往往会和加盟商签订竞业禁止条款，约定加盟商在特许经营合同终止之后的一定时间和地域范围不得从事相同或者类似的经营业务。

知识链接 5-2

特许经营作为一种商业模式在我国发展迅速，而与此形成鲜明对比的却是特许经营相关法规的滞后，以及公众对特许经营法律关系的认识不足，由此导致相关法律纠纷日益增多。如何充分挖掘经营模式中的知识产权资源，实现企业的迅速扩张？如何通过规范经营使加盟商能分享品牌成长所带来的丰厚回报？下文从保护和监管两方面提出建议：

一方面应当扩大特许经营资源知识产权保护的覆盖面。首先，特许商应提高对特许经营资源的著作权保护意识，对经营手册、宣传资料、装修图纸等经营资源及时进行著作权登记，并在合同中对经营资源的使用方式、使用范围、使用期限以及合同终止后的处理进行明确约定。其次，特许商应该对符合条件的字号、商品名称、包装、装潢等及时申请注册商标，符合条件的产品设计、包装、装潢及时注册为立体商标，从而获得《商标法》的保护。同时，注重防御商标、联合商标的注册，防止他人通过申请近似商标实现搭便车的不正当竞争目的。最后，特许商在进行信息披露的过程中应当注重对商业秘密的保护。与加盟商签订保密协议，不管最终是否签订特许经营合同，加盟商都不能泄露其知悉的商业秘密；与加盟商的负责人、高级管理人员等签订竞业禁止协议，在特许经营合同终止后一定期限内禁止上述人员从事与特许商相竞争的业务。

另一方面应当加强对加盟商知识产权使用情况的监管力度。一是要在合同中明确约定。除在特许经营合同中对知识产权的使用进行概括约定，特许商最好再与加盟商签订著作权使用许可合同、商标权使用许可合同，对相关经营资源的使用进行特别约定，特别是使用的方式、地域范围、期限以及合同终止后立即停止使用等。二是要建立常态化的知识产权使用监管制度。设置专人对加盟商的知识产权使用情况进行监督，发现违规违法情况及时予以纠正，认真学习知识产权行政保护与司法保护的途径和特点，积极借助行政保护、司法保护手段及时打击加盟商的侵权行为。同时，特许商还要重点监督加盟商在使用统一的知识产权资源时，是否在显著位置通过显著方式向消费者告知其仅是加盟商，不是特许商，从而让消费者明确与之进行商品或服务交易的主体。

资料来源　编者根据相关资料编写。

二、特许经营相关规定

（一）商业特许经营管理条例

为规范商业特许经营活动，促进商业特许经营健康、有序发展，维护市场秩序，我国在 2007 年 1 月 31 日国务院第 167 次常务会议通过了《商业特许经营管理条例》（以下简称《条例》），自 2007 年 5 月 1 日起施行。《条例》共 5 章 34 条，包括了特许经营活动、信息披露和法律责任等方面内容。

针对特许经营活动中存在的问题，《条例》主要规定五个方面的制度和措施：

（1）明确了特许商从事特许经营活动应当具备的条件，具体包括三个方面：一是只有企业可以作为特许商从事特许经营活动，其他单位和个人不得作为特许商从事特

微课 5-6：商业特许经营管理条例

拓展阅读 5-4：商业特许经营管理条例

许经营活动；二是要求特许商从事特许经营活动应当拥有成熟的经营模式，并具备为加盟商持续提供经营指导、技术支持和业务培训等服务的能力；三是规定特许商从事特许经营活动应当拥有至少2个直营店，并且经营时间超过1年。第三方面的条件，也就是通常所说的"两店一年"要求，主要目的是防止一些企业利用特许经营进行欺诈活动。同时，直营店具有一定的示范作用，便于其他经营者从直营店的经营中较为直观地了解特许商的品牌、经营模式、经营状况等。

（2）规定了特许商的信息披露制度。特许商的信息披露对于保证加盟商及时、全面、准确地了解、掌握有关情况，在充分占有信息的基础上做出适当的投资决策，防止上当受骗非常关键。因此，有特许经营立法的国家，都把信息披露作为核心制度。《条例》借鉴各国通行做法，专设"信息披露"一章，明确规定特许商应当建立并实行完备的信息披露制度，在订立特许经营合同之日前至少30日，以书面形式向加盟商提供有关信息和特许经营合同文本，并明确规定了特许商应当提供的信息内容，包括特许商及其法定代表人的基本情况和商业信誉记录、特许商拥有的经营资源、特许商为加盟商提供服务的能力以及对加盟商在经营方面的管理和监督的情况、特许经营费用及其收取办法、特许经营网点投资预算等12个方面。特别的是，《条例》还明确规定特许商提供的信息应当真实、完整、准确，不得隐瞒有关信息或者提供虚假信息。

（3）确立了特许商备案制度。由于从事特许经营活动是当事人的民事权利，政府不宜对其实行行政许可，但又需要对其经营活动进行监督管理，以维护市场秩序。为了便于主管部门及时了解、掌握特许商的数量等有关情况，有针对性地对特许经营活动进行规范、监督，也为了有助于潜在的投资者了解特许商的基本情况，做出恰当的投资决策，同时有利于形成对特许商的社会监督，《条例》确立了特许商备案制度。《条例》明确规定特许商应当自首次订立特许经营合同之日起15日内，向商务主管部门备案，并规定了备案的程序以及备案时应当提交的文件、资料。商务主管部门收到特许商提交的符合规定的文件、资料后，应当予以备案，通知特许商，并将备案的特许商名单在政府网站上公布和及时更新。

（4）对规范特许经营合同做出了规定。特许经营合同是明确特许商和加盟商之间权利义务的依据。特许经营活动在实践中出现的不少问题和纠纷，与特许经营合同不够规范有直接关系。为此，《条例》从三个方面做出规定：一是特许商和加盟商应当采用书面形式订立特许经营合同，并明确特许经营合同应当包括的主要内容；二是借鉴其他国家的做法，规定特许商和加盟商应当在特许经营合同中约定，加盟商在合同订立后一定期限内，可以单方解除合同；三是规定除加盟商同意外，特许经营合同约定的特许经营期限应当不少于3年。

（5）规范了特许商和加盟商的行为。《条例》针对特许经营活动本身的特点以及实践中存在的主要问题，重点对特许商的行为进行规范。比如，特许商应当向加盟商提供特许经营操作手册，并为加盟商持续提供经营指导、技术支持、业务培训等服务；特许商要求加盟商在特许经营合同订立前支付费用的，应当以书面形式向加盟商说明该部分费用的用途以及退还的条件、方式；特许商按照合同的约定向加盟商收取的推广、宣传费用，应将使用情况及时向加盟商披露；特许商在推广、宣传活动中不得有欺骗、误导的行为，其发布的广告中不得含有宣传加盟商从事特许经营活动收益的内容等。

对加盟商的行为，《条例》也做出相应规定：加盟商未经特许商同意，不得向他人转让特许经营权；加盟商不得向他人泄露或者允许他人使用其所掌握的特许商的商业秘密。

（二）商业特许经营信息披露管理办法

在特许经营合作过程中，由于加盟商对特许商信息了解不全面导致的法律纠纷甚至法律案件层出不穷，《商业特许经营信息披露管理办法》旨在规范特许经营合作过程中的信息披露环节，维护特许商与加盟商的合法权益，为后续特许经营活动的顺利开展奠定基础。《商业特许经营信息披露管理办法》由中华人民共和国商务部制定，现行的版本自2012年4月1日起施行。

（三）商业特许经营备案管理办法

《商业特许经营备案管理办法》是《商业特许经营管理条例》中对于备案制度的一套延伸、细化条款。其立法目的是加强对特许经营活动的监控以及管理，规范特许经营市场秩序，从政府登记备案的角度维护特许商与加盟商的合法权益。该办法由中华人民共和国商务部制定，自2012年2月1日起施行。

（四）商业特许经营道德规范

中国连锁经营协会修订的《商业特许经营道德规范》自2018年9月11日起发布实施。在总则中要求：中国连锁经营协会会员开展特许经营须遵守国家的法律法规。会员企业开展特许经营须遵循公平、诚信的原则。会员不得以任何可能欺骗或误导潜在加盟者的明示或暗示的陈述销售或推广特许经营权。会员不得抄袭或模仿他人的商标、商号、广告或其他识别符号，以欺骗或误导潜在加盟者和消费者。特许合同须以书面形式签订，并明确各方的权利和义务。特许者和加盟者须尽一切努力，以诚信友好态度解决争议，必要时可考虑通过调解、仲裁甚至诉讼解决争议。

单元二　特许经营过程中常见的法律问题

特许商与加盟商依靠特许经营合同的约定，从事特许经营活动，特许经营合同期一般为若干年。在长期的特许经营过程中，特许商与加盟商之间的纠纷时有发生，甚至会导致双方之间关系的恶化，提前终止特许经营合同，对簿公堂。通过总结司法实践中特许经营纠纷情况，特许经营的纠纷主要集中在以下几种类型：

一、特许经营合同纠纷

特许商和加盟商之间因特许经营活动产生的纠纷，最常见的就是特许经营合同纠纷。特许经营合同是特许经营的核心，是连接特许商和加盟商的纽带。双方因特许经营合同产生的纠纷，主要原因在于：

微课5-7：
商业特许经营信息披露管理办法

拓展阅读5-5：
商业特许经营信息披露管理办法

微课5-8：
商业特许经营备案管理办法

拓展阅读5-6：
商业特许经营备案管理办法

微课5-9：
商业特许经营道德规范

拓展阅读5-7：
商业特许经营道德规范

微课5-10：
特许经营常见纠纷

（一）特许经营合同性质的认定问题

首先，特许经营合同的名称基本上能反映特许经营合同的法律性质和特许经营合同双方之间的法律关系，但是在实践中特许经营合同的名称五花八门，如加盟特许经营合同、连锁经营特许经营合同、品牌专营特许经营合同、项目合作协议、专柜经营协议、技术培训特许经营合同、特约经销协议等，仅从特许经营合同名称很难准确判断特许经营合同的性质及双方当事人的法律关系。特许经营合同的性质及法律关系确定不清楚，双方的权利义务以及法律适用性则不同。

其次，有的合同名称虽为"特许经营合同"，但是其权利、义务和内容在本质上不符合特许经营合同的性质。还有的情况是，不少特许经营合同约定的权利义务既有特许经营合同性质的内容，又同时涉及商品销售特许经营合同、合作经营特许经营合同、商标许可使用特许经营合同等方面的内容，存在法律关系上的交叉、混合，容易引起混淆。

最后，在特许经营合同履行过程中，双方当事人存在特许经营合同约定的内容与实际履行不一致的情况，此种情形可能属于双方以实际履行的事实达成了新的一致的意思表示，即变更了原约定内容；也可能属于一方或双方违反了特许经营合同约定。如认定为前一种情况，则涉及特许经营合同性质的变更问题；如认定为后一种情况，则会产生合同纠纷。

面对以上特许经营合同性质认定的纠纷时，应当以特许经营合同约定的权利义务是否符合特许经营合同的法律特征为基本标准，既不能简单地以特许经营合同名称确定特许经营合同的性质，更要注意区分特许经营合同和某些与特许经营似是而非的合同之间的差别。

（二）特许经营合同效力问题

在特许商和加盟商的纠纷中，特许经营合同的效力问题是双方争议的焦点之一，主要是因为《条例》对特许商的经营资质、特许经营合同的内容等均有严格的规定，而特许经营合同纠纷存在特许商不具备开展特许经营的资质、特许经营合同内容不规范等特点，故特许经营合同的效力问题通常成为双方当事人争议的焦点。

特许经营合同效力的争议主要集中在四个方面：一是特许商没有达到"两店一年"的要求；二是特许商没有履行备案义务；三是特许商的经营资源存在瑕疵，如特许商许可加盟商使用的商标系未注册商标、特许商对涉案商标无处分权、商标权属存在争议等；四是特许商未履行信息披露义务或者提供虚假信息。前三种情形往往产生特许经营合同是否有效的争议，第四种情形则产生是否构成欺诈而撤销特许经营合同的争议。

司法实践中，目前法院审理的倾向性是：无效是对法律行为最为严厉的否定性评价，特许经营合同无效是对当事人意思自治的彻底否定，体现了国家意志对私法领域的干预。因此，在认定特许经营合同效力时，应当依据尊重当事人意思自治、维护交易稳定的原则，严格把握特许经营合同无效的法律适用。既要严格遵循国家的立法意志，严惩损害公共利益的不法行为，也要维护诚实信用，防止不恰当地扩大无效特许经营合同的范围，干扰正常的市场交易，损害交易主体的合理预期和交易安全，并防止一些当事人以"违反国家强制性规定"为由恶意背信弃义的行为，以保护诚信的市场交易主体的合法权利。

（三）特许经营合同的解除、撤销以及违约责任

在特许经营合同纠纷中，面对特许经营合同需要被确认解除或者撤销时，加盟商通常主张特许商应当承担全部责任，理由主要是特许商不具备相应资质、有欺诈行为、未履行支持或指导义务等，过错均在特许商。特许商则通常认为由于加盟商经营不善而导致特许经营合同终止，应由加盟商自行承担责任。

特许经营合同一旦被认定解除或者撤销时，特许经营合同无效或者撤销、解除后的相关费用和损失的处理问题又是双方争议的焦点。特许商向加盟商收取的费用，如加盟费、业务培训费、装修设计费、押金、保证金、权利金、广告费等，是否需要返还；因特许商要求加盟商向其指定供应商购买设备，或通过指定装修公司进行装修等产生的损失，在特许经营合同无效、撤销、解除时，是否由特许商负责赔偿等。

双方可依据《民法典》的相关规定，结合特许经营合同的具体情况综合分析财产的实际可返还性。如特许经营涉及知识产权的许可使用，由于知识产权的无形性，加盟商在客观上难以返还已经实际使用的知识产权，因此如果加盟商已实际使用了特许商的知识产权并从中获益，特许经营合同被确认无效或者被撤销的，在理论上，特许商可以基于不当得利，要求加盟商返还其所获得的利益。但由于加盟商使用特许商的知识产权是以支付加盟费等相关费用为对价的，加盟费等相关费用在实质上已经包含了知识产权许可使用费，故特许商有权要求加盟商返还的使用知识产权所获的利益可以与加盟费等相关费用进行相应的抵扣。

特许经营合同解除的法律后果是特许经营合同关系消灭或特许经营合同约定的权利义务关系终止，特许经营合同尚未履行的，终止履行；已经履行的，根据履行情况和特许经营合同性质，当事人可以要求恢复原状或采取其他补救措施，并有权要求赔偿损失。司法实践中倾向于认为特许经营合同系持续性特许经营合同，在持续履行过程中产生的互相给付均具有特许经营合同约定的对价，且履行的标的涉及加盟商对知识产权的使用，特许商向加盟商提供的支持、指导、培训等，对上述履行标的恢复原状不具有操作性，故已经履行完毕的内容没有必要恢复原状，即特许经营合同的解除不具有溯及力，特许经营合同的解除只对将来发生效力，解除前发生的给付具有保持力，但尚未履行的义务不再履行。因此，特许经营合同解除后，特许商无须退还加盟商为获得特许经营权而向特许商支付的一次性费用。

特许经营合同无效、撤销后，当事人之间的特许经营合同关系不复存在，有过错的一方应当赔偿对方因此所遭受的损失；双方都有过错的，应当各自承担相应的责任。上述赔偿责任是过错责任，即按照过错大小承担赔偿责任。损失赔偿的范围应当仅限于信赖利益，而不应包括特许经营合同履行后可以获得的预期利益或者因债务不履行而造成的可得利益损失。

二、侵权纠纷

在特许经营纠纷中，除了最常见的特许经营合同纠纷外，加盟商侵犯特许商特许

资源的权利或者因使用特许资源而侵犯他人权利的侵权纠纷也是易发生的纠纷类型。特许权授予期间，一般加盟商最常发生的侵权情况是对特许商商标权或者著作权的侵权。

（一）商标侵权

在特许经营过程中，常见的商标侵权行为有：加盟商将特许商授权许可使用的商标修改后申请注册或作为商号使用，此时特许商不仅可以选择按照特许经营合同约定要求加盟商承担违约责任，还可选择要求其停止侵权并承担侵权责任。加盟商在特许经营合同提前解除或期满终止后，继续使用特许商的商标、商号构成商标侵权。

（二）著作权侵权

著作权侵权主要体现在加盟商对特许商特许手册等特许资料的版权侵犯。由于版权是自动生成的权利，不以是否登记注册而存在，因此，特许商提供的运营管理手册、VI手册等相关资料的版权是属于特许商的，除非特许经营合同中有特殊约定。加盟商即使取得了文件资料的使用权，但并不享有其版权。也就是说，加盟商可以使用这些资料，但是，未经特许商同意，不能擅自出版发行或转给他人使用。有的加盟商在解除特许加盟关系后，利用以前掌握的特许商的有关资料，甚至完全抄袭这些资料内容，编辑成册自己出版，或者在宣传册中使用他人的图片或设计，都构成著作权侵权。

由于特许商授权给加盟商使用的特许资源本身存在权利瑕疵或者侵犯了他人的权利（主要是知识产权）时，也会导致侵权纠纷的产生。此时权利人会对特许商和/或加盟商提起侵权诉讼，在侵权诉讼之后，加盟商因此产生的损失等可以根据特许经营合同的约定向特许商提出违约赔偿。

三、不正当竞争纠纷

2022年3月17日，《最高人民法院关于适用〈中华人民共和国反不正当竞争法〉若干问题的解释》（以下简称《解释》）发布，自2022年3月20日起施行。《解释》共29条，根据修订后的《反不正当竞争法》，重点对《反不正当竞争法》第二条，仿冒混淆、虚假宣传、网络不正当竞争等行为认定做出细化。

《反不正当竞争法》实施以来，一般条款（《反不正当竞争法》第二条）已成为人民法院认定新类型不正当竞争行为的主要法律依据之一，但裁判标准不统一的现象时有发生。为此，《解释》规定，经营者扰乱市场竞争秩序，损害其他经营者或者消费者合法权益，且属于违反《反不正当竞争法》第二章及专利法、商标法、著作权法等规定之外情形的，人民法院可以适用一般条款予以认定。

人民法院运用一般条款认定市场竞争行为正当与否，核心是判断经营者是否违反了商业道德。《解释》明确了反不正当竞争法中的商业道德不等同于日常道德标准，而是特定商业领域普遍遵循和认可的行为规范。同时规定，人民法院应当结合案件具体情况，综合考虑行业规则或者商业惯例、经营者的主观状态、交易相对人的选择意愿、对消费者权益、市场竞争秩序、社会公共利益的影响等因素，依法判断经营者是否违反商业道德。

特许经营中不正当竞争纠纷主要体现在加盟商违反特许经营合同的竞业限制约定，如在特许经营合同期间以及特许经营合同终止一段时间后违反特许经营合同的约定经营与特许商业务相同或相似的业务、以不正当手段招揽特许商的工作人员等。

特许经营合同内的竞业限制约定属于约定竞业禁止，其法律效力源于当事人之间的约定，体现了当事人的自治原则，只要彼此之间的约定未违反公序良俗或法律的强制性规定，原则上都应视为有效。违反特许经营合同竞业禁止义务的加盟商，可能承担违约责任或侵权责任。

四、因第三方原因导致的特许商与加盟商之间的纠纷

这里主要指加盟商在经营中与第三方发生纠纷，从而引起的加盟商与特许商之间，以及特许商与第三方之间的纠纷。其中，与特许总部或加盟店有产品配送关系的企业发生此类纠纷的较多。例如，某快餐加盟店因食品质量问题与消费者产生纠纷，在此过程中，一方面，加盟商认为特许总部配送的产品有问题，特许总部则认定加盟店存放或操作不规范，加盟商与特许商的纠纷就此产生；另一方面，由于加盟商使用的是特许商的商标或商号，消费者则可能忽略加盟商的独立法人地位，而从品牌的角度出发，把纠纷推向特许商，从而导致特许商和加盟商之间的内部责任及外部责任的划分与承担问题。

☑ 双创频道5-1　济南一加盟店中途倒闭，创业投资者起诉拿回补偿款

一位创业者投资餐饮加盟店，对方承诺创业失败就进行补偿，但加盟商经营不善倒闭，补偿却遥遥无期。最终，创业者获法院支持，拿回补偿款。

2020年4月5日，陶某与味正餐饮管理公司（以下简称"味正公司"）签订《合作协议》，约定陶某向味正公司支付创业咨询服务费4万元，味正公司在2020年5月1日至2021年5月1日期间，向陶某提供包括餐饮技术、餐饮管理、市场营销策划、开店选址评估咨询等服务，约定违约金10万元。同日，双方又签订《客户投资保障协议》，约定开业即日起6个月内如出现经营不善问题，向公司提出帮助申请后，公司对客户经营问题无法解决，公司原款退还客户咨询创业服务费，并补偿5万元人民币。

陶某开店3个月后，店面经营不善倒闭，于是将味正公司的股东甲、乙、丙、丁诉至法院，称多次向味正公司求助，但公司拖延无法解决问题，且公司在合同期内已注销，请求判令甲、乙支付违约金10万元；退还服务费4万元，补偿损失5万元；公司股东丙、丁对上述债务承担补充赔偿责任。

甲、乙辩称，公司为陶某开店提供了合同约定的服务，并未拖延，因疫情无法上门服务，且经营不善原因复杂多样，是陶某自己不想开店了。丙、丁辩称，2020年10月，两人将股权转让给甲、乙，股权转让前，丙、丁的股本金认缴期限至2040年12月31日；股权转让时，丙、丁的股本金尚未达到认缴期限，故丙、丁不应承担责任。

法院经审理认为，双方当事人应遵守依法成立的《合作协议》，味正公司于2021年3月25日注销，合同目的无法实现造成合同解除，味正公司构成违约，应承担相应

的违约责任。且在陶某经营不善时，味正公司及其员工未及时给予有效帮助，存在相互推诿，回复信息不及时的情况，违反《客户投资保障协议》的相关约定，亦构成违约。由于双方签订的《合作协议》与《客户投资保障协议》中，均约定了违约责任。法院以陶某的实际损失为基础，兼顾合同的履行情况、当事人的过错程度以及预期利益等综合因素，确定味正公司应承担的违约责任范围为退还陶某投资款4万元并补偿5万元。

最终，法院依法判决甲、乙向陶某返还服务费4万元并支付补偿款5万元。甲、乙不服一审判决，提起上诉，法院依法维持原判。

法官介绍，本案中，虽然加盟的公司注销了，但得益于合作合同对权利义务及违约责任约定明确，陶某拿到了赔偿，适当挽回了创业损失。但实践中，由于广大中小投资者法律意识薄弱，多数合作合同是格式合同，对权利义务、违约责任等重要内容约定不明，导致创业者维权难。

因此，创业者以加盟形式创业时，更应认真考察分析，一是做好市场分析研判，对拟投资加盟项目深入实地做好市场考察，对投入回报比进行预判；二要做好信息调查，通过企业工商信息、司法案件查询，对加盟的企业经营资质、能力、信用等进行全面了解；三是在订立合同时，要细致阅读条款，对于合同约定不明确、措辞含混的内容，及时提出修改意见，必要时签订补充协议明确权利义务及违约责任，为合同后续顺利履行提供保障。

资料来源　陈彤彤. 济南一加盟店中途倒闭，创业投资者起诉拿回补偿款［EB/OL］.［2022-10-14］. https://baijiahao.baidu.com/s? id=1746625319772979161&wfr=spider&for=pc.

单元三　解决特许经营纠纷的方法

特许经营纠纷发生的时候，特许商可以采取协商、调解、仲裁和诉讼的途径解决相关问题。

一、协商

协商是指在纠纷发生之后，双方当事人在平等、自愿、合法的基础上，直接进行磋商，达成协议，从而使纠纷得以解决的方式。

二、调解

调解是指双方当事人自愿通过第三人主持，在查清事实、分清责任的基础上，达成协议，从而使纠纷得以解决的方式。

关于调解处理纠纷的程序，法律法规无明文规定。一般由当事人提议调解，同时向调解人提出主张并提供证据材料，调解人进行调解，最终双方达成调解协议。

三、仲裁

仲裁是指纠纷当事人在自愿的基础上达成协议，将纠纷提交非司法机构的第三方审理，由第三方做出对争议各方均有约束力的裁决的一种解决纠纷的制度和方式。采用仲裁方式解决纠纷的前提条件是双方当事人必须有仲裁协议（仲裁协议包括合同中

微课5-11：解决特许经营纠纷的途径

订立的仲裁条款和其他以书面方式在纠纷发生前或者纠纷发生后达成的请求仲裁协议）。没有仲裁协议，一方申请仲裁的，仲裁委员会不予受理。按照《中华人民共和国仲裁法》的规定，纠纷属于仲裁事项的，就可以通过仲裁方式解决。

（一）仲裁的特点

第一，具有更大的选择性，仲裁当事人可以协议选择仲裁机构、选任仲裁员、选择审理的方式。

第二，仲裁解决争议的范围小。可仲裁的范围仅限于平等主体的公民、法人和其他组织之间发生的合同纠纷与其他财产权益纠纷，在实践中多数是法人之间的合同纠纷；仲裁的审理以不公开为原则。

第三，实行一裁终局制，即一旦做出裁决就发生法律效力。

（二）仲裁申请与受理

当事人申请仲裁的，应该向仲裁委员会提供仲裁协议、仲裁申请书副本。仲裁委员会自收到仲裁申请书之日起 5 日内，认为符合受理条件的，应当受理，并通知当事人；认为不符合受理条件的，应当书面通知当事人不予受理，并说明理由。

（三）组成仲裁庭

仲裁庭可以由三名仲裁员或一名仲裁员组成。由三名仲裁员组成的，设首席仲裁员。当事人约定由三名仲裁员组成仲裁庭的，应当各自选定或者各自委托仲裁委员会主任指定一名仲裁员，第三名仲裁员由当事人共同选定或者共同委托仲裁委员会主任指定。第三名仲裁员是首席仲裁员。当事人约定由一名仲裁员成立仲裁庭的，应当由当事人共同选定或者共同委托仲裁委员会主任指定仲裁员。

（四）开庭与裁决

仲裁应当开庭进行，但是当事人可以协议不开庭，由仲裁庭根据仲裁申请书和答辩书等书面材料做出裁决。

仲裁作为一种司法解决纠纷的替代方式，为相对低成本、高效率解决纠纷，化解社会矛盾发挥了重要的作用。为了让仲裁能够更多地发挥这种替代作用，法律明确规定了仲裁与民事诉讼的关系。一旦当事人双方协议选择了仲裁，就排除了司法管辖，当事人不得就该纠纷向人民法院诉讼。

知识链接5-3   **申请仲裁的注意事项**

当事人申请仲裁，首先需要符合一定的条件，根据《中华人民共和国仲裁法》第二十一条的规定，申请仲裁应符合下列条件：

（1）有仲裁协议，即在纠纷发生前或纠纷发生后，当事人应协商一致，达成同意，有将双方之间将要发生或已经发生的纠纷提交某一具体仲裁委员会仲裁的书面意思表示。

（2）有具体的仲裁请求和事实、理由，即当事人通过申请仲裁，是想解决什么问题，保护自己的什么权益。同时，仲裁请求应明确具体，如要求对方支付违约金，则应有具体的金额。值得注意的是，申请仲裁的内容要和仲裁协议中的仲裁事项一致。如当初双方在仲裁协议中约定只有付款方面的纠纷才可申请仲裁，而现在却因质量问题提请仲裁，这里的仲裁请求和仲裁事项就不一致了，需要达成补充协议，否则，仲裁委员会就不会受理或不予支持。另外，当事人提出仲裁申请必须以一定的事实和理由为依据，申请人（即提出仲裁请求的当事人）在申请书中应把纠纷发生的客观事实陈述清楚，并应有具体的证据予以支持。

（3）仲裁事项属于仲裁委员会的受理范围。仲裁委员会受理国内外平等主体的公民、法人和其他组织之间的经济合同纠纷和财产权益纠纷。劳动争议、行政争议等则不属于仲裁委员会的受理范围。

当事人向仲裁委员会申请仲裁应提交下列文书：

①仲裁协议。

②仲裁申请书。

③有关证据材料等。申请人申请仲裁，需要预交一定的仲裁费用，仲裁费用原则上由有过错的当事人承担。

资料来源　编者根据相关资料编写。

四、诉讼

诉讼是由人民法院依据法律对当事人之间的争议事实进行审理，通过司法程序，解决争议的活动。

（一）起诉和受理

起诉，应当在诉讼时效期间内向人民法院提出。一般民事案件的诉讼时效期间为3年；对身体受到伤害要求赔偿、出售质量不合格的商品未声明、延付或者拒付租金、寄存财物丢失或者损毁案件的诉讼时效期间为一年。

一般情况下，起诉应当向有管辖权的人民法院提出，递送书面形式的起诉状，并按被告人数提交副本。民事案件，一般由被告住所地人民法院管辖，侵权案件由侵权行为地或者被告住所地人民法院管辖，不动产案件由不动产所在地人民法院管辖，合同纠纷案件由被告住所地或者合同履行地人民法院管辖等。起诉状应写明争议当事人的姓名、性别、年龄、民族、籍贯、住址、职业、工作单位，法人单位名称、所在地和法定代表人的名称、职务；诉讼请求和提起诉讼的事实与理由；证据和证据来源以及证人名称和住址。

（二）审理和判决

受理后5日内，法庭会将起诉状副本送给被告。被告接到后于15日内提出答辩状。审判人员在了解事实、分清是非之后，可以进行调解，若调解成功，法院会出具具有法律效力的调解书；如未调解成功，或调解书送达后一方后悔，法庭要开庭审理，开庭后先进行法庭调查，然后展开法庭辩论，辩论结束后，再次调解；调解仍旧未达成协议时，应依法判决并做出判决书。

（三）执行

当事人对已经发生法律效力的调解书或判决书应当执行。一方不执行的，对方当事人有权向人民法院申请强制执行。

知识链接 5-4　　　　　**北京高院规范特许经营合同纠纷案件审理**

北京市高级人民法院制定下发《北京市高级人民法院关于审理商业特许经营合同纠纷案件适用法律若干问题的指导意见》（以下简称《意见》）。

该《意见》共25条，对特许经营资源的认定、特许经营合同效力的认定、特许商欺诈的认定、特许经营合同纠纷的法律责任等内容进行了规定。为在充分保护加盟商的利益的前提下平衡保护特许商的利益，《意见》规定加盟商在特许经营合同签订后的合理期限内可以单方解除特许经营合同，且特许商不得完全限制加盟商的单方解除权，但加盟商已经实际利用经营资源后不得再行使单方解除权。针对特许商违反诚实信用原则、恶意欺诈加盟商的现象较为普遍，而且鉴于特许商与加盟商实力相差悬殊，加盟商往往难以举证证明特许商的欺诈行为，《意见》特别规定，特许商在签订特许经营合同后隐瞒重大变更信息或者提供虚假信息、夸大经营资源，给加盟商从事特许经营业务造成实质影响的，加盟商可以请求撤销或者依法解除该特许经营合同。

此外，《意见》还对司法实践中争议较大的一些问题，如关于非企业的单位、个人作为特许商签订的特许经营合同的效力如何认定；如何认定直营店；特许商不具备拥有至少两个经营时间超过1年的直营店时，如何认定其签订的特许经营合同的效力等问题，都做出了明确规定。

据北京高院知识产权庭负责人介绍，特许经营是一种以知识产权为核心，以契约规定为依据的现代营销方式。特许经营这种经营模式因其适应了现代化生产和消费变化的客观要求，与我国丰富的劳动力资源和广阔的市场相结合，故产生了可观的经济效益，也使特许经营成为有效开办新企业以及创立驰名商标的重要法律途径。北京法院在审理特许经营合同纠纷案件的过程中发现，此类案件涉及的行业极为广泛，包括服装、鞋帽、箱包、化妆品、汽车等各种产品销售，以及餐饮、教育、健身、美容美发、超市等诸多服务行业。案件的原告多为散居全国各地的加盟商，其社会构成较为复杂，且多为下岗职工、低收入群体或无稳定职业者，经营风险的防范意识相对薄弱，在个案中与特许商的诉讼实力相差悬殊。因此，此类案件的审理不仅关系到特许经营行业的健康发展，还会对社会经济尤其是零售行业、服务业产生相当程度的影响。该《意见》的实施，将对统一特许经营合同案件的司法裁判标准和维护健康有序的市场竞争秩序起到积极的促进作用。

📘 知识掌握

1.主要概念

知识产权法　商标法　著作权　商业秘密　仲裁　诉讼

2.单项选择题

（1）（　　）是指调整知识产权的归属、行使、管理和保护过程中所发生的各种社会关系的法律规范的总称。

A.知识产权法　　　B.商标权法　　　　C.著作权法　　　　D.民法典

（2）（　　）旨在规范特许经营合作过程中的信息披露环节，维护特许商与加盟

随堂测 5-1

商双方的合法权益，为后续特许经营活动的顺利开展奠定基础。

A.《商业特许经营管理条例》　　　　　B.《商业特许经营信息披露管理办法》

C.《商业特许经营备案管理办法》　　　D.《商业特许经营道德规范》

（3）加盟商在特许经营合同提前解除或期满终止后，继续使用特许商的商标、商号的行为属于（　　）。

A.商标侵权　　　　B.不正当竞争　　　　C.著作侵权　　　　D.商业秘密侵权

（4）美心超市的加盟店老板卷款潜逃，其中包括供应商的200万元货款，一般情况下，美心超市特许商应该（　　）。

A.赔偿供应商所有损失

B.承担连带责任，赔偿部分损失

C.承担连带责任，只配合公安机关举证，不赔偿损失

D.不承担对供应商的赔偿责任

（5）某店未经特许商允许，擅自使用特许商样板店的图纸装修店铺，属于（　　）侵权。

A.著作　　　　　　B.商标　　　　　　C.商号　　　　　　D.专利

3.多项选择题

（1）目前，我国专项的特许经营管理规范包括（　　）。

A.《商业特许经营管理条例》　　　　　B.《商业特许经营信息披露管理办法》

C.《商业特许经营备案管理办法》　　　D.《商业特许经营道德规范》

（2）特许经营过程中常见的法律问题有（　　）。

A.特许经营合同纠纷　　　　　　　　　B.侵权纠纷

C.不正当竞争纠纷　　　　　　　　　　D.因第三方原因导致的纠纷

4.简答题

（1）我国特许经营涉及的法律法规主要有哪些？

（2）商标法与特许经营活动的关系是什么？

（3）特许经营合同区别于其他合同的基本特征有哪些？

（4）简述特许经营著作权的表现形式。

（5）商业秘密保护分为哪几个阶段？

（6）《商业特许经营管理条例》规定了哪几方面的制度措施？

（7）简述特许经营过程中常见的法律问题。

（8）解决特许经营纠纷的方法有哪些？

▧ 双创应用

1.项目背景

特许经营纠纷的处理

王某于2021年与上海某装饰装修特许经营企业签订特许经营合同，该特许经营合同规定："甲方（特许商）授权乙方（加盟者）在黑龙江省哈尔滨市独家经营××品牌的装饰装修业务。乙方在约定地区有权开设若干家装饰装修加盟店，但是，乙方无

权将特许经营权授权给他人使用，否则，甲方有权解除特许经营合同，并要求乙方承担违约责任。"该特许经营合同还规定："在本特许经营合同终止或被解除后，乙方应该在30天内停止使用××商标，不再以上海某装饰装修特许经营企业的名义对外从事经营活动，并在30天内撤除招牌和其他相关营业标志，向甲方返还相关资料或手册。"该特许经营合同还对乙方缴纳加盟金、特许权使用费等问题做出了明确规定。

但是，在特许经营合同签订后的几个月内，王某一直拒绝缴纳特许权使用费，且没有经过特许商的同意，擅自超出经营地域范围，在黑龙江省牡丹江市开设一家连锁店，而且由他人投资，由王某将特许经营权再次许可其使用。

2.双创任务

目标：根据上述资料说明特许经营合同订立的一般程序。明确特许经营双方维护自身的合理权益的方法以及特许经营纠纷的处理方式。

任务：将学生分组，4人为一组。根据上述背景资料，思考本案例围绕什么特许经营纠纷展开？特许经营双方如何维护自身的合理权益？分组讨论，制作PPT，进行汇报。

考核："特许经营纠纷的处理"双创应用考核评分表见表5-1。

表5-1　　　　　　**"特许经营纠纷的处理"双创应用考核评分表**

小组名称：

实训任务	考核要素	评价标准	分值（分）	得分
制作PPT，进行汇报	汇报结构	结构完整、规范，有条理	20	
	数据分析	文字与图表结合，分析深入，能发现问题	30	
	汇报内容	报告编排符合逻辑，层次分明，观点明确，论据充分	30	
	文字表达	语言表达流畅、通顺，言简意赅	20	
合计				

得分说明：各小组针对双创任务要求，进行汇报。得分90～100分为优秀；75～89分为良好；60～74分为合格；60分以下为不合格。

项目六
加盟创业评估

■ **学习目标**

通过本项目的学习，要求达到以下目标：

知识目标：了解加盟创业的优势；掌握特许商评估的内容；掌握加盟商评估的内容；掌握加盟市场环境评估的内容。

能力目标：通过学习了解如何成为一名合格的加盟商；通过学习加盟商的共性和差异化，为企业寻找合适的加盟商；通过学习进行自我评估；能够认识到并不是每一位创业者都适合加盟创业，找准适合自己创业的模式。

思政目标：确定"资源共享，创新赋能"作为本项目课程学习的思政教育主题，通过对案例导入、经营之道、知识拓展、双创频道等栏目内容的学思践悟，促使学生正确看待加盟创业，不盲目创业，以严谨的态度评估加盟创业项目，帮助大学生及广大特许经营创业者树立正确的价值观、创业观，积极倡导协同合作意识，利用特许经营使社会资源得到更合理的运用，实现资源共享，达到共同富裕。

案例导入

"21生活优选数字化营销平台"助力创业家复业经营

近年来,消费市场不断演变,消费者的需求也随之发生着变化。为更全面地提升对消费者的服务品质,21世纪不动产结合22年房地产经纪与特许加盟的行业经验,并针对地产业务的低频交易、与社区消费者高频互动的特性,不断探索与研究房地产经纪行业可持续发展的商业模式。

2022年年初,"21生活优选数字化营销平台"应运而生,其以助力加盟商持续盈利,与周期性抗风险能力为目标,将高、低频业务相结合,实现加盟商多元化业务经营,不断丰富门店根植社区的全面服务项目,提高其与客户间的互动频次和黏性,进而强势拉动加盟商地产低频业务目标的达成。

"21生活优选数字化营销平台"是21世纪不动产中国以C21体系为内核基础的"社群生态新零售"业务运营线,其秉持"匠心产品、全球优选,放心省心,品质生活"的服务宗旨,为消费者提供放心、省心的服务。"21生活优选数字化营销平台"通过全球优选中高频复购型服务项目或产品,以S2B2C的数字化中台赋能,与加盟商门店进行线上、线下相结合,从而发展私域社群的商业运营体系,助力加盟商发展复业经营。

资料来源　CCFA.2022CCFA中国特许经营最佳实践案例集［EB/OL］.［2022-12-12］. http：//www.ccfa.org.cn/por/article/downFiles.do? attaId=300286.

案例启示: 特许商和加盟商都要适应数字化营销的发展,结合行业与特许加盟模式的经验不断探索与研究企业可持续发展的商业模式。加盟商要具备市场前景分析能力和选择优质特许商的能力。优质的特许商利用其先进的数字化特许经营体系、丰富的资源优势带动广大加盟商共同创业。

单元一　认识加盟创业

一、加盟创业的优势

加盟创业是采用加盟的方式进行创业,常见的方式是加盟开店。加盟商可以借助特许总部的品牌、技术、营销、设备等优势,以较小的投资、较低的门槛实现创业梦想。

微课6-1:
认识加盟
创业

(一)降低市场风险

对于在创业初期缺乏市场经验的加盟商来说,面对激烈的市场竞争环境,其往往处于劣势。因此,加盟一家业绩良好且有实力的特许商,借助其品牌形象、管理模式等优势,获得多方面的支持,如业务培训、店面选址、资金融通、市场分析、产品宣传、技术转让等,可以大大降低加盟商的市场风险。美国中小企业管理部门的统计结果显示,特许加盟店在开业1年内关闭的比例仅为3%～5%。

（二）享受现有的商誉和品牌，减少广告费用

由于加盟商秉承了特许商的商誉，在开店初期就拥有良好的企业形象和较高的市场认知度。在市场宣传方面，由特许总部统一制订广告方案，广告的影响面较大，而广告费用则由各个加盟商分摊。因此，加盟商只需付出较低的成本，就能获得较好的广告效应。

（三）加盟商的货源有保障，成本也有所降低

加盟商既可以享受特许总部的低价采购成本，又可以享受由特许总部统一配送带来的优势。相对于独自创业，加盟商节省了寻找货源以及后续保障产品质量的时间和精力，可以将更多的时间和精力服务于消费者。

（四）提高加盟店的管理水平

特许总部为加盟商提供成熟的经营管理模式和经验，以及一系列的培训和指导，如店铺选址、开业筹备等，甚至有的特许总部还会给加盟商提供资金上的支持和帮助。相对于独自创业，加盟商大大提高了经营管理水平，从而提升了自身的市场竞争力。

二、加盟创业与其他投资创业形式的区别

通过加盟方式创业成功的前提并不仅仅是资金投资这么简单。加盟商不同于一般投资者或独自创业者，虽然这三种角色有共同之处，但是他们也有各自独有的特征。

（一）加盟特许经营不是单纯的投资

在投资股票、基金、房地产、古董字画时，最重要的是在合适的时候买入与卖出，从而获利，整个过程你只是一个投资者，不必去亲自经营管理。然而，加盟商在加盟特许经营项目时要想获利，最重要的是按照特许经营体系的统一模式经营管理，通过自己的努力经营好加盟店，这时你绝不可能是一个坐等收益的投资者，而是一个创业者，更是一个全身心投入的经营管理者，因为特许商是没有义务、也不可能承诺或担保加盟商一定可以成功创业。

（二）加盟特许经营不同于独自创业

有人认为，加盟特许经营就是创业，就是自己做老板。因此，有创业资金的投资者就适合做加盟商。这种观点是不对的。因为无论是加盟创业还是独自创业，都属于创业的一种途径。然而，加盟创业与独自创业相比，具有以下方面的不同：

1.独自创业在新的市场环境下需要有一定的创新意识和能力；而加盟创业首先需要学会遵守规则，即按照特许经营体系的统一模式经营管理。

2.独自创业者高度独立，对自己的企业拥有完全的所有权和经营权。而加盟商虽然拥有店铺的所有权，但是其经营使用的商标、专利、专有技术等经营资源只是特许商授权使用的，并无所有权；加盟店在经营管理上还必须接受特许商的指导和监督，即始终要与特许商这个"利益伙伴"合作。因此，加盟创业是一个"受惠于人，受制于人"的过程，不愿受制于人、不擅与人合作的创业者不适合加盟特许经营。

3.独自创业承受的风险比加盟创业高。虽然加盟创业受制于人，但是加盟商能使用特许商的品牌、专利、专有技术、经营模式等成熟的经营资源，还能获得特许总部

专业人士的长期指导、支持和培训，也不用自己去研究开发新产品或新服务。因此，加盟商的经营风险自然相对于独自创业者要低。

4.独自创业需要广博的知识、技能和经验，而加盟创业只需要注重与加盟店日常经营相关的专业知识和技能。因此，缺乏行业知识和经验的创业者更适合加盟创业。

5.独自创业比加盟创业更适合多人合伙。由于独自创业对知识、技能、经验、经营资源等要求相对较高，因此有志同道合的优势互补的合伙人共同创业是非常必要的。然而，加盟创业已有特许商这一利益伙伴来优势互补，多人合伙反而会增加其不必要的协调与内耗，牵扯精力，影响效率。除非合伙人能做到始终只有一人介入日常经营，其他人仅充当单纯投资人的角色。

单元二 加盟创业自我评估

创业者选择加盟创业之前，需要根据特许经营体系的特点，分析加盟商应具备的条件，并对照进行自我评估，有的放矢地进行加盟创业。

一、加盟创业的条件

（一）加盟动机

动机是由特定需要引起的，满足各种需要的特殊心理状态和意愿，通过激发和鼓励，使人们产生一种内在驱动力，使人们朝着所期望的目标前进。创业者要有强烈的创业成功的动机，来驱使其始终坚持不懈地努力开创自己的加盟事业。

（二）具备特许加盟知识

创业者盲目地以特许加盟的形式创业是不可取的，必须对特许加盟的形式和涉及的行业有相当深入的了解，这就要求创业者在加盟之前储备特许经营的基本知识，如特许经营的运作模式、行业现状及发展前景、特许商资格、国家特许经营相关政策等方面的知识，这有助于创业者寻找和把握创业机会，提升特许加盟创业成功的概率。

（三）充足的资金准备

创业者购买特许商的特许经营权是一种投资行为。因此，对自有资金进行合理的分配，将其中一部分资金用于投资，才是理性的。

通常，在准备加盟资金时应计算包括用于支付特许经营费用、运营费用等的资金。运营费用是指维持加盟店至少半年至1年的正常运营所需的全部资金，包括流动资金、员工薪资、房租、广告宣传费用等。

创业者只有量入为出地投入资金，才能使自己有足够的经济能力承担可能出现的风险或损失，才能使加盟店在开始有稳定的利润（不是收入）之前应对不可预知的各种风险。

（四）经营管理经验和能力

专业的知识和技能可以在特许总部的培训指导下进行学习，但是经营管理的经验却需要较长时间来积累。因此，创业者具备一定的经营管理的经验和能力，对独立承担加盟店的管理工作和日常运营会有很大的帮助。

微课6-2：加盟创业自我评估

（五）良好的健康状况

创业者需要有足够的精力和体力适应各种具体的、烦琐的工作，需要承担巨大的心理压力，可能会出现长时间工作、没有休息日的情况，因此良好的身体状况是创业的根本保障。

（六）家庭的支持

创业不是创业者个人的事情。很多特许商在选择加盟商时都希望创业者的家庭能够理解和支持其加盟行为，并且欢迎以家庭为单位的创业者。

> **经营之道6-1**　　　　　　　　　　**7-11的加盟条件**

7-11愿意将公司资源与社会资源结合，全力打造一个创造财富的平台。7-11的原则是坚持平等合作的伙伴关系，在其经营支援系统下广泛合作、不同分工、共同发展。7-11提供多元化的产品、各种类型的便利服务、优质高效的管理系统，与加盟商分享科学的经营理念和成功后的喜悦。

现在7-11面向社会推出D型（委托管理型）加盟店项目，D型加盟店项目是7-11提供现成店铺，将经营权委托给加盟商，加盟商全职管理店铺。加盟条件：一是需要2位店铺专职负责人（限夫妻）；二是店铺专职负责人年龄不超过45岁；三是需要1位连带保证人。

7-11D型加盟店加盟初始资金合计23.2万元，其中：加盟费10万元，培训费1.1万元，开店费2.1万元，保证金10万元。

资料来源　7-11.加盟类型及条件［EB/OL］.［2022-11-08］. http：//www.7-11cd.cn/Html/jia-meng/1618.shtml.

二、加盟商的素质要求

根据加盟创业的条件，可以看出加盟商不仅是加盟店的管理者，也是加盟店日常经营的执行者，这就要求加盟商要具备以下素质：

（一）高度信任特许商

特许商和加盟商之间是以特许经营合同为纽带的合作伙伴，是紧密的利益相关者，在特许经营过程中，为了提升整个特许经营体系的经营管理水平，提高加盟商的经济效益，特许商会经常开发新产品，提出新政策。因此，加盟商需要高度信任并支持特许商，共同推动加盟事业的发展。

（二）学习能力和执行能力

加盟商必须接受特许商持续的培训与指导，能够按照特许经营体系的规范经营，接受特许商的管理、监督、指导。因此，学习能力和执行能力是加盟商必不可少的能力。

（三）良好的人际交往能力

特许经营是建立在人与人之间关系上的商业运作，加盟商必须能与各种不同背景和文化的消费者打交道，并善于处理各种各样的人际关系，这对加盟店的日常经营很重要。

（四）日常管理能力

加盟创业是否成功，关键在于加盟商如何经营加盟店。加盟商不能把希望全部寄托在特许商身上，否则是十分危险的。

特许商在许多方面的确应持续给予加盟商支持，但支持不是保姆式的包办。特许商要面对众多的加盟商，因此提供的支持更多地体现在经营指导、技术支持、业务培训、产品研发、品牌宣传等方面。特许商不可能对每个加盟商都提供个性化的支持，更不可能解决或包办该由加盟商做好的日常经营管理工作。

如果加盟店经营失败，对特许商来说，只是损失了一个市场据点。但对加盟商来说，则可能损失了全部的投资资金。因此，加盟特许经营是需要特许商的持续支持，但决不能是任何事情都依赖特许商，加盟商要有一定的领导能力和管理能力，维持加盟店的日常经营活动。

☑ 双创频道6-1　　　　加盟商创业成功的关键点

1.加盟商要选择适合自己的特许经营品牌来做。

2.加盟商凡事要亲力亲为、全身心投入，要谨记"力不到不为财"。

3.选址是非常重要的一环，加盟商要认真挑选，千万不能因急于开店而随便选址。

4.加盟商应善用特许商的资源来配合业务上的发展。

5.加盟商需要具备独立处理人际关系的能力，尤其是在零售行业。

资料来源　编者根据相关资料编写。

单元三　加盟体系评估

一、特许商评估

任何加盟商选择特许加盟的形式创业都是以盈利为最终目标的。因此，在加盟特许经营项目之前，加盟商必须经过认真的筹备，其中之一就是对自己选择的特许经营体系进行评估。为了将风险降低到最低的限度，加盟商必须对特许商进行认真研究，研究的内容主要有以下几个方面：

微课6-3：
特许商评估

（一）特许商所在行业评估

特许经营发展到现在，其所涉及的行业领域是相当广泛的。那么，究竟该选择哪一个行业作为自己创业的领域呢？加盟商要做出理性的选择，必须对即将涉足的行业做出详细的评估。

1.行业前景的评估

任何一个行业的产品和服务都是具有周期性的，会经历导入期、成长期、成熟期、衰退期四个阶段。因此，加盟商应了解自己将要加盟的行业在市场中所处的时期，判断行业的发展前景。

2.行业适应性评估

任何一个行业都有人做得很出色、很成功，但不表示每一个人都能成功。加盟商应该衡量自身的能力和创业方向，通过行业适应性评估，判断特许商所在的行业与自身情况的吻合度，重点评估此行业是否能够为其提供发展的合适空间。特别是一些需要具备一定专业知识的行业，如维修服务业，加盟商在加盟前尤其要评估自身情况是否适合此行业，如果加盟商以前没有接受过这方面的专门培训，并且特许商的培训支持不完善，那么加盟商最好不要轻易涉足此行业。

知识链接6-1 **餐饮行业进入了一个以新产品服务和新技术为突破口的新运营模式时代**

在消费升级和全新的基础设施建设的推动下，餐饮店进入了一个以新服务客群需求为核心，以新产品服务和新技术为突破口的新运营模式时代。与传统运营模式下的餐饮门店不同，新运营模式下的餐饮店实现了门店数字化管理，并引入智能技术设备，有效降低了人力成本并提升了门店运营能力。

在新运营模式下，餐饮企业主要有以下几点创新：（1）基础设施建设创新：后疫情时代下，随着SaaS系统、移动支付、大数据以及AI的发展和普及，移动支付业务量增速回升顺势也涌现出消费领域新商机，加速餐饮商家的数字化升级改造之路，餐饮行业数字化转型的支付+SaaS服务将会带来国内支付的第三次变革，互联网渗透率的不断提升极大促进支付机构完成从工具向引流的蜕变，最终将会为餐饮企业带来基于聚合支付的周边流量红利；（2）运营模式创新：由于科技进步带来的新基础设施建设推动了消费模式新一轮的以消费者为核心的创新趋势；（3）产品服务和技术创新：餐饮企业产品服务设计推陈出新，品质不断提升，利用大数据AI优化营销手段和经营模式，开拓新型业务形态，打造"多层次、多元化"的产品体系，实现规模增长。

目前，餐饮企业在营销上也是不断创新，除了需要注重产品质量还需注重门店装饰以及企业文化形象。当下年轻消费者不仅注重性价比，还对产品及服务体验有品质上的要求，餐饮品牌的门店内部装修风格与氛围的营造对于客流吸引有直观作用，打造有内涵的企业品牌文化更加能够受到消费者的喜爱。同时，新兴餐饮店借助自媒体进行内容影响，形成爆款店铺概念，带来巨大引流。

餐饮行业新运营模式与传统运营模式相比较，主要在以下几个方面有了较大的提升：（1）文化属性增强：中式餐饮企业注重品牌形象塑造，注重装修风格，建立符合自身情况的健康企业文化，贯彻企业精神，打造优质合作团队，保障企业成长；（2）营销手段创新：企业实现线上线下营销手段结合，充分造势，促进渠道下沉，打破传统的企业运营模式，新时代餐饮企业逐步部署全网营销，打造全渠道KOL新媒体模式，对餐饮业的生产、经营、管理，尤其是营销活动带来革命性影响；（3）产品服务创新：新兴餐饮企业打造高品质特色单品，为消费者提供高质量服务体验，实现产品与服务的创新，通过产品服务创新促进消费升级，实现大众餐饮消费快速增长，服务对象和需求也因此变得更加多元；（4）运营手段提升：新兴餐饮企业陆续推出线上化、数据化餐饮运营模式，智慧机器人运营覆盖整个食品生产、加工和配送环节，提升餐厅运营效率，为自动化、高效化的餐饮行业发展带来深刻影响。

资料来源 选自《2022年中国连锁餐饮行业报告》。

（二）特许商竞争力状况评估

国际连锁企业管理协会的企业研究专家认为，加盟商选定了某一行业以后，要分析比较该行业所有特许商的竞争优势和劣势。加盟商需要分析的因素主要有以下三个方面：一是特许商的发展状况及所处的阶段；二是特许商的财务状况；三是特许商的市场竞争力。

另外，对于一些跨国或跨地区的特许商，加盟商要谨慎对待。加盟商需知该特许商或许在国外已声名远扬，但在国内可能还未被消费者认可。因此，加盟商一定要调查清楚该特许商在本国市场，尤其在本地市场是否具有同样的感召力，是否在本国市场上以试验经营的方式通过了市场的考验。

拓展阅读6-1：2022年中国连锁餐饮行业报告

（三）特许商管理水平评估

特许商的管理水平体现在：是否有明确的发展目标；是否有功能齐备的特许总部组织结构；加盟店的成功比率、区域范围、规模大小等情况，通过具体的数据，全面、客观地评估特许商的管理水平。

知识链接6-2　　　　**餐饮连锁特许商食品质量管理评估标准**

优秀的餐饮连锁特许商应该具备组织合理、职能清晰、科学高效的经营管理组织，以使各连锁加盟店能正常高效运转。对于餐饮特许商是否具备这一标准，具体可从以下方面评价：是否有健全的财务管理系统；是否具备完善的人力资源管理体系；是否具备新产品研发与创新能力；是否具备完善的物流配送系统；是否具备整体营运管理与督导体系；是否具备先进的、科学的、标准的、可复制的产品生产管理支持体系等。对于特许商的食品质量问题，加盟商在考察过程中，可结合《餐饮企业质量管理规范》（GB/T 33497—2017），按照以下标准予以判断：

1.是否具有独立的质量控制与管理部门。

2.是否有以下的质量管理文件系统：

（1）全面翔实的质量手册。

（2）详细的质量控制文件。

（3）标准化的质量控制程序。

（4）真实的质量记录文件。

（5）专职的质量内审人员。

（6）完善的食品安全管理体系等。

资料来源　编者根据相关资料编写。

（四）特许商加盟支持评估

加盟商加盟特许经营项目，最大的优势就是利用特许商的品牌资源，在特许商的支持下成功地经营加盟店，取得良好的经济效益。特许商支持的力度是加盟商评估的重点。

1.特许商应为加盟商提供全面的培训

制度完善的特许商会设立培训督导部门，对新的加盟商进行全面培训，包括如何做店铺运营计划、如何申请银行贷款、如何选择适当的店址、如何做预算、如何安排人力、如何进行商店的日常营业等。

2.特许商应为加盟商提供业务指导和协助

新的加盟商在经过培训之后，只是对加盟店的经营管理有了理论上的概念，而在对加盟店进行具体操作时，还需要特许商加以指导。

3.特许商应为加盟商提供开业后的各种后续服务

为了使加盟商保持稳定的经营状态，特许商需要不断向加盟商提供各种后续服务，以协助加盟商维护客源、保障营业额和利润。这些后续服务包括提供货源、市场调查测试、改进产品品种和质量、实地监控、现场解决技术问题、整体业务咨询、广告和公关促销等。

（五）特许商收费合理性评估

加盟商通过付费的方式使用特许商的商标权，并得到其全力支持。一个成功的特许商必须经过长时间的努力，才能树立起自己独特的形象，为广大消费者所接受，保障其体系内的加盟商健康、稳定地发展事业。特许商向加盟商收取一定的费用是合理的，但是加盟商要评估特许商的特许项目与所收取费用之间的性价比关系。

（六）合作条件及合同内容评估

特许经营合同是维系加盟商与特许商之间关系的纽带，是维护加盟双方权利和义务的法律保证。由于特许经营合同是由特许商制定的，一定会在最大限度上维护特许商的利益，因此加盟商要仔细研究，评估特许经营合同和合作条件，选择最适合的特许商共同创业。

二、商业环境评估

（一）商业微观环境

商业微观环境是指与企业紧密联系、直接影响企业营销能力和效率的各种力量和因素的总和。供应商—连锁店—消费者，组成了特许连锁商业的核心营销系统，分销系统在三者之间起着联系沟通的重要作用。此外，特许连锁商业的经营还要受到竞争对手的影响。因此，消费者、竞争对手、供应商、分销系统、社会公众、企业内部环境构成了特许连锁商业微观环境的主要内容。微观环境因素影响着加盟商引入特许经营的时机、店址、组织规模与结构、运营技巧、营销策略等。

1.消费者

消费者是企业产品或服务的购买者，即加盟商所面对的目标市场。加盟商只有对消费者进行分析，了解有关行业的市场规模、消费者需求的新动向，才能明确市场定位，制定符合实际需要的经营策略。

首先，要掌握该行业的市场规模。加盟商通过收集信息得到拟经营产品所在市场的增长情况，包括总量、速度、比率等数据，预测该行业市场的发展前景。

其次，分析消费者的特点。分析该市场上消费者的年龄比例、性别比例、职业构成、家庭规模、购买动机、购买次数等。

最后，分析消费者需求的新动向。比如，由于城市生活节奏加快，消费者产生了新需求：逐渐出现偏爱半成品、方便食品的消费倾向；不愿洗菜，喜欢购买净菜；喜欢在一个连锁店完成一次性购买；倾向于品牌购买，不愿花费时间挑选产品。了解了这些新的需求，可为加盟商调整产品结构、改善经营方式提供思路。

2. 竞争对手

一般来说，为某一消费群体服务的加盟店会有若干家，加盟商要想在市场竞争中获得成功，就必须比竞争对手更有效地满足消费者的需求和欲望。近年来，西方一些营销专家提出了以竞争对手为中心的新的营销观念。其理由是，各个加盟店都以消费者为中心，其形象趋于一致，难以获得较高的市场占有率，而只要躲避或打败竞争对手，其市场占有率就会大大提高。这种营销观念向加盟商强调了分析竞争对手的重要性。由于没有确定的市场定位和商圈，因此对竞争对手的分析范围应当更宽泛些。在加盟店所在的城市范围内，不仅要分析直接竞争店，还要分析间接竞争店。直接竞争店是指那些与本加盟店类型相同的加盟店；间接竞争店是指那些与本加盟店经营同样产品或替代产品但类型不同的加盟店。加盟商首先要了解竞争对手的数量与规模，分析竞争对手的优势和弱点，以及其在短期内或长期内的变动，然后考察该市场供求状况或商店饱和度情况。

3. 供应商

这里所说的供应商，不仅仅包括加盟店所经营产品的提供者，还包括加盟店经营所需的人力、设备、燃料、电力等其他生产要素的提供者。供应商供货的数量和质量水平，以及产品价格的高低将直接影响加盟店的利益，因此加盟店必须对供应商的供货能力、资金能力、信誉状况等进行分析，从中选择那些能提供优质产品、价格合理、及时送货的供应商。另外，由于加盟店自选售货的特点，对产品供应还有两个特殊要求：一是产品包装规范化、标准化、普及化，并保证包装外观能清晰、准确地反映产品质量和特色，便于消费者挑选和携带；二是对产品实行一定数量的编码，这样才能在进货、售货、收款、核算等方面进行科学的信息化管理。

4. 分销系统

通畅的分销系统是完成产品从生产厂商到消费者顺利转移的保证。分销系统具有对产品购进、运输、仓储、分拣、配送、初加工、包装等功能，对加盟店的经营至关重要。因此，加盟商必须慎重考虑特许商的分销系统状况。

（二）商业宏观环境

商业宏观环境是指影响企业生存与发展的各种社会大环境。宏观环境因素会影响连锁经营的建立、发展及未来走势。宏观环境包括人口环境、经济环境、科技环境、自然环境、政策法律环境、社会文化环境等。

1. 人口环境

人口是市场的主体。人口的数量直接影响特许经营市场的大小，而人口的地理分布、密度、年龄、出生率、职业分布、性别等特征，都会对市场需求格局产生深刻的影响，从而影响特许经营的发展。对特许经营有利的人口环境应该是人口数量较多、密度较大、居住地点集中的大城市。加盟店需要研究人口环境变化的新特点，顺应其变化趋势，找准加盟创业项目。例如，近年来，我国许多大城市人口趋于老龄化，随着人民生活质量、保健条件的改善，加盟商可以加盟经营保健用品、营养食品和老年用品。又如，家庭是产品购买及消费的基本单位，我国家庭结构趋于小型化，小型家用电器市场、小包装食品市场都将成为加盟商开创事业的有利市场。

2.经济环境

经济环境通常是指影响市场营销方式与规模的经济因素，如经济发展状况、消费者收入与支出结构、消费者储蓄与信贷等。

经过多年的经济改革，我国经济环境发生了很大的变化，人均国民收入水平迅速提高，在宏观意义上出现了市场结构的变动。购买力在总量和结构上的发展，主要有以下特点：收入水平总量大幅度提高，收入来源多样化；消费者收入具有明显的层次化倾向；消费者储蓄迅速增长，为消费者市场创造了潜在的购买力；消费信贷发展迅速；消费者支出模式和消费结构也有变化，用于教育、住宅、保健、娱乐的支出比例有所提高。加盟商若能对我国当前的经济环境进行科学的分析与研究，把握以上特点，对找准创业项目、成功创业会有很大的帮助。

3.科技环境

科技的发展状况、发展趋势，以及新技术、新工艺、新材料的应用与推广，都与特许经营密切相关。科技环境影响特许经营的产品。当代科技迅速发展，科学发明和新技术不断应用于新产品，其开发的周期被大大缩短，产品更新换代加速，也出现了电子信息、新型材料、生物工程、新能源等新兴行业及由它们创造出来的新产品。顺应科技潮流，调整产品结构，经营高新技术产品，及时更新产品，成为特许经营科学化管理的要求。加盟商要实现科学化管理，必须引入数字化经营方式，特许经营数字化的运用是对传统加盟模式不同环节的升级，使得传统特许经营的底层逻辑因数字化发生了重构，数字化减少了特许经营权交易过程中各主体的信息不透明、不对称现象，重构了传统加盟模式的底层逻辑，数字化降低甚至消除了加盟授权的门槛和交付实施的成本，大大提高了加盟的整体效率。

> **经营之道6-2**　　　　　　　**后疫情时代的变与不变（节选）**

2021年，在当下市场环境下，对品牌价值提升这一发展目标进行剖析后，福奈特提出"后疫情时代，福奈特的变与不变"天平图，并以此指导经营。根基不变，旨在当前复杂的市场环境中保持战略定力，紧握核心竞争力；经营管理之变，旨在以发展的视角与时俱进，谋求创新转型。

一、顾客价值提升

（一）聚焦顾客价值，数字化顾客洞察系统已现成效

自2018年开始，福奈特就开始建立数字化顾客洞察系统。近几年，一衣一码和一店一码调研系统已经成熟地应用在终端门店，让顾客直接参与到顾客价值创造中，顾客对全服务链路的评价时刻引导着门店的运营改善。2021年，顾客价值评价样本量又创历史新高，达到近80 000份；同时，顾客满意度得分有所提升，且顾客差评率下降2.5%。

顾客洞察系统于福奈特的价值，不仅限于运营改善，更体现在对行业发展的启发以及生活方式的引领。2021年，有价值的顾客建议数量达到近千条。比如，顾客对高端衣物的洗护要求越来越高，诉求也越来越多；对服务便利性、洗衣速度也都有了更高的要求。

（二）满足高端顾客需求，福奈特业务线升级和店铺形象创新业务线升级

1.特洗店&精洗业务

消费升级的进程因疫情受到一些阻碍，但不会因疫情的影响被阻止。近年来，高端消费人群的比重和消费力持续加大，于是有了高端业务线——FORNET TOP CLEAN特洗店在市场上的布局。截至目前，该业务线已在北京、上海、西安、昆明扎根、开花、结果，探索出了可行的盈利模式；同时，更有战略意义的是，其在特许加盟的路上迈出重要一步。除了特洗业务线的开辟，依托现有福奈特门店的布局，开展店内精洗业务，服务高端消费人群。精洗业务从设备设施、洗涤技术、技工等级、服务时长、化料应用、软硬包装等维度进行全面标准升级和洗护的全流程重塑。

2.店铺形象创新

传统洗衣店很难和时尚联系在一起，但在消费者主权时代，品牌形象不能一成不变。所以，为了适应新时代消费者的审美需求，2021年以来，福奈特以上海为试点，打造了以上海博汇广场、北外滩来福士、兴业太古汇等商业内门店为代表的多个形象创新门店，获得了新时代消费者的喜爱和认可，也引起了特许加盟客户的关注。

资料来源　CCFA.2022CCFA中国特许经营最佳实践案例集［EB/OL］.［2022-12-12］. http：//www.ccfa.org.cn/por/article/downFiles.do？attaId=300286.

4.自然环境

加盟商在选择营业场所、经营产品种类、安排促销策略时都要考虑到地理、季节变化等自然环境因素，要使经营的产品、提供的服务符合当地的自然环境。比如，广东省的美佳、天美等几家特许连锁店，常年经营各类饮料的数量都比北方的特许连锁店要多。现代社会公众的环保意识日益增强，人们倾向于消费无毒无害、可回收的绿色产品，绿色营销应运而生，因此加盟商应做积极的响应者，多经营绿色食品及绿色家电等产品，还应注意在日常经营中不污染环境，或赞助保护环境的公益活动，在公众心目中树立良好形象。

5.政策法律环境

加盟商要分析与特许经营有关的各种法律法规，以及有关的政府管理机构和社会团体的活动。从目前情况来看，政府已颁布了一系列的政策条例规范特许经营行为，还制定了相关的创业扶持政策，加盟商不仅需要分析政策环境，还需要研究和熟悉相关法律环境，既要保证自身严格依法管理和经营，又要善于用法律武器来保障自身权益。

知识链接6-3　　　　　　　　　　　汽车后市场行业特许经营服务规范

2018年6月11日，中国连锁经营协会发布了国内首个汽车后市场特许连锁团体标准——《汽车后市场行业特许经营服务规范》，该规范由特许连锁领域专家与汽车后市场优秀连锁企业代表共同起草，并汇集了各个行业的连锁经营发展经验。其包括特许经营规范性要求、特许体系建设、特许经营授权、店铺布局与商圈规划、门店运营管理及消费者满意度管理等方面的内容。

以此规范做依据，从驰加（上海）汽车用品贸易有限公司、博世汽车技术服务（北京）有限公司、杭州小拇指汽车维修科技股份有限公司、上海车享家汽车科技服务有限公司、广州华胜企业管理服务有限公司、杭州中策车空间汽车服务有限公司、四川精典汽车服务连锁股份有限公司7家连锁企业推选出首批达标的35家门店，组织金融保险、数字化建设等专业服务机构对达标门店进行赋能。

该协会希望能借此活动通过各方力量帮助汽车服务业门店的服务能力再上一个台阶，并在行业内起到示范与引领作用。

资料来源　编者根据中国连锁经营协会网站的信息整理。

6.社会文化环境

社会文化环境是指一个社会的民族特征、风俗习惯、价值观念和社会伦理道德观念等传统文化的总和。传统文化是经过千百年的历史积淀才得以形成的，它影响和制约着人们的思维方式和行为习惯。加盟商的经营活动处于一定的社会文化环境之中，消费需求的差异无不与传统文化有关。一般来说，连锁店跨国经营时，两国之间的社会文化环境差异较大，对社会文化环境的分析就显得尤其必要了。

双创频道6-2　　　　　　　　　　　加盟商自我适应性测试题

1.（　　）的投资方式你更感兴趣。

A.定期存款中有10%的固定利润

B.因经济环境，如利率及股市的变化，不低于5%或高于10%的利润

2.（　　）的工作对你较具有吸引力。

A.每周工作低于40小时，每年固定加薪6%

B.每周工作超过50个小时，第1年年底加薪10%～15%

3.你较喜欢（　　）的商业形态。

A.独资经营　　　　B.合伙经营　　　　C.合作组织

4.有三个待遇、福利等都不错的工作供你选择，你会接受（　　）。

A.大型企业，但是你的权限与职责都稍低

B.中型公司，稍有名气，你能拥有部分程度的权限与职责

C.小型公司，但是公司的重要命脉都掌握在你手中

5.当你拥有一家公司时，对于公司的各种营运，如内部行政管理、广告销售、薪资给付等，你希望（　　）。

A.将大部分的权力下放

B.将一部分的权力下放

C.将各个部门的营运事项均掌握在手中

6.当执行工作计划时，碰上了小的阻碍，你会（　　　）。

A.立即请求别人给予帮助

B.先经过思考之后，选定几种可能的解决方法，然后请示上司

C.自己努力寻求解决的办法，直到克服为止

7.多年来你的公司一直沿用一套销售制度，使公司每年维持10%的成长率，这套制度还算成功。但你发现若采用新的销售制度，则公司每年会有10%～15%的成长率，且新的销售制度对你和公司都有利，但新的销售制度需要投入若干资金，花费大量时间。你会（　　　）。

A.为避免风险，仍沿用原来的销售制度

B.私下采用新的销售制度，然后等着看结果

C.建议采用新的销售制度，同时展示已有的好结果

8.当你建议上司采用新方法，而他却说"不要自作主张"时，你会（　　　）。

A.放弃你的新方法

B.过一阵再向上司游说

C.直接跟公司总经理或董事长建议

D.直接使用自己的新方法

9.你是否参加过新公司的开发计划（　　　）。

A.未曾　　　　　　　B.偶尔　　　　　　　C.经常

10.为员工进行培训时，你打算（　　　）。

A.委托顾问人员，由专家设计课程内容，并亲自训练指导

B.根据自己的经验和意图，安排课程内容，并亲自训练指导

11.以下三种情况，（　　　）对你而言最有成就感。

A.是公司的最高薪者

B.在你的专业领域得到较高的荣誉

C.成为公司的总裁

12.（　　　）部门的工作，最能吸引你。（选两个）

A.营销　　　　　　　B.行政　　　　　　　C.财务

D.培训　　　　　　　E.管理　　　　　　　F.客服

G.征信及收款

13.担任业务工作时，你有对三种薪资与佣金的选择机会，你希望的薪资计算方式是（　　　）。

A.完全薪水制　　　　B.底薪加佣金制　　　　C.完全佣金制

14.在你正准备要出门度假时，却有机会接触到一位非常有希望成交的大客户，但必须牺牲你的假期。你会（　　　）。

A.请求这位客户再宽限一段时间

B.取消或延后假期

15.你小时候是否玩过较具危险性的游戏。（　　　）

A.否　　　　　　　　B.是

16.你喜欢的工作方式是（　　　）。

A.一次做一项工作，直到完成为止

B.一次同时做几项工作

17.你希望每周的工作时间是（　　　）。

A.35小时　　　　　　B.40小时　　　　　　C.45小时

D.50小时　　　　　　E.60小时以上

18.你现在每周的工作时间是（　　　）。

A.35小时　　　　　　B.40小时　　　　　　C.45小时

D.50小时　　　　　　E.60小时以上

19.你准备去打一个推销电话，现在的心境是（　　　）。

A.运气好的话，可能会成功

B.有可能完成这项交易

C.觉得非常有希望完成这项交易

20.当遭遇到工作上的危机时，你会（　　　）。

A.以平常心对待，一切尽在掌握之中

B.虽然已掌控了局面，但是仍有些焦躁

C.确实受到了相当程度的影响

计分方法：

1.A=2，B=6；2.A=3，B=10；3.A=7，B=5，C=3；4.A=1，B=2，C=3；5.A=1，B=3，C=5；6.A=1，B=5，C=3；7.A=1，B=4，C=5；8.A=1，B=5，C=8，D=10；9.A=1，B=5，C=10；10.A=1，B=3；11.A=2，B=5，C=8；12.A=10，B=1，C=3，D=3，E=2，F=5，G=8；13.A=1，B=5，C=10；14.A=1，B=5；15.A=1，B=8；16.A=3，B=6；17.A=1，B=3，C=5，D=8，E=10；18.A=1，B=3，C=5，D=8，E=10；19.A=1，B=3，C=7；20.A=5，B=2，C=7。

得分说明：如果你的得分为29~60分，适合成为上班族；如果你的得分为61~102分，适合以特许加盟的形式创业；如果你的得分为103~147分，适合白手起家，独自创业。

资料来源 肖建中.连锁加盟创业指南——投资选项创业致富实战宝典［M］.北京：中国经济出版社，2006.

知识掌握

1.主要概念

加盟创业　商业微观环境　商业宏观环境

2.单项选择题

（1）加盟创业比较适合（　　　）。

A.中小型创业者　　B.国内创业者　　　　C.大型创业者　　　　D.国外创业者

随堂测6-1

（2）加盟创业相对于独自创业来说，风险（　　　）。

A.较高　　　　　　　　B.较低　　　　　　　　C.相同　　　　　　　　D.以上都不对

（3）对于加盟创业者来说，（　　　）不属于加盟创业的优势。

A.降低市场风险

B.享受现有的商誉与品牌带来的市场红利

C.加盟商货源有保障

D.增加了加盟店管理的难度

（4）影响企业生存与发展的各种社会大环境，是（　　　）。

A.商业微观环境　　　B.商业宏观环境　　　C.科技环境　　　　　　D.政治环境

3.多项选择题

（1）社会文化环境是指一个社会的（　　　）等传统文化的总和。

A.民族特征　　　　　　　　　　　　B.风俗习惯

C.价值观念　　　　　　　　　　　　D.社会伦理道德观念

（2）特许商管理水平评估包括（　　　）。

A.特许总部组织结构　　　　　　　　B.加盟店的成功比率

C.加盟店拓展区域　　　　　　　　　D.加盟店数量

（3）以下属于商业微观环境的是（　　　）。

A.消费者　　　　　B.供应商　　　　　C.竞争对手　　　　　D.自然环境

（4）创业者在加盟创业时要具备的条件（　　　）。

A.特许加盟知识　　　　　　　　　　B.充足的资金

C.一定的管理经验和能力　　　　　　D.良好的健康状况

4.简答题

（1）加盟创业的优势有哪些？

（2）加盟创业与其他投资创业形式相比有什么区别？

（3）加盟商要具备哪些素质？

（4）特许商评估的内容有哪些？

（5）环境评估的内容有哪些？

（6）加盟商自我评估的内容有哪些？

◆ 双创应用

1.项目背景

中国某知名餐饮品牌A公司的特许加盟项目

（1）加盟条件

①申请人：热爱A公司事业，自愿加盟A公司特许经营体系，并接受清真经营特色；具有法人资格，具备一定经济实力；具有符合本公司要求的店面，富有企业家精神和良好的商业背景，整体素质较高信誉良好，资信可靠。

②加盟方自行办理营业所需的相关批文、证照。其中，特许加盟店开业前必须办理当地的《清真食品经营许可证》，否则将被视为验收不合格。

③严格按照合同及合同附件内容履行权利和义务，接受本公司提供的各项培训及管理。

④按照上报本公司的方案执行店面装修计划，并接受本公司的验收。

⑤按照清真餐饮经营规定确定店铺经营范围，并上报本公司备案。

⑥经营、服务符合本公司的标准及要求。

⑦严格履行原材料（包含牛羊肉、调料及辅料、火锅、机器及配件）主渠道的进货要求。

（2）加盟商选择

①外埠已注册成立的公司。

②加盟商自有经营场所，或已与经营场所出租方签订相关租赁合同/意向书。

③经营场所的经营面积按不同城市级别必须达到最低规定。具体相关规定，请详见本公司的门店装修建议书。

（3）特许加盟相关费用

特许加盟相关费用项目，见表6-1。

表6-1　　　　　　　　　　　　　特许加盟相关费用项目

类型	店面规模	加盟费	特许权使用费	保证金
省会城市	1 500m² 以上	30万元	20万元	10万元
地级城市	800m² 以上	20万元	15万元	10万元
县级城市	500m² 以上	15万元	10万元	10万元

①加盟费：合同签订之前，一次性交纳加盟费，签订合同后，无论合同以何种形式结束均不予返还。

②特许权使用费：自加盟店营业（双方确认："营业"是指在加盟店内向消费者提供本合同约定的菜品，"营业"与是否有偿、是否为"试营业"或"正式营业"没有任何关系）之次日起的第30日起算，需按合同签署日期每年支付。

③保证金：合同签订之前，一次性交纳保证金，合同履行期间如无违约，合同期满后予以返还。

④管理费：试营业之日起算，按每月营业收入总额的1%交纳。

（4）特许总部支持

双方签订合同后，加盟商可得到本公司提供的下列支持：

①A公司的特许经营管理手册，包括A公司的简介册、关于遵守穆斯林习俗规定的手册、服务营运管理手册、厨务营运管理手册、特许加盟店财务管理手册、产品配送手册、加盟店培训手册、加盟店装修装饰建议书等。

②A公司的饭庄牌匾、荣誉牌等。

③A公司的文化宣传品，包括宣传光盘、宣传季刊、宣传照片等。

④统一的装修设计支持，按照全国门店标准进行设计。

⑤统一的培训支持，包括对店长、厨师长、服务经理等岗位进行定期培训。另

外，开业前，加盟方必须参加特许总部对切肉、面点、收银、炒菜、冷荤、火锅岗位的岗前培训（此次培训免收培训费）。

⑥统一的配送支持，包括专用原材料、专用设备等。

⑦统一的宣传支持，包括定期在有关媒体上宣传"A公司"品牌的活动等。

⑧技术支持，包括派出相关技术人员进行开店前的扶持和现场培训等。

⑨开业指导支持，包括开业验收等。

⑩巡回督导支持，包括开业后不定期到加盟店检查与督导等。

2.双创任务

目标：阅读上述背景资料，巩固加盟评估知识，为下一步对特许商的选择奠定基础。

任务：将学生分组，4人为一组。以背景资料为着眼点，讨论思考以下问题：（1）作为创业者，加盟时要评估特许商的哪些方面？（2）如果你作为一名创业者，有意向加盟A公司，从加盟商的角度分析需要做哪些准备工作？说明理由并制作PPT，进行汇报。

考核：各小组针对双创任务要求，进行汇报。"中国某知名餐饮品牌A公司的特许加盟项目"双创应用考核评分表，见表6-2。

表6-2　　"中国某知名餐饮品牌A公司的特许加盟项目"双创应用考核评分表

小组名称：

实训任务	考核要素	评价标准	分值（分）	得分
制作PPT，进行汇报	汇报结构	结构完整、规范、有条理	20	
	数据分析	文字与图表结合、分析深入，能发现问题	30	
	汇报内容	报告编排符合逻辑，层次分明，观点明确，论据充分	30	
	文字表达	语言表达流畅、通顺、言简意赅	20	
合计				

得分说明：90～100分为优秀；75～89分为良好；60～74分为合格；60分以下为不合格。

项目七
加盟创业实施

■ 学习目标

通过本项目的学习，要求达到以下目标：

知识目标：熟悉加盟创业项目的选择途径；熟悉加盟创业项目的选择内容；掌握一般加盟创业的流程；了解购买国外特许加盟权的方式。

能力目标：在选择加盟创业项目时，能够独立判断特许经营体系的优劣；能够独立完成一项加盟创业项目；熟悉加盟创业的流程，能够解决加盟创业中出现的问题，做成功的加盟商。

思政目标：确定"协作精神、劳动价值"作为本项目课程学习的思政教育主题，为响应国家创新驱动战略以培养适应未来的创新型复合人才，让学生掌握应对未来社会发展的认知能力；帮助学生树立对"大众创业、万众创新"的时代价值认同，提高创造力自信，并最终成为一个具有社会责任意识和创业精神品质的敢闯会创的创新型学习者。

案例导入

"全家"加盟创业经验分享

员工加盟伙伴一：夫妻经营、外部创业、加盟多店、优秀加盟伙伴。

从2008年加盟第一家店铺开始，妻子、父亲、一个妹妹、两个弟弟、一个弟媳相继加入，全家总动员，齐心合力经营店铺，现已成功加盟三家店铺，获得了不错的业绩，并荣获"2012年'全家'优秀加盟店长"的称号。

员工加盟伙伴二：夫妻经营、内部加盟、加盟多店、80后。

2010年加入"全家"，成为一名正式员工，之后决定自己创业，便在2011年加盟第一家店铺。这期间，妻子、妹妹、妹夫相继加入"全家"。

员工加盟伙伴三：女性创业者、外部创业、加盟多店。

由于自己的先生有一份稳定的工作，她也想拥有一份属于自己的事业，便想到了创业，2012年加盟第一家"全家"店铺。这期间，她发挥自己的亲和力优势，善待员工似亲人，上下一心齐经营。

员工加盟伙伴四：异业转换、外部创业、加盟多店。

原先有过一段不成功的创业经历，内心仍有当老板的愿望，加盟"全家"后，他秉持踏踏实实的创业态度，店铺很快走上正轨，获得了不错的收入。然后，他大胆加盟多家店，取得了不错的业绩。

员工加盟伙伴五：夫妻经营、内部加盟、加盟多店。

原为"全家"店长，后决定创业，便与先生一起在2011年加盟第一家店铺。这期间，结合之前作为"全家"店长的店铺管理经验，夫妻同心，努力提升店铺各项指标，收入也逐渐提升。

员工加盟伙伴六：内部加盟、加盟多店、"80后"。

原为"全家"优秀店长，2006年由上海"全家"派往苏州富士康店。2009年，他决定创业，成为苏州第一位加盟商。这期间，加盟店经营有序，为日后的发展打下了良好的基础。他与妻子2011年完婚，婚后经营状况更佳，2012年双喜临门——既喜得儿子，又成功加盟第二家店铺，现已成为拥有三家店铺的优秀加盟商。

员工加盟伙伴七：夫妻经营、内部加盟、加盟多店、"80后"。

2003年从老家到广州读大学，这期间他与妻子相识。2009年，他进入"全家"工作，为了实现自己与妻子的梦想，在2010年成为广州第一位员工加盟商，经过不懈努力，收入大幅提升，现已成功加盟第二家店，并实现了梦想——在广州买房安家。

资料来源　全家官网. 经验分享 [EB/OL]. [2022-11-08]. http://www.familymart.com.cn/franchise/experienceShare.

案例启示：创业的方式有很多，其中加盟创业是一种能够让创业者快速掌握门店运营技巧和基本运营模式的方式。通过加盟，特许总部会给创业者提供各种支持，包括产品、营销、运营、人员管理等方面的支持。因此，加盟创业可以作为创业者一种重要的创业选择方式。

单元一　加盟创业项目选择

一、选择加盟创业项目的渠道

微课7-1：
加盟创业项
目选择

特许加盟是有风险的。对加盟商来说，投入的不仅仅是金钱，还有时间、精力、努力和心血。一些特许经营体系的风险相对来说较小，但其投入的特许加盟费和创业成本却相当高。新成立的特许经营体系由于未经验证，往往费用较低，但风险很大。

加入可靠的特许经营体系不仅可以避免靠主观臆测来经营企业，还可以避免犯大多数自主创业者创立企业时所犯的错误。加盟商加入一个成熟的特许经营体系，不仅可以在创业初期将风险降到最低，而且可以拥有一套协调的运营体系。特许加盟店的运营规范是成熟的，特许商已经对加盟店在创业和运营过程中所遇到的诸多难题进行过研究，新加盟商要做的就是听从指挥，执行特许经营体系的规范和操作方法，将创业风险降到最低。

在加入某个特许经营体系前，潜在加盟商应该对现有特许经营体系所蕴含的机会进行研究。而该项研究的首要前提就是收集各个特许经营体系的资料。

有很多途径可以收集特许经营体系的资料，如从特许加盟展会或者特许商企业网站上获取相关资料。按照加盟商获取加盟创业项目信息的全面性、准确性和针对性，可从以下四种渠道收集特许经营体系及加盟创业项目的资料：

（一）特许商企业网站

互联网已成为加盟商选择加盟项目的"必去"之处。许多特许商都有自己的企业网站，一些特许经营体系还链接到了国内、国际特许连锁协会的网站上。特许商企业网站一般设有特许加盟专栏或加盟创业专栏，主要介绍企业的历史、特色产品或服务、管理理念、加盟商的数量及地理分布、特许加盟理念、加盟商初始投资、特许总部的支持、预估的投资收益、在线咨询等信息。此外，加盟商还可以通过企业网站直接与特许总部的招商部门联系。现在越来越多的特许总部允许在线申请，这样潜在的加盟商就能更便捷地取得目标特许经营体系的相关资料。

（二）特许加盟展览会

特许加盟展览会一般都在全国主要城市举办，其中一些大城市至少每年举办一至两次。特许加盟展览会给加盟商提供了一次能同时与多家特许经营体系代表会面的机会。

（三）企业名录

有些公开的企业名录不仅列出了许多国内特许经营企业，还列出了很多跨国特许经营企业。一般来说，并不能保证企业名录上所记载的信息都是由特许经营企业提供的，加盟商在获得基本资料以后，可以通过后续的合同或其他渠道对这些信息进行核实，以确保在投资前准确地把握目标特许经营企业的全面信息。

（四）商业出版物

一些杂志和少数报纸会定期刊登有关特许加盟的信息，如专业建议、实例、真实的行业统计数据，甚至有的栏目还刊登有关特许经营的文章和广告。

除了上述途径以外，还可以通过到特许经营专卖店进行实地考察来获得更多特许经营企业的资讯。

二、加盟创业项目调研

在收集到特许商信息后，加盟商可以找出两家以上直营店，且已成功经营1年以上的若干特许经营总部作为加盟的对象，并做详细的加盟创业项目调研。加盟创业项目调研主要包括以下几个方面的内容：

（一）产品调研

加盟商必须确定特许商所销售的产品或服务是否有长期的市场需求。加盟商可以从有关行业协会获得所需信息。一些大学的相关院系也可为加盟商提供低成本甚至是免费的调研服务。互联网也是获取第三方信息的重要途径。产品调研的第一步就是分析产品或服务，包括产品或服务的质量、价值和需求等。要保证货源供应充足、产品知名度高，加盟商还应调查产品或服务的维护、升级等方面的要求。

如果市场需求只能持续1年或2年，则不能加入。如果产品不环保，将来可能被政府限制，也不能加入。加盟商不能只看眼前的利润率，一定要选择符合社会发展和消费大趋势的加盟创业项目。

（二）特许总部调研

在做完产品调查后，有意向的加盟商要去考察特许经营总部，与培训、运营、客户服务和仓储物流等部门的总监或经理会面。在正式会面之前，加盟商要对自己想要了解的问题进行全面梳理，以便会面时能提出问题并寻求到答案。

通常在见面会上，特许总部会披露一般商业实践活动及其义务。特许总部可能还要做一个特许销售陈述来解释特许经营体系的历史、组织和运营。见面会的内容主要有：特许经营体系的历史，特许总部的组织结构、营销工具、培训时间表、目标市场、提供的支持与服务，以及加盟创业项目的内容和其他相关信息。

对特许总部全方位的考察主要包括：

1.考察特许总部是否有固定的办公场所。办公场所的选择反映了特许总部的实力与经营状况。

2.观察组织建设。一定要看特许总部各个部门的建设是否齐全。如果一个部门行使了两个比较重要部门的职责，则说明特许总部组织结构不完整，不具备一个正规企业所要求的管理能力。

3.考察加盟管理能力。特许总部是否有专业的加盟管理人员，人数是多少，相关的培训、督导人员有多少？如果人数太少，则有可能在后续给加盟商的支持力度会不足。

4.观察企业文化。仔细观察办公场所是否井然有序，员工是否有聊天、无所事事的现象。企业文化构成了一个企业发展的核心动力，未来商场的竞争就是企业文化的竞争。

5. 考察财务状况。加盟商务必向特许总部了解其财务状况，以判断其是否有因资金周转不畅而靠招募加盟商来获取资金的做法。

6. 索要披露文件。加盟商应向特许商索要有关特许经营的披露文件。《商业特许经营管理条例》第20条规定：特许人应当依照国务院商务主管部门的规定，建立并实行完备的信息披露制度。第21条规定：特许人应当在订立特许经营合同之日前至少30日，以书面形式向被特许人提供本条例第22条规定的信息，并提供特许经营合同文本。第23条规定：特许人向被特许人提供的信息应当真实、准确、完整，不得隐瞒有关信息，或者提供虚假信息。特许人向被特许人提供的信息发生重大变更的，应当及时通知被特许人。特许人隐瞒有关信息或者提供虚假信息的，被特许人可以解除特许经营合同。

（三）样板店调研

有意向的加盟商对样板店的考察应从以下方面进行：

1. 在商圈内，样板店是否具备行业竞争优势？
2. 样板店是否有其特殊性？是否有一般加盟店无法具备的条件？
3. 周边社区对本店的关注程度如何？
4. 向店内的顾客了解他们对产品及服务的感受。
5. 观察店内员工的服务质量，分析其服务特色。
6. 观察产品或服务，记录并分析其市场发展空间和竞争能力。
7. 观察店内营运状况，考察实际营业额与特许商预估值的差距。
8. 尽可能与店内负责人或其他店员进行交谈，从侧面核实特许招募资料的真实性。

（四）直营店或其他加盟店调研

特许总部出于对自己利益的考虑有时会隐瞒一些不太好的信息，而已加入特许经营体系的加盟商可以提供最真实的信息。与已加入特许经营体系的加盟商交谈，了解加盟商开设单店之前、开店准备期间、开店之后特许总部兑现提供支持的情况，如基础培训、开店需要的真实费用、开业6～12个月的销售业绩、收回成本的时间等。

（五）加盟创业项目调研时的注意事项

在考察某个加盟创业项目时，若出现下列情况，加盟商应给予重视：

1. 与加盟创业项目价值不符的大额特许权初始费用。
2. 金字塔类型的方案（有时可能被称为多层次分销或网络行销方案）。
3. 特许商的特许权使用费收取太少，因而无法向加盟商提供支持与服务。
4. 合同与承诺不匹配，合同内容模糊不清、缺乏细节。
5. 产品或服务难以销售。
6. 产品或服务是以目前的时尚或流行为基础的，缺乏持久的生命力。
7. 一个特许经营顾问声称会提供独立、客观的建议，但事实上他会从特许权的销售中提取佣金，这里存在明显的利益冲突。
8. 快速致富的建议和宣传。

9.在费用安排方面，加盟商不管有没有足够的业务量都要支付一笔最低的定额现金给特许商。

10.有很多加盟商都对特许总部所提供的服务质量不满意。

> **经营之道7-1**　　　　　　　**团购增量助力加盟商获利**

一、案例创新的背景及实施过程

2020年，疫情防控进入常态化，消费者出行、购物方式发生改变，零售消费市场面临更多不确定性。而如何让线下零售经营者拥有更多定力、拥抱更多机会，良品铺子与加盟商共谋转型，通过调动加盟商背后的社会资源关系，整合社会B端客户的产品需求，以"全托管式"客户成交服务，开拓加盟商团购业务，由"C端零售"到"C+B一体化"，为加盟商搭建更多触达消费者的有效渠道，创造线下进店零售外的业务新增量。

培训学习：组织加盟商进行团购政策学习及团购技能培训，让加盟商充分理解如何通过团购带来收入增量。教授加盟商团购产品知识以及如何充分挖掘身边可以转化的客户资源优化团购产品结构；丰富团购产品结构，给客户更多选择。邀请明星代言年货礼盒，增加产品曝光量，为加盟商团购保驾护航。礼盒价位从138元到398元，满足不同客户的选择。

协助加盟商成交大型团购客户：团购经理帮助加盟商梳理身边的资源关系，发现加盟商身边有一些大型国企客户资源，主动协助加盟商对意向客户进行日常拜访。通过了解客户需求，协助礼盒配货，提供客户满意的个性化定制礼盒。成交武汉大型国企，单笔团购订单金额达200多万元。

拓宽销售渠道，发展海外市场：在充分了解加盟商资源关系后，发现部分加盟商有海外留学背景，积极鼓励加盟商利用语言优势及海外客户关系开拓海外市场，扩充销售资源池。

二、案例创新成果/价值

1.加盟商净收入增量600多万元，企业销售增量4 000余万元。

2.有效扩宽企业大客户资源，使用加盟商资源拓展外部团购大客户约200人。

3.帮助加盟商轻资产创业，盘活现金流。发展团购对加盟商来说0资金投入，无本万利，轻资产创业，实现收入翻倍。

资料来源　《2022中国特许经营最佳实践案例集》。

三、加盟创业项目评估

（一）特许经营体系的评估

项目评估一般是指投资项目评估，是在可行性研究的基础上，根据有关法律、法规、政策、方法和参数，由贷款银行或有关责任机构对拟投资建设项目的规划方案进行全面技术经济论证和再评估，其目的是判断项目方案的可行性或比较不同投资方案的优劣。

购买特许权并不意味着就购买到了成功。评估一项加盟创业项目，确保所投资的项目完全适合其所处的消费市场，往往是决定加盟商成败的关键。

1.加盟创业适应性评估

加盟商在决定创业时，应仔细评价自身是适合自主创业还是加盟创业。加盟商必须是一个能够做出决策的创业者，并且在开始从事加盟事业之前，必须做出两个重要的决定：一是是否开始从事一项特许加盟事业；二是应该选择哪个特许商。

2.特许经营业务种类评估

首先，加盟商必须详细了解特许商的整体状况和商业记录，这些信息能让加盟商非常清楚该特许商的财务状况。其次，加盟商应明确自己的个性是否适合这个加盟创业项目。如果加盟商对经营的产品或服务真正充满兴趣和热情，将会获得事半功倍的效果。

3.产品长期发展潜力评估

许多新产品会以迅雷不及掩耳之势占领市场，但很快又会进入衰退期。要想取得成功，加盟商应当销售一种生命周期较长而又独特的产品或服务。加盟商必须确定这种产品或服务是否适合自己所处的市场，必须根据可行性研究的结果和对预期市场的了解来确定市场需求，同时必须注意类似的产品或服务是否已经存在。如果在同一市场已经存在一家经营良好且拥有大量客户群的直接竞争店，这将会使加盟商在发展业务时困难重重。如果这种产品或服务在当地市场是一种新的产品或服务，加盟商应该先要让消费者熟悉自己的品牌。然而，推广一种鲜为人知的产品所花费的时间和金钱会成为加盟商沉重的负担。如果可能的话，加盟商应尽快与特许总部探讨自己所面临的问题，其可能会提出具体的解决方案或传授以往解决类似问题的经验，从而使加盟商从中受益。

4.特许经营体系推广评估

特许经营体系必须能够清楚地展示其产品，并能在市场中合理地运用产品的推广策略，而且在必要时会向加盟商提供协助。此外，一套成功的经营模式有助于加盟商轻而易举地在新的市场或地区扩展其业务。特许经营行业的展览会可以给加盟商提供接触不同行业的特许商的良好机会。现在，我国每年都举办全国特许加盟展览会或特许加盟大会，每次展会上都有国内外各行各业的特许经营企业向参观者展示其成功的经营体系。加盟商从展会上既可以了解国际著名品牌的加盟情况，又可以向业界精英们学习更多的特许经营知识。

（二）加盟商对产品和市场的评估

虽然大部分加盟店的成功率高于一般的独立商店，但是经营加盟店仅依靠特许总部所提供的企业形象和品牌是难以获得利润的。如果所选定的业态及所经营的产品不能满足消费者的需求，即使加盟商拥有一个著名商标的使用权，也无法获利。因此，在决定选择一家特许经营企业之前，加盟商一定要先决定自己要经营哪类产品，考虑开店的地点是否适合加盟店的服务性质。这实际上要求加盟商对产品和市场要有充分的了解。

加盟商在评估产品和市场时，应考虑以下问题：

1.销售的产品是否具有很高的品牌知名度？品牌知名度能维持多久？消费者对品牌的认可度如何？

2.对产品或消费者是否有足够的了解？产品的成本是多少？利润是多少？目前的消费者有多少？潜在的消费者有多少？

3.是否了解产品的市场价格？产品价格是否比其他品牌产品的价格更具有优势？有没有其他价格更便宜的次级产品或功能相近的替代产品？

4.产品是卖给一般的消费者，还是卖给特定的消费者？如果是卖给特定的消费者，在自己所处的商圈内有没有足够的消费群体？

5.产品对消费者有无危害？如果产品对消费者产生了危害，会导致加盟店歇业吗？有没有法律保障？

6.是否知道将有同类品牌介入同一商圈？是否会给即将进行的投资造成不良的影响？

7.国家或地方政府对所销售的产品有没有限制性规定？目前相关的法律法规是否正在修订中？

8.在所选择开店的商圈范围内有多少家竞争对手？他们的营业状况如何？产品市场是否已经饱和，有没有多余的空间来创造利润？

9.目前的产品市场会不会有所改变，未来的发展是否稳定，以及对产品的需求如何？

10.店铺地点是否适合产品销售？商圈内的治安如何？行人的流量是否有利于产品销售？店铺周围有无足够的停车空间？

11.店铺所在商圈的人口及住户数量是多少？产品是否符合当地消费者的需求？当地消费者的生活习惯和消费习惯如何？

12.所处商圈未来的发展情况如何？所处商圈是否会有大型投资项目进入？会不会影响店铺的营业以及如何应对？

四、选择加盟项目时考虑的因素

（一）特许总部

加盟特许经营项目之前，加盟商要考虑和研究很多问题。要考虑的一个重要问题就是选择合适的加盟创业项目。简单来说，就是选择合适的特许总部。尽管有人把特许经营看成创业者走向成功的一条"绿色通道"，但是这并不意味着这条通道是完全平坦的。加盟商不能以为加盟了特许经营，就可以高枕无忧了，因为风险依然存在。要想将风险降到最低程度，其中一个重要的举措就是选择合适的特许总部。

1.判断特许总部的标准

要判断最佳的潜在特许经营体系就要分析研究特许经营体系的4P，即产品（product）、盈利能力（profitability）、方法（process）、人（people）。

（1）产品

加盟商在选择特许总部时，要分析特许总部所经营的产品或服务，即研究产品质量、市场价值、市场需求、货源保障等情况。有时新成立的特许经营体系的知名度或认可度可能不高，但消费者对产品的认知度很高，对这种新成立的特许经营体系，加盟商可以考虑加入。加盟商还应了解产品的养护要求、维修和使用方法等。不懂技术的加盟商是无法经营好技术类产品的。

（2）盈利能力

加盟商应评估各个特许经营体系的盈利能力。有些特许总部提供盈利提成或利润提成报告。美国联邦贸易委员会规定，提成报告必须说明达到特许经营体系销售额（或收入）以及超过或没达到销售额（或收入）的加盟店所占的比例。通常加盟商从这些报告中可以看出潜在收入和运营资金的情况。此外，加盟商还能通过报告中的综合财务报表粗略估算出利润水平，由此推算出特许经营体系中各加盟商的平均利润水平。

（3）方法

加盟商在选定特许经营体系前有必要了解加盟店要采取的经营方式和商业模式，包括特许总部的财务、营销和管理制度，以及销售方式、服务方法、产品分销渠道、培训和支持、加盟店和直营店的数量等信息。

（4）人

加盟商选择特许经营体系时，最重要的就是要了解未来一起共事的同事。加盟商应拜访特许总部的相关人员，并与其探讨特许经营体系的流程。特许经营具有契约性，需要双方即特许商和加盟商相辅相成、紧密合作。特许经营中人的因素是特许经营体系实力的体现，也是最重要的资源。加盟商需要了解特许总部的相关人员，包括特许总部的管理人员、直营店店长、加盟店店长等。

2.选择特许总部的内容

（1）特许总部的背景和经验、企业负责人和主要股东的背景和经历。

（2）特许总部的发展历史。

（3）特许总部为特许经营做了哪些准备工作？

（4）特许总部具有哪些特许经营经验或知识？

（5）在开始出售特许权之前，特许总部进行了多少次试点经营？请特许总部提供有关试点经营的详细情况。

（6）在建立特许经营体系的过程中，特许总部投入了多少资金？

（7）如何使加盟商相信，特许总部已进行了正确的市场调查，获得了充分的信息？特许总部有处理和解决日常问题的经验吗？

（8）特许总部为什么决定开展特许经营，而不采取直营的方式发展此项业务？特许总部今后5年的预计增长率是多少？

（9）特许总部如何应付特许组织网络的成长，以及如何扩张网络和发展基础结构？请特许总部提供影响和策划特许组织网络的发展和扩大，并与加盟商打交道的高级管理人员的名单。

（10）能否证实高级管理人员中没有一人有如下经历：曾作为某一破产公司的主要负责人；曾参与了一个失败的特许经营计划；曾是一个加盟商但其经营未获成功。

（11）请特许总部提供以下详细情况：现有加盟店数量，及其店铺的名称和地址。1年前有多少家加盟店？在过去的2年内，有多少家加盟店被中止合同或主动中止合同？

（二）特许经营的产品或服务

1.加盟商对特许经营产品的选择

（1）产品是否新颖？同竞争对手的产品相比是否具有独特的优点？

（2）特许加盟项目是否成功地通过了市场的检验？该项目是否只是打着特许经营旗号而指定分销商或代理商？

（3）特许总部是否有持久的实力？产品的市场状况如何，是衰退中的市场还是增长中的市场？这个市场的增长是否只是一种流行的、短暂的趋势？

（4）产品的市场竞争性和价格竞争性如何？这些竞争性能否保持下去？

（5）产品的供应来源如何？能否保证产品的供应量？有多大程度的可靠性？是否有不同质量或价格的产品可供选择？

（6）产品是否建立在商标的基础上？产品是否根据专利发明而生产的？

（7）特许总部是否拥有组织良好的供应线？特许总部在服务设施方面是否有足够的支持？

（8）制造商或供货商是否能绕过此特许经营企业，建立他们自己的具有竞争性的特许经营体系？

（9）产品的商誉如何？供货商的商誉如何？

（10）假如一个特许商在国外很成功，那么他在本国市场是否有同样的感召力？他是否在本国市场以试验经营的方式通过了市场的检验？

2.加盟商对特许经营服务的选择

（1）特许总部所提供的服务是否是一种新的服务？

（2）特许加盟项目是否成功地通过了市场的检验？

（3）服务是否具有新颖的因素，使之与其他类似的竞争对手的服务完全不同？

（4）特许总部是否具有持久的实力？

（5）特许经营服务的市场状况如何？市场是在衰退期还是在成长期？这个市场的增长是否只是一种流行的、短暂的趋势？

（6）特许经营服务的市场竞争性和价格竞争性如何？这些竞争性能否保持下去？

（7）特许经营服务是否有与众不同的服务标记？

（8）特许经营服务是否建立在独特过程的基础上？

（9）特许经营服务的商誉如何？

（10）假如一个特许商在国外很成功，那么他在本国市场是否具有同样的感召力？他是否在本国市场以试验经营的方式通过了市场的检验？

（三）特许总部业务计划

（1）特许总部的业务是如何组织的？

（2）特许总部将如何帮助加盟商加入此项业务？

（3）加盟商有哪些应考虑的操作因素？

（4）加盟商加入特许经营体系的详细步骤？

（5）特许总部有哪些经营中的服务项目？

（四）加盟类型

在大多数情况下，特许商向加盟商提供一系列服务及指导，帮助加盟商选择营业场所、部署开张前的一切准备事项，即新店加盟。也有一些特许商将开张前的所有准备工作一手包揽下来。他们选择好地点进行装修、陈列等工作，等一切就绪后才将加盟店交给加盟商，并收取所有的费用，即熟店转让。在这种情况下，加盟商可在商店筹备期间接受培训，而不必参与任何筹建和安置工作，特许商会在筹建期间与加盟商保持密切联系，及时通报筹建工作的进程，征求加盟商的意见，而加盟商则要承担筹建工作的费用。熟店转让对于加盟商来说，创业成功的可能性更大，缺点是加盟商需要支付更高的费用。

不管采用哪种加盟类型，加盟商都应该向特许商了解以下信息：

1.在该特许组织体系下建立一个单店的总费用是多少？这些费用包括哪些项目？除了这些费用还有哪些其他费用？

2.加盟商是否需要支付定金，具体是什么项目的定金？假如加盟商不能履行合同，是否将失去定金？

3.首期的特许权使用费是多少？需要多少流动资金？计算的标准是什么？

4.特许总部帮助选址，还是加盟商自己选址？从筹建到实际开张需要多长时间？

5.特许总部提供什么样的初始服务？例如，培训的地点、设施和时间、期限和内容等。由谁支付培训费、培训人员的路费和住宿费？特许总部是否为加盟商的员工提供培训？如果特许总部不提供此项培训，那么由谁来培训他们；如果由加盟商来培训员工，那么加盟商从特许总部那里会得到什么帮助？

6.加盟商可预期的毛利水平是多少，列出详细的预期费用。为了达到收支平衡，加盟商需要获得多少总收入，以及需要多长时间才能达到这个水平？

7.加盟商能否查阅特许加盟项目的实际账目表？该表是否可靠？加盟商可以在财务方面得到什么样的特别安排？有何回报条件？利率是多少？

8.特许加盟项目是季节性的吗？假如一个特许加盟项目是季节性的，同时该特许总部又是新成立的，那么就应该特别注意该项目的试点经营在时间上是否充分，有没有把季节的因素考虑进去？

9.特许商能够提供什么样的开业帮助？特许商能否提供加盟店的开业仪式？如果可以提供，那么开业仪式是由哪些部分组成的？

10.特许商出售给加盟商的产品是否是加价的？如果是加价的产品，加价了多少？怎样保证价格公平合理？特许商是否从向加盟商提供产品或材料的供货商那里收取了佣金？特许商是否从与加盟商的交易中获取了其他收入或佣金？加盟商是否必须支付最低限额的后续特许权使用费，或购买最低限额的产品？特许商如何计算这些最低限额？

11.特许商提供什么样的广告和促销支持？加盟商是否必须资助广告费用和促销费用？具体费用是多少？特许商能否提供一份证明材料，证明收到的广告费用和促销费用没有挪作他用？特许商提供什么样的 POS 系统和促销材料，需支付多少费用？在本地的广告和促销活动方面，加盟商将得到什么帮助？应付多少费用？

12.加盟店开张以后，特许总部将提供下列服务项目中的哪几项：调研与开发、市场测试、实地帮助、执行监控、整体业务咨询、广告、营销、促销，以及为加盟商的利益进行批量购买谈判。

13.特许总部是否还提供其他后续服务？请详细介绍。在加盟店开业以后，特许总部是否安排人员现场指导？

14.特许总部将采用什么方法和程序来帮助加盟商开拓业务？特许商与加盟商、加盟商与加盟商之间保持联系的机制是什么？

15.加盟商在经营中遇到不能解决的问题时会发生什么情况？能得到什么样的帮助？加盟商如何才能确认特许总部将会履行承诺？

☑ 双创频道7-1　　　　　　　　"星空圆梦"员工创业计划

一、案例创新的背景及实施过程

2021年6月，伴随着绝味第一期星空训练营收获阶段的圆满落幕，绝味终端门店的7 651名员工获评星级，各市场也涌现出一大批怀抱梦想、能力突出、敢闯敢拼的优秀星级店长。为鼓励一线员工勇敢追梦、破浪前行，根据公司为员工设计的三条发展通道，星空训练营项目组启动了"星空圆梦"计划，赠送10家门店给10名优秀店长，让他们自己做老板，在绝味平台上实现华丽转型，提升自身价值，与公司长久共同发展。

计划实施方案得到了加盟商的大力支持以及广大一线员工的热情拥护。前期宣导沟通后，17位加盟商提供17家门店备选，85位店长踊跃报名。经过对门店的数据核实、现场勘查，完成了对门店的全面评估以及价格核定；经过分子公司对店长的初试，24位优秀店长进入总部复试，最终10位佼佼者通过复试脱颖而出，成为首批圆梦店长，获得一家绝味红门店。

在2021年9月17日星空训练营第二期的归心阶段训练现场，公司举行了隆重的"圆梦赠店仪式"，意味着优秀的店长梦圆花开，绝味大家庭又有10名优秀加盟商绽放光彩。

二、案例创新成果/价值

"星空圆梦"计划的10家门店分别位于北京、山东、辽宁、黑龙江、河南、湖北、江西、广西、云南等市场，公司将门店从原加盟商处进行回购，并于2021年11月1日交付店长。在店长亲自带店、积极有效、创新突破的管理下，10家店在11月和12月的销售淡季有了环比平均14%的提升（除去了开业活动期间的销售），在2022年虽受疫情困扰，仍然稳步增长，2022年4月平均提升26%，前3名门店的提升率达到了125%、60%、48%。

这样的销售成绩为优秀的店长带来了丰厚的回报，10位店长的事迹和管理经验也通过公司的绝味说平台、星空训练营的线上线下培训进行了传播，为市场的2万多名终端店员树立了榜样，让他们看到发展的希望，有冲劲，有奔头。伴随着绝味终端员工自己的组织——星委会的建立，10位店长又承担起了"圆梦大使"的角色，担任了市场分委会的主委、执委等核心职位，紧密配合公司，架起了公司与店员之间的共赢桥梁。

资料来源 中国特许加盟展."星空圆梦"员工创业计划〔EB/OL〕.〔2022-11-21〕. http: // www.chinafranchiseexpo.com/notice/16462.html.

单元二 加盟创业流程

一、一般加盟创业流程

微课7-2: 加盟创业 流程

在充分评估市场、特许商和自身条件的基础上，创业者选定合适的特许商，签订特许经营合同后成为某特许商的加盟商。在加盟双方选定合作伙伴后，接下来的工作就进入实质性的加盟操作阶段。一般情况下，加盟商从申请加盟到正式开店需要经过以下几个步骤：

（一）递交加盟申请

加盟商在确定特许总部后，可以直接向特许总部递交一份书面的加盟申请。有些专用的申请书必须到总部领取，详细清楚地填写有关栏目，并按特许总部的规定交纳一定的申请费。

（二）特许总部调查分析

特许总部收到加盟申请者提交的申请后，即着手对申请者的个人和开店地点进行调查。首先，与加盟商面谈，了解其素质、能力、性格等，同时介绍特许总部的经营宗旨和经营内容。其次，派专人实地考察，一方面对商圈内消费者的需求等市场状况进行调查，另一方面调查加盟店的建筑面积、租金等，为核定营业指标做准备。

（三）签订特许经营合同

特许总部在对申请者各个方面进行调查认为其符合要求后，向其展示特许经营合同，如果申请者看过后没有异议，双方就可以签订合同了。特许经营合同是由特许总部提供的，申请者一般不能随意增减合同的内容。如果合同中有不清楚的地方，申请者应立即指出，必要时可以咨询法律专家，若贸然签约，日后可能会出现麻烦。

（四）交纳费用

特许经营合同签订之前或依据特许总部与加盟商约定的时间，加盟商要交纳一定数目的加盟费、附加费、保证金等。收费标准因特许总部不同而不同，加盟商在签约之前应详细了解所交纳费用的总金额、分项金额、用途、支付方式、支付时间等信息。

（五）店铺装修

一般来说，加盟店的设计和装修由特许总部来负责。特许总部的建筑设计部门会详细分析消费者的购买行为及加盟店的经营方案，以制订出合理的店铺装修方案，然后由建筑工程公司负责施工，特许总部负责与其签订承包建筑合同。加盟店的装修费用由加盟商承担，有些特许总部可能会提供部分融资渠道。

（六）教育培训

在店铺装修的同时，加盟商到特许总部开设的培训中心或样板店接受培训或实习。培训内容包括开业所必需的准备事项、计算机系统的操作管理、店铺经营技巧，以及在人事、财务、销售管理方面的具体方法等。

（七）开店准备

店铺装修及教育培训工作结束后，即进入开店前的最后准备工作，内容包括购置或从特许总部租借统一规格的货柜、货架、收款机、计算机设备等；产品进货后，按特许总部的要求进行陈列；招聘店员进行岗前培训；特许总部负责广告宣传及促销活动。

（八）正式开店

上面所列的所有工作完成后，加盟店就可以正式开店运营了。

二、购买国外特许加盟权

目前，跨国特许经营组织越来越多，很多国内创业者都将视线投向国际特许品牌，购买国外特许加盟权通常有以下三种方式：

第一，通过特许经营体系在国内开设的其他加盟店了解国外特许经营组织的基本情况，判断此加盟创业项目是否适合自己投资。

第二，了解国外特许经营组织有无在本地建立加盟店的意向，收集国外特许经营组织的公开材料，以便进行咨询和洽谈。一般来说，国外特许经营组织在本地建立加盟店会事先成立区域特许总部，所以加盟商只要与区域特许总部联系洽谈即可。达成合作意向后便可购买国外特许经营组织的特许加盟权，按其要求建立加盟店。

第三，可从代理国外特许经营组织的特许代理人处购买特许加盟权。虽然购买的是国外的特许加盟权，但是操作方式类似于购买国内特许经营权的操作。

需要注意的是，无论加盟商用哪种方式购买国外特许加盟权，成功的关键取决于所购买的特许加盟权是否是一项有潜力的、适合中国市场的经营业务，而且要通过科学的评估程序及方法对此加盟创业项目进行评估，才能做出正确的选择。

三、加盟创业过程中的注意事项

（一）加盟前要注意的问题

1.仔细阅读特许经营相关文件

对加盟商来说，投资特许经营项目是一件十分重要的事情。一些没有创业经验的加盟商往往过于乐观地评价经营前景，对投资经营的困难估计不足。因此，会出现签约后觉得决策过于草率、后悔莫及的情况。在特许加盟时，加盟商应对特许经营合同和所有的附属文件详细查看，对合同的权利义务、收益、费用等部分要充分理解。了解合同内容后才能和特许总部保持良好关系，才能在事前辨别特许商的优劣。

2.了解主要特许内容和费用

（1）合同签订时的准备金

①加盟金。加盟金通常是指允许营业的支付金。特许总部所开发的软件、硬件设备、商标、服务记号、目录都会记载在合同、营运规程、手册中，加盟商应依照所示的规则去使用。根据特许总部的不同，有时加盟金中已包含区域设定费、开业前的培训费、开业时总部指导人员的派遣费、实地调查费等。

②保证金。保证金是特许商为了保证特许经营合同的顺利执行而要求加盟商向特许总部交纳的预付金。

③建筑设计费。基于特许总部而规划的店铺，部分特许总部会以某种名义来征收

建筑设计费，但该项费用多包含在加盟金中。

④设备、物品供给费。此项费用通常采取直接买断或租借的方式。

⑤初期产品货款（原料、促销工具等）。此项货款的交付方式一般可分为提前结清和事后结清两种。

⑥开业时的辅导费。开业时的辅导一般可分为开业前培训和开店时派遣总部督导两种方式。因为辅导的内容、期限有所不同，费用也会有所差异，所以一定要仔细确认内容，大多数情况是包括在加盟金内，但也有另外征收的情况。

⑦其他开业援助。不同特许总部针对具体情况而有所区别，所提供的开业援助各不相同，有的特许总部甚至保证可向银行贷款。

（2）合同期间的持续支付金

①特许权使用费。此费用由特许总部决定。有的以销售额或利润的百分比为基准，有的以固定金额的方式交纳，特许权使用费的金额取决于特许总部提供给加盟店支持的项目。

②广告宣传费。因特许总部的不同，广告宣传费的征收方式也有差异。广告宣传的方式大致可分为媒体广告和促销活动两种，也有两种方式同时使用的情况。

③产品供给货款。产品供给包括对原料、促销工具的供给，要留意产品供给的频率、期限、内容、独创性等方面的要求，并判断是否适用。

④持续的教育培训费。一般来说，持续的教育培训费包括定期指导和特许手册的更新费用等。

⑤其他费用。例如，店内装潢、设备机器的维修、会计代理、清洁、盘点等费用，有些特许总部会另外收取这些费用。

（二）特许商和加盟商之间存在的问题

1.特许商的问题

由于特许经营关系的基本特征是以特许总部为主导的一种连锁关系，因此一旦特许商与加盟商之间出现问题，往往是特许总部自身出现了问题，其中多发的问题有以下几个方面：

（1）特许总部职能问题。这一问题通常是指特许总部的经营能力差，职能欠缺，无力履行其职能。

（2）产品开发能力较差。加盟体系的发展在相当程度上依赖产品或服务技术的开发与革新。这项工作是由特许总部承担的，加盟商不可能承担。同时，及时推出新的产品和服务项目也是特许经营体系巩固市场地位、争取进一步发展的关键因素之一。

（3）急于扩充加盟店。由于同行业之间竞争激烈、好的地理位置争夺激烈、人才供不应求等原因，许多特许总部有不顾现实条件急于扩充加盟店的倾向。这种倾向常带来特许总部其他职能的弱化，如出现对加盟店的支持、培训力度减弱的现象。

上述几个方面是特许商方面常见的问题。这些问题的存在，容易导致特许经营总部和加盟商在协调方面出现问题。

2.特许商和加盟商之间关系方面的问题

一般来讲，特许总部与加盟商之间关系方面的问题可概括为以下几个方面：

（1）特许总部的经营方针与加盟商对制度的期待不一致。

（2）加盟契约不明确，特许总部有单方面的优势。

（3）特许总部与加盟店之间缺乏沟通和理解。

（4）特许总部没有提供必要的资料信息，缺乏专门处理纠纷的制度。

（5）出现违反有关法律法规的现象。

3.解决特许商和加盟商之间问题的措施

针对特许加盟发展中出现的问题，主要的解决措施有：

（1）充实特许总部的职能。加盟特许经营事业是一种特许总部主导型的经营活动，只有特许总部各项职能充实、经营管理制度健全、有较高的信誉和雄厚的实力，才能带动整个特许经营体系发展，缓解加盟商的不满情绪，增进信任感，带来事业的真正发展。对不切实际的过度扩张行为应该适当控制。

（2）建立为加盟商服务的咨询系统。加盟商在加盟前未能充分了解特许经营体系的实际情况，是导致问题出现的一个重要原因。因此，有必要建立为加盟商服务的咨询系统，使加盟商在加盟之前对特许加盟体系有一个详细充分的了解，进而做出正确的决策。

（3）强化特许总部与加盟店之间的沟通。作为特许商，必须要清楚一点：特许总部与每一个加盟店的关系，不是上下级的关系，也不是附属关系，而是合伙关系，这种关系是以互惠互利为基础的。既然双方是同舟共济的合伙关系，特许总部要想获得成功，仅仅依靠自己的力量是不够的，还必须把每一个加盟店的成败视为己任，尽力给予支持，帮助加盟店解决困难，以达到共同发展的目的。

（三）个人参与特许加盟的要点

1.事前检查

当创业者打算加盟时，首先要收集特许商的招募信息。现在互联网、行业报纸、各种专业杂志等上面的特许加盟广告非常多，所以想获得加盟资料并不难。但是，创业者应注意以下事项：

（1）漂亮、夸张的广告有嫌疑

知名特许经营企业的招募广告大多是少虚饰的简洁广告，具有年龄限制等其他严格的条件，可以反映本身的特质，且信赖度高；相反，对于漂亮、诚信度低、期限或地域限制松的广告，就要特别注意。

（2）不要被招募媒体的商标所迷惑

一般来说，在值得信赖的媒体上看到的特许加盟招募广告仍然可能出现虚假信息，因为有些媒体的广告原则是"我只提供媒体，不对广告内容负责任"。因此，相关媒体难免有时会放宽对特许广告的审查标准。

（3）重视与自身的相通性、相合性

不管多么有名的特许经营企业，只要是不符合创业者的个性和条件，必定会影响后续的合作。

（4）访问既有的加盟店铺

创业者有必要拜访若干家已经营业的加盟店，了解店铺的实际经营情况。

2.合同缔结时的检查重点

对于特许经营合同能够逐条且详细说明的特许总部，是值得信赖的特许总部。优质的特许总部一定会配有专门人员帮助创业者解答合同条款。对特许经营合同的内容说明含糊其辞的特许总部，应提高警惕。

3.人、财、物的重点

（1）取得家人的理解和协助

加盟创业开始之时，最初的难关就是能否得到家人，尤其是配偶的充分理解与协助。有些加盟店的加盟条件之一就是要求在签约时有配偶陪同，共同签约。对于加盟店内的工作人员，特许总部是不予以支援的，一般要加盟商全权负责。

（2）业态选择

广义地说，业态选择就是物的选择范围。出售什么产品就是对产品和业态的选择。

（3）资金计划要充裕

创业者若要加盟创业，则要准备充足的资金。向银行贷款，风险较大，但是募集资金的速度较快；自行筹资，风险较小，但是募集资金的时间较长，容易错过机会。

单元三　加盟创业实例

微课7-3：
加盟创业
实施

现在有一位创业者黄某想从事便利店的特许加盟项目，但是她不知道该怎么做才能顺利地找到优质的特许商，成功地加入他们的特许经营体系。你现在要做的工作就是帮助这位创业者解决她的困难，告诉她加盟特许便利店项目要做哪些准备，如何选择优质的特许便利店加盟项目，使她顺利开启加盟事业。

一、选择优质的便利店加盟项目

目前，在我国商务部备案的特许经营体系有4 000多家，创业者如何在众多的特许加盟项目中找到合适的便利店加盟项目呢？首先，创业者要获取特许加盟项目的信息。现在常见的获取特许加盟项目信息的途径有特许经营企业的网站、连锁行业协会网站、特许加盟展会等，进而筛选出若干备选的便利店特许加盟项目。然后，逐一地收集备选特许商的信息，优先选择在商务部备案过的便利店特许经营体系，重点调查特许商及其经营活动的基本情况，见表7-1。

表7-1　　　　　　　　　　特许商及其经营活动的基本情况

1	特许商是否具备开展特许经营活动的资质
2	特许商拥有的经营资源
3	特许经营的费用
4	向被特许人提供的产品、服务、设备的价格和条件
5	特许经营网点的投资预算
6	特许经营体系中加盟店的数量
7	特许商最近2年的会计报告
8	特许商最近5年内是否有违法经营记录

　　经过初步的资料调查以后，黄某选择了永达便利店的特许加盟项目。

二、填交申请表

　　永达便利店的特许经营体系主要面向安徽地区，为了方便广大的创业者选择永达便利店特许经营体系，永达连锁有限责任公司要求有意加盟永达便利店的创业者在线填写特许加盟店申请表，见表7-2。

表7-2 　　　　　　　　　　　**特许加盟店申请表**

申请经营地点：_____省_____市_____区（预开设永达便利店的地点）

申请日期：____年__月__日

　　若贵方诚意加盟永达便利店特许经营体系，请如实填写此份申请书。若发现申请人有欺瞒行为，将取消申请资格。贵方填写的内容和提供的资料，我方将绝对保密。

一、申请者情况					
申请人姓名		性别		学历	
身份证号码				户籍所在地	
通信地址				邮编	
联系固话		手机		传真	
E-mail					

二、申请者的工作和创业经历									
任职单位		时间		地址		职位		年薪	
创业项目		时间		地址		职位		年薪	

三、请对以下问题做出选择

1.您是通过什么渠道了解到永达便利店的？①永达加盟商介绍（介绍人的姓名　　　　　，与其关系　　　　）；②便利店（城市或店号　　　　）；③媒体（电视、报刊或网站）；④其他渠道

2.您申请永达便利店加盟创业项目的主要原因：
①想拥有自己的事业；②热爱便利店事业；③获得在当地市场的竞争优势；④保障生活；⑤其他

3.您打算如何来经营永达便利店？
①仅投入资金，聘让营业员经营管理；②投入资金，自己兼职经营管理；③投入资金，自己全职经营管理

4.您对加盟店的计划投资情况：准备投入资金　　　　万元。其中，自有资金　　　　万元

5.您请谈谈对永达便利店的认识与看法：
①为何选择经营永达便利店？
②在申请地有何发展构想和计划？
③您期望本公司能给予哪些方面的支持？

附身份证、学历证明复印件；两寸彩色照片一张。

黄某登录永达连锁有限责任公司的网站，了解关于永达便利店的加盟创业项目的信息，在线填写并提交了特许加盟申请表。

三、通知面谈

特许总部初步筛选在线提交的申请表后，黄某顺利通过了特许总部对她的初步筛选，并接到了面谈通知。于是，她如期来到永达便利店的特许总部接受面谈。

黄某进入招商部，自我介绍说："我是黄某，招商部通知我来参加特许加盟商的面谈。"

廖某接待黄某说："您好！我是永达招商专员，廖某。这边请。"

招商经理刘某与黄某进行了面谈。

刘某说："你好，我是永达便利店的特许招商经理刘某，很高兴你选择我们永达便利店。你在加盟申请表上填写的信息初步符合我们对加盟商资质的要求，所以今天邀请你来进行一次深入的面谈……"

黄某说："好的。"

刘某说："我们对这次面谈的结果非常满意，你的各方面情况都符合我们特许招商的要求。"

申请者通过面谈后，特许商与准加盟商进入特许加盟项目的洽谈阶段。

廖某开始介绍永达便利店的加盟创业项目："你好，今天由我给你介绍永达便利店的加盟创业项目……，我们永达便利店的加盟创业项目的情况就这些，如果你没有什么疑问了，我们一起去参观永达便利店的样板店，实地看看永达便利店的运营情况。"

黄某说："好的。"

四、实地参观样板店

介绍完以后，廖某邀请黄某参观永达便利店的样板店。由廖某现场介绍样板店的情况："这是永达便利店的样板店，这个店铺120平方米，每天客流约800人次……"

五、签订特许经营合同

实地考察了特许总部以及实地参观过永达便利店的样板店后，双方都很满意，进入签订特许经营合同阶段。这里要注意的是，在签订合同之前，特许商一般会要求准加盟商先交纳加盟费。

六、选定店址及确认

（一）确认店址

签订特许经营合同以后，准加盟商进入开店筹备阶段，此时特许总部要求准加盟商如实填写永达便利店选址确认书，见表7-3。很多时候，特许商会要求准加盟商先确定店址，比如出示自有店铺的证明材料或者已签订了超过加盟年限的店铺租约。以防止由于不能及时找到合适的店铺，延误开店的计划。

（二）装修设计及施工

确定店址以后，特许总部为了保证加盟店外观的一致性，会要求加盟商按照特许商提供的店铺图纸来装修店面。一般情况下，如果加盟商自行装修，仅支付装修图的使用费；如果店铺是由特许总部安排装修施工，加盟商要支付装修的全部费用。在店铺装修的同时，加盟商开始招聘员工，并接受特许总部的培训。

表7-3 　　　　　　　　　　　永达便利店选址确认书

申请人：

申请地点的详细地址：

申请日期：＿＿年＿月＿日

联系电话：

E-mail：

请仔细填写以下内容，若发现有欺瞒行为，本公司将取消您的加盟资格并自行承担相关损失。

该店铺临街的人流量/日		（非节假日）	（周六、日）	（节日）	
房屋类型		2年内有无拆迁可能			
该店宽	长	门高		内高	
实际使用面积		预租年限		转让费	
年租金		是否有条件做门头		能否安装侧挑灯箱	
能否安装 1.电话 2.电脑 3.空调			能否安装POS系统		

①请绘出店铺内部结构图

②请绘出店铺外部及周边图（相邻店面、街道、单位等）

1 2 3 4 5 6 7 8 9 10
11 12 13 14 15 16 17 18 19 20

假如5号为预租店，请填写其他店的店名及经营类型

1		2	3	4
5	预租店	6	7	8
9		10	11	12
13		14	15	16
17		18	19	20

申请人概述：

招商部意见：

确认人：　　　　　　　　部门负责人：

七、加盟商培训

特许总部对加盟商的培训主要包括开业前的培训和开业后的持续指导。特许总部在新加盟的便利店开业前，主要对加盟商、店长和店员进行企业文化培训、特许知识培训和操作技能培训。

（一）加盟商培训

张某是特许总部的培训专员，他说道："大家好，我是永达特许总部的培训专员张某，今天由我给大家做特许经营知识的培训……"

（二）店员培训

张某说："我们永达的收银系统是自主研发的V7系统，主要的操作是……"

八、进货

店铺的前期筹建工作完成后，在特许总部的指导下，店长安排进货，编制订货单。

按照特许经营合同约定的方式进行货物配送。货物运到店铺，特许总部全程指导产品陈列。一切准备就绪，黄某加盟的永达便利店正式开业。

九、正式营业

黄某说："我加盟的永达便利店，今天开业，欢迎光临。"

知识掌握

微课7-4：
实训课：大
学生加盟创
业指导

随堂测7-1

1.主要概念

项目评估

2.单项选择题

（1）特许经营体系的4P，即产品、方法、人和（　　）

A.国家政策　　　　　B.盈利能力　　　　　C.法律法规　　　　　D.商圈

（2）加盟商获取特许商加盟信息付出成本最少、获得信息最量大的渠道是（　　）

A.网络平台　　　　　B.专业杂志　　　　　C.特许加盟展会　　　D.平面广告

（3）能够将特许商的创业项目阐述得最全面、传播面最广的渠道是（　　）。

A.特许商企业网站　　B.平面广告　　　　　C.企业名录　　　　　D.商业出版物

3.多项选择题

（1）加盟创业流程在交纳费用环节，加盟商要了解（　　）等信息。

A.交纳费用的总金额　　　　　　　　　　B.分项金额

C.用途和支付方式　　　　　　　　　　　D.支付时间

（2）加盟创业项目的产品调研主要包括（　　）。

A.产品质量调研　　　　　　　　　　　　B.产品价值调研

C.产品需求调研　　　　　　　　　　　　D.产品促销调研

（3）对于特许总部调研主要包括（　　）。

A.特许总部的办公场所和组织结构　　　　B.加盟管理能力

C.企业文化和财务状况　　　　　　　　　D.索要披露文件

（4）加盟创业项目中特许经营体系的评估包括（　　）

A.加盟创业适应性评估　　　　　　B.特许经营业务种类评估

C.产品长期发展潜力评估　　　　　D.特许经营体系推广评估

（5）加盟商在评估产品和市场时，应考虑（　　）。

A.产品是否具有知名度和美誉度　　B.消费者对产品是否足够了解

C.产品利润是多少　　　　　　　　D.国家对产品有没有限制性规定

4.简答题

（1）获取特许加盟信息的途径有哪些？

（2）对特许总部的考察应该从哪些方面入手？

（3）简述判断特许总部的4P标准。

（4）购买国外特许经营权有几种方式？

（5）个人参与加盟创业项目时，应注意哪些问题？

（6）加盟商购买特许经营权的步骤是什么？

（7）加盟创业过程中，加盟商要注意什么问题？

（8）加盟创业项目的基本流程是什么？

双创应用

1.项目背景

加盟"美丽食"可行吗？

尚食餐饮管理有限公司是一家专门从事辅导客户经营咖啡事业和销售咖啡配套原料的企业，成立于2020年8月，注册资金500万元，原名为尚食食品机械有限公司，性质是民营企业，当时的法人代表为陆某，2021年1月企业改名为尚食餐饮管理有限公司（以下简称"尚食公司"），2021年12月，尚食公司推出了"美丽食"加盟连锁项目。

"美丽食"加盟连锁项目之所以吸引加盟商主要在于其加盟方案。据加盟商介绍，当初尚食公司向他们承诺：只需交纳20万元，每月就能坐收1万元的红利。虽然许多加盟商有过怀疑，但是最终抵挡不住诱惑以及尚食公司的一再"保证"。"美丽食"加盟连锁项目在上海的名气越来越大，并陆续在南京、福州等地推出了加盟店。

据了解，与尚食公司签约的加盟店共有423家。其中，上海211家，截至企业高层集体逃跑时，仅在上海仍旧有137家加盟商在连店址都没有确定的情况下交付了加盟费。若按每家加盟商交纳12万～20万元（初始加盟金是12万元，之后水涨船高）的加盟金计算，加盟商们则损失惨重。

另外，据尚食公司的李某介绍，尚食公司原来只是经营意大利式咖啡研磨机的公司，所以起初的公司名称就是上海尚食食品机械有限公司。一台咖啡机的价值也就1万多元，但事实上，这种咖啡机并不好推销，因此台湾人钟某便想出了"开店推销咖啡机"的招数。可以说，"美丽食"加盟连锁项目的所有推销资料只是幌子，是不切实际的妄想，卖咖啡机才是其真正的目的。

资料来源　编者根据相关资料编写。

2.双创任务

目标：根据上述背景资料，掌握加盟流程以及加盟各环节的注意事项。

要求：将学生分组，4人为一组。思考以下问题：（1）在选择加盟创业项目时，如何保证获取的相关信息是真实的？（2）如何判断特许经营体系是否有加盟的价值？（3）在加盟特许经营体系的过程中，加盟商应注意哪些问题？假设你想加盟某餐饮品牌特许经营体系，请详细列出你的整个加盟计划。撰写加盟计划书，制作PPT，进行汇报。

考核：各小组针对双创任务要求，进行汇报。"加盟'美丽食'可行吗？"双创应用考核评分表，见表7-4。

表7-4　　　　　　　　"加盟'美丽食'可行吗？"双创应用考核评分表

小组名称：

实训任务	考核要素	评价标准	分值（分）	得分
撰写加盟计划书，制作PPT，进行汇报	汇报结构	结构完整、规范、有条理	20	
	数据分析	文字与图表结合、分析深入，能发现问题	30	
	汇报内容	报告编排符合逻辑，层次分明，观点明确，论据充分	30	
	文字表达	语言表达流畅、通顺、言简意赅	20	
合计				

得分说明：90～100分为优秀；75～89分为良好；60～74分为合格；60分以下为不合格。

项目八
加盟店经营管理

■ **学习目标**

通过本项目的学习，要求达到以下目标：

知识目标： 掌握加盟店的筹建流程；了解筹集启动资金的渠道；掌握投资测算。

能力目标： 能准确进行加盟投资测算，判断出投资合理的加盟项目；能进行简单的财务分析；加盟商能迅速适应加盟店的经营管理模式；争取从单店加盟商发展成为多店加盟商或区域加盟商。

思政目标： 确定"团队意识、合作共赢"作为本项目课程学习的思政教育主题，通过对案例导入、经营之道、知识拓展、双创频道等栏目内容的学思践悟，帮助大学生及广大特许经营创业者树立合作意识，强化服务大众的思想，真正利用特许经营严格的标准化、规范化、简单化的运营流程，保证加盟店运营的效果和效率，促进特许商、加盟商、消费者三方共赢。

案例导入

天虹 App 7 周年，和 4 000 万数字化会员一起，再出发！

　　天虹零售数字化布局较早，2015 年推出天虹 App，2016 年上线天虹小程序，在天虹 App 和小程序上，用户不仅可以足不出户就能享受到超市到家、专柜到家的便利，更有智慧停车、福利购、电子小票等丰富多样的产品让消费者享受更加快捷便利的消费服务。经历多年的沉淀，2022 年三季度，天虹实现 4 000 万数字化会员的积累，天虹 App 和天虹小程序承载了超过 2.6 亿人次的互动。2022 年前 3 季度天虹的线上商品销售及数字化服务收入 GMV 更是达到了 42 亿元。

　　2020 年，天虹提出了建设成线上线下一体化的本地化消费服务平台，并努力践行这一战略，近年来，天虹携手抖音、支付宝，借助平台算法，与顾客产生更多链接，在提升消费频次和经营业绩的同时，将公域顾客引流到私域会员体系，打开了新的增长区间。具体来看，其由总部统一规划，区域门店、外部达人共同形成内容矩阵，通过本地生活平台进行推荐。用户购买消费券、储值卡后进入线下门店消费，最终完成公域到私域的引流转化。

　　产品服务上，天虹 App 深度关注用户需求，在新潮商品上进行发力，进行宠物、露营、奥特莱等品类商品经营并实现了高速增长。此外，天虹还推出天优、天口味、菲尔芙、奥百思等自有品牌，为用户定制优质商品服务。

　　在用户体验上，天虹推出会员付、送礼专区、会员日等创新型购物场景体验，给顾客带来优质的服务和便捷的购物体验。同时，天虹在本地生活领域进一步发力，顾客可以在天虹 App 上进行外卖点单、美发养生等服务预约，生活服务类效率进一步提升。

　　天虹 App 7 周年，是中国零售数字化急速发展的 7 年，在商业和用户需求急速迭代的背景下，"以用户为核心"是始终不变的关键词，从这一角度来说，7 周年是新的开始，也是一如既往的初心。

　　资料来源　CCFA.天虹 App 7 周年，和 4 000 万数字化会员一起，再出发！［EB/OL］.［2022-11-02］. http://www.ccfa.org.cn/portal/cn/xiangxi.jsp? id=444040&type=2&sharetype=1.

　　案例启示：信息技术的发展、顾客需求的多样，改变着中国的零售环境，特许商要敏锐发现新零售市场的变化，积极主动进行零售数字化布局，创新加盟店的经营管理方式方法，提高加盟店的经营效率和经营品质，更好地服务顾客、服务社会。

单元一　加盟店筹建前期准备

微课 8-1：加盟店筹建前期准备

一、特许加盟单店模式选择

（一）零售型单店的特点和加盟条件

1.零售型单店的特点

零售型单店主要是为消费者提供商品的零售服务。超市、便利店和快餐店等都属

于零售型单店。此类单店的基本特征如下：

（1）利润主要来源于商品零售环节和部分财务利润。

（2）运营管理的重点主要是商品管理、客户管理和客户服务。

（3）不强调仓储空间，主要注重店面形象和卖场环境及室内设计。

（4）重视商圈的选择和店铺的选址，对客流与商流十分关注。

2.零售型单店加盟条件

（1）潜在加盟商要充分了解特许商的商品情况、市场情况。

（2）潜在加盟商要了解所在地的经济状况及是否适合特许总部产品的销售。

（3）潜在加盟商要重视选址的环节，并接受特许总部的帮助、采纳特许总部的建议。

（二）服务型单店的特点与主营业务

1.服务型单店的特点

服务型单店主要是为消费者提供服务或劳务。此类单店形式在汽车修理、洗衣店、美容等行业中被广泛采用。此类单店的基本特征如下：

（1）利润主要来源于服务提供、有少量的商品零售环节。

（2）运营管理主要侧重客户管理与服务，重点是发展客户关系，提高服务质量。

（3）主要注重店铺形象、服务环境及室内设计。

（4）重视商圈的选择和店铺的选址。

（5）主要业务有家政服务、综合维修、配送服务等。

2.服务型单店加盟条件

加盟此类单店要求加盟者具备相应的专业知识和技能，以及要调查所选服务型特许体系在当地是否有市场拓展空间。此外，加盟商要经常与特许总部进行沟通和技术请教，以便及时、完整地掌握服务项目更新内容。

▶ 经营之道8-1　　　某鸡排特许经营公司加盟条件

某鸡排公司的加盟模式为单店加盟，需要客户全资运营，公司不参与分成，此模式的优势在于公司管理全部市场，市场机制较为规范透明，店面便于复制，加盟商管理店面也较为灵活。

一、特许经营的申请条件要求

诚信为本，遵循职业道德规范。能客观地对待风险性资本多面性，具有优良的财务状况；对门店管理有基本了解，有较强的开拓精神；能够在亲人的支持下开店，了解服务项目和零售业，并对该鸡排项目进行详细调查。可以遵循企业的管理标准，愿意紧密配合企业的各类优良决策，对该鸡排总部的发展战略有认同。能亲身全力以赴投入店内管理，参加持续不断的提升学习培训。不得从事任何不法或不道德的活动。

二、开设标准店的要求

门店所在位置应选在年轻人为主的地区，如校区、地域性商业街区等；实际使用的面积≥15平方米；门店广告牌位置≥2.8米；房间内实际操作区净使用宽度≥3米，径深≥3米，径高≥5米；依照企业的基础要求统一装修店面；如在特殊位置或有特殊户型，需待企业进一步审批后，即可明确合作。

三、加盟某鸡排公司的流程

（一）咨询：拨电话或者在线咨询。

（三）预约考察：预定并访问总公司，填好加盟申请表格。

（三）意愿交流：加盟意愿沟通交流，参考加盟指南等材料。

（四）企业评定：企业评定是否符合加盟规定。

（五）调研：访问品牌旗下门店。

（六）审核门店：审核门店、门店及其商业圈，评定加盟可行性分析。

（七）签订：总公司审批后，签订特许经营合同。

（八）门店整体形象设计：企业为加盟店面整体规划，设计整体门店。

（九）公司培训：总公司提供专业的理论、产品、机器设备等的培训。

（十）正式开业：企业提供专业的一对一开业具体指导。

资料来源　正新鸡排. 加盟条件［EB/OL］.［2022-11-05］. http://www.zmwjm.com.

二、加盟投资测算

加盟商从签订特许经营合同到加盟店正式开业投入的所有用于启动一个加盟店经营的资金被称为"启动资金"，也被称为前期投资，这是潜在加盟商了解一个特许经营项目时最关心的内容之一，通过估算特许经营项目需准备的资金总额，评估自己是否有能力投资此项目。

启动资金通常指初期投资、营运资金及可回收费用的总和。

1. 初期投资

初期投资是指截至加盟店开业的全部费用支出。通常包括加盟费，装修费用，设备/设施的采购、安装、调试费用，营业必备品的购置费用，开办费（企业注册登记费用、培训费用、筹建期的办公费用、人事费用、人际关系费用、差旅费、杂费、开业前商铺的租金、开业前的水电费）等。

> **经营之道8-2**　　　　　　　　**某鸡排单店投资费用**

某鸡排单店投资费用明细见表8-1：

表8-1　　　　　　　　　　某鸡排单店投资费用明细表

费用款项	费用标准	投资项目说明
加盟费	省会费用：26 000元	上海某食品集团有限公司将"某鸡排"连锁加盟店特许经营权授予加盟者，并许可加盟者使用该商标标识及经营技术资产。合同期为3年
	市级费用：20 000元	
	县级费用：16 800元	
保证金	1 500元	确保加盟者履行特许经营合同约定的义务，向公司支付的费用。合同期满不续约且无违约、无欠款，保证金全额退还

续表

费用款项	费用标准	投资项目说明
品牌管理费	2 000元/年	用于公司对加盟商的日常档案管理，物流服务管理，支持系统更新，获取专业人员远程热线服务和信箱服务等
权益金	10 000元	权益金是一次性收取，支付后享有：项目的可持续性升级；不定期的市场回访和巡查；开业筹备，促销服务；专业的广告方案策划和节假日统一的促销方案策划；新的专利技术支持；营建方案设计及时更新；提供人力中介和人员代培服务；不定期的加盟商学习交流座谈等
培训费	1 000元	含前期人事培训费，合同期限内的一切培训费用
设备费用	50 000~80 000元	含加盟该品牌所需的一切设备，设备投资根据实际运营需求做相应的调整
首次物料费用	50 000元起	开业首次使用的原物料，由总部统一配备

说明，以上某鸡排加盟店投资费用预算明细是预估制定的，具体加盟费用需要跟加盟部门联系，获取新的加盟费用明细。您可以通过加盟电话或者在线留言等方式，获取新的某鸡排加盟费用明细以及相关加盟资料

资料来源　正新鸡排. 加盟条件〔EB/OL〕.〔2022-11-05〕. http：//www.zmwjm.com.

2.营运资金

营运资金是指除上述初期投资外，加盟商还需要准备一定数量的资金，用于开业最初几个月的宣传推广费用、首批原料采购费用、首批进货费用以及用于应对最初几个月可能的亏损而准备的支付日常费用的营运资金。

3.可回收费用

有些费用虽然需要在开业之前支付，但这些费用是加盟商日后可以收回的，因此不应计算在开办费用之中。最典型的可回收费用是加盟保证金、商铺租赁押金等。

知识链接8-1　　　　　　　　**特许加盟启动资金**

目前，市场上特许商宣传的总投资（即启动资金）一般只包括初期投资和可回收费用中较稳定的几个部分，通常仅为加盟费、保证金、设备费、培训费、规定的首批进货金额或首批原料采购金额。对具有不确定性的装修费用、商铺租金等重要支出通常并未计算，或以案例形式估算。

另外，特许商一般不会宣传需要准备一定的营运资金，以及需应对开业最初几个月可能出现收不抵支的暂时性经营困境的备用金。

因此，投资人需明白特许商宣传的项目投资额，仅是大致可使加盟店开起来的最小的投资额，要保证加盟店顺利开业及稳定运营，投资人实际需准备投入的资金肯定要大于特许商的估算。

资料来源　编者根据相关资料编写。

三、筹集资金渠道

资金筹备一般有两种情况：第一种是加盟者本身已准备有足够的经营资金，不用贷款即可开业；第二种是资金有限，部分资金必须靠借贷来筹集。

第一种是比较稳定的做法，一些人不愿负债，所以立下开店创业的目标后，便自力更生开始储蓄，一直到拥有足够的资金才开业。这种完全靠自己的资金开业经营的方式，由于不用偿还债务，因此经营上较为轻松主动。但不利之处是，因为要筹集足够的开店资金，所以将会延迟开店创业的时间。而且，由于通货膨胀的原因，物价是不断上升的，2年前可能50万元已足够开店，而2年后，则可能要80万元才能开店，再加上别人捷足先登等原因，留下的机会可能会减少。所以往往加盟者越迟开店，所需资金越多，所付出的努力也越大。

第二种筹资方法要冒一定的风险，因为是以借贷方式筹集开业资金，在开店后，每月要在营业额中拨一部分用来还债，除了本金以外，还要加上利息。但它的好处是可以减轻开业时的财务压力，可以早日实现开店创业的目标。一般有意加盟特许经营的投资者，大多资金有限，需要向银行或财务公司借贷，以减轻负担。

如果要向银行借款，一定要充分考虑是否有偿债的能力，否则开业之后，要背上沉重的债务负担，很可能因支付利息致使经营无利可图，甚至变成亏损。当然，即使有偿债能力、有借贷来源，加盟者也不能把全部开业资金都寄希望于借贷，也必须先准备一笔自有资金。

究竟自有资金应占多少呢？根据加盟店运营经验，自有资金最好占六成，也就是说，如果全部投资需100万元，最好自有资金准备60万元。一些经营者发现，若借贷资金占到启动资金的50%以上，则经营会十分困难，除非市场行情非常好，收回投资很快，否则极易陷入经营困境。

由此，当加盟创业者自有资金不充裕时，可以争取特许总部的优惠政策，来减少创业期的资金压力，特许总部常常会有一系列的优惠待遇给加盟商。这些优惠待遇有的是免收部分费用，有的是赠送设备等，有的是免物流配送费用。虽不是直接的资金扶持，但对于缺乏资金的创业者来说，相当于减少了经营成本。

在筹集创业资金时，尤其要注意的一点是，很多人只注意筹集开业资金，而忽视日后经营所需的周转资金，导致开业后十分被动，因此，加盟者在筹集好开业资金后，还要准备一笔流动资金，以备不时之需，不少创业者失败，其中一个主要原因便是缺乏资金周转。

☑ 双创频道8-1　　　　重庆出台实施意见 "五大计划" 支持大学生创新创业（节选）

2022年8月17日，重庆市政府公众信息网发布《重庆市人民政府办公厅关于进一步支持大学生创新创业的实施意见》，提出将实施能力提升、平台提质、服务增效、项目扶持、成果转化等 "五大计划"，培养更多创新型人才，推动实现大学生更加充分更高质量就业，为建设具有全国影响力的科技创新中心提供强大的人才智力支撑。

"五大计划"共涉及18个方面。其中，在能力提升方面，将把创新创业教育贯穿人才培养全过程，把创新创业教育和实践课程纳入高校必修课体系，面向全体学生开设不低于2个学分、不少于32学时的创业基础课程，其中实践课时须达50%。选择10所左右具有基础条件的高校，开展本专科"3+1""2+1"、研究生专业硕士融合创新创业教育等不同层次类型的创新创业教育模式改革试点，着力培养创新创业专业人才。

全市每年培训10 000名准备创业或正在创业的大学生，并按规定给予培训补贴。选聘1 000名技术技能专家、创业成功者、风险投资人等到高校兼职或挂职任职，承担专业课、创新创业课授课或担任创业导师。培育高校创业导师1 000名。到2025年，全市建成由高校和行业企业专家组成的2 000人双创导师库。

在平台提质方面，加快推进西部（重庆）科学城大创谷建设，建强一个核心园、建好六个特色园、建成一批卫星园，构建形成"一核六园"统筹引领、"卫星多点"支撑联动的高校双创孵化体系。力争到2025年底，围绕全市高校重点打造布局科学、协同发展的环大学创新生态圈15个以上、国家级孵化载体10个以上。大学科技园、创业园等校内孵化平台要面向在校大学生免费开放，政府投资开发的孵化器等创业载体应安排不低于30%的场地免费提供给高校毕业生。

资料来源 重庆市人民政府办公厅. 重庆出台实施意见"五大计划"支持大学生创新创业 [EB/OL]. [2022-08-31]. https://mp.weixin.qq.com/s?__biz=MzI0NDUyMTIyMw==&mid=2247509857&idx=2&sn=185a89c9ccd0c3799342e68784545775&chksm=e95e6709de29ee1f017b304e1351baea13fbe6a6da68cf689e310470c2fd42fb00ef27d44b49&scene=27.

四、筹建加盟店的注意事项

（一）仔细阅读特许经营相关文件

对于投资者来说，投资特许经营项目是一件十分重要的事情。有些没有投资经验的加盟商往往容易过于乐观地评价经营前景，对投资经营的困难估计不足，因此，会出现签约后又无法坚持经营的情况。所以特许合同签署之前，加盟商要仔细阅读特许经营相关文件，明确文件条款的真实意思，特别是特许合同和所有的附属合同应详细查看，对于合同条款要有充分理解。

（二）重点了解主要特许费用

特许商要求加盟商支付的费用包括但不仅指加盟金、保证金，还会有很多其他的支出，比如：市场调查费、事业计划制作费、建筑设计、监理费、设备、物品供给费、初期商品货款（原料、促销工具等）、广告宣传费、加盟指导费等，加盟商在合同签订之前，一定要清楚全部成本支出，准备充足的启动资金。

单元二 筹建加盟店

加盟创业者选定合适的店址、正式签署特许经营合同后，首要的事情就是尽快筹建自己的加盟店，按照特许总部的要求做好开业前的各方面的准备，顺利开业。

一、登记注册

微课 8-2：
筹建加盟店

特许经营模式的特点之一就是特许商与加盟商均是相互独立的经营主体，加盟创业者享有加盟店的所有权和经营权，即使某些特许总部参股了加盟店，两者的所有权也应该无隶属关系。因此，加盟商在筹建自己的加盟店时，注册自己的企业或个体经营户是一件重要的事情，这样才能更好地维护自身的利益。

按照中国法律，登记注册包括工商注册、税务登记、银行开立结算户这三个基本环节，某些行业还需获得相关行业主管部门的行政审批，如药品零售需当地药监部门、食品零售需当地卫生部门审批等。没有相关经验或没有精力去办理相关手续的加盟创业者，也可在当地委托登记注册代办机构代为办理，并委托会计师事务所进行纳税申报。

二、门店装修

任何一个特许经营体系中，不论是直营店还是加盟店，均要采用特许商制定的连锁店体系统一的企业视觉形象系统（VI）和门店视觉形象系统（SI），成熟特许商的这些系统以及相关实施经验，都是专业人员经过众多门店的实践积累完善而成，因此，在门店装修方面通常加盟创业比独立创业要轻松省事。但是，由于目前不同特许商在此方面的要求和给予的支持差异很大，为了控制装修费用、保障工程的进度和质量，在装修阶段加盟商会有许多繁杂的工作要做。

通常，加盟店的装修如何操作，特许总部都应有明确的规定，加盟商只需按照合同约定或相关规定实施即可。

（一）特许商在加盟店装修方面的操作方式

1.特许总部按照相关合同，包揽加盟店全部的设计、装修工作，加盟商只需到期按标准验收，并按合同规定的造价支付全部费用。

2.特许商只提供店面的装修设计图、特殊设施的要求、装修物料的标准、VI及SI规范，工程的实施均由加盟商自行找装修公司进行，特许商只派人做简单指导，并按统一标准进行形象方面的验收。

3.特许商只提供VI及SI规范，形象店或效果图供参考，加盟商需请装修公司按照统一规范，参考形象店或效果图进行门店的装修设计，在符合特许商的规范且预算合理的情况下，再委托装修公司进行施工。

（二）门店装修的主要内容

一般加盟店装修分为店外装修、店内装修、店内系统施工及氛围装饰，但不同行业、不同项目有很大差别，各个特许商的规定或要求也有所不同。

1.店外装修

一般加盟店外部装修主要包括店铺招牌、外墙、橱窗、大门等外立面部分，店铺招牌、灯箱部分既可以由特许总部提供，也可以寻找当地专业招牌灯箱制作商制作安装。

2.店内装修

店内装修主要包括天花板、地面及墙面，这三者不仅是构成加盟店内部空间的要素，同时也是构成营业、消费、服务环境的重要因素，它们既具有独立的机能，又能彼此协调，应该作为一个整体考虑，以达到良好的整体效果和视觉效果。

3.店内系统

加盟店的店内系统主要包括强电配电及布线、照明系统、通风设施、空调系统、音响系统、消防设施、电脑网络系统等。

4.监理及验收

装修过程中的监理和验收是非常重要的，加盟商可以自己全程监理，装修完毕后由特许总部验收，也可以选择正规装修公司施工监理或第三方监理，装修完毕后由特许总部验收。

5.店内装饰

在成熟特许体系的门店形象系统中，一般会有统一的店面装饰物品，并且会根据不同季节、不同节假日、不同促销季提供专门的装饰品、宣传品，加盟商应按照特许商的要求和规定布置使用。

三、人员招聘

为了缩短加盟店开业的时间，员工的招聘工作可以与门店装修工作同步进行。再好的特许品牌和体系，也要依靠加盟商经营管理，依靠所有员工维持运转，因此，合格的员工是加盟店持续经营与发展的基石。加盟店员工招聘的工作一般由加盟商自行完成，成熟的特许商会在加盟店招聘的标准、方法、技巧等方面提供相应的指导和支持。通常，加盟店招聘新员工有以下几个基本步骤：

（一）确定选择标准

零售型或服务型加盟店的员工特别是基层员工，一般工作时间较长而收入水平较低，因此流动性相对较大。加盟商在招聘员工时需要有合适的招聘标准，以招聘到能胜任工作又比较稳定的员工，负责任的特许商在运营体系手册中对加盟店各岗位都有明确的职位说明，由此可确定招聘标准。如果特许商没有提供职位说明书，加盟商就需要自行拟定招聘标准。招聘标准包括以下部分：

（1）一般性要求：年龄、性别、学历、身高容貌、健康状况等。

（2）知识和技能：很多行业的服务专业性较强，需要员工有一定的专业知识和技能，比如汽车售后等行业。

（3）工作经验：员工以前的工作经验是能否胜任工作的主要依据之一，招聘有一定经验的员工能减少加盟店初期经营的培训压力。

（4）性格标准：人的性格特征往往影响乃至决定其工作潜力，开展特许经营的大多是商业或服务性行业，因此个性开朗、待人友好、积极主动、精力充沛的人比较适合选作员工。

（二）制定薪资福利标准

在开始招聘宣传前，需要制定一份在当地行业内有竞争力，且加盟店日常运营能承受的员工薪资福利标准。

（三）选择招募渠道

不同行业、不同规模的加盟店对员工的需求差异很大，招募的渠道也各不相同。

加盟商可以通过以下招聘渠道选择合适的员工：

（1）店头招聘：通过店头海报、横幅、传单在周边区域或人流聚集区直接招募员工，此方式为最常见的招聘方式，适合招聘中基层员工。

（2）招聘会和人才市场招聘：一般大中城市每月基本上都有招聘会或者定期举办的人才交流会，参会的人员大多求职意愿较强，加盟商也可到此类会场招聘合适的员工。

（3）校园招聘：加盟商可直接到专业对口的大专院校、高职、中专、技校、职业培训学校招聘合适的员工。此方式适合批量需要员工的加盟商。

（4）媒体广告宣传：加盟商也可在当地报刊媒体的招聘栏目上投放招聘广告，此种方式宣传面较广，选择范围较大，但费用相对较高。

（5）亲友介绍：此种方式在民营企业或个体性质加盟商中较常使用，这种方式招聘的人员大多靠感情因素，相对稳定性较好，但依靠亲友介绍也要按照前期制定的招聘标准选择新员工。

（四）面试录用

有一定数量求职者应聘后，加盟商即可通过面试等筛选方式选择出合适的员工。

四、初期培训

特许商的特许经营体系大多有其独特的企业文化、经营模式、经营管理流程、经营技巧、服务特色，为了保证加盟商能够完整地复制加盟店的商品销售和服务标准，特许商往往会要求加盟商及店铺的员工进行开业的初期培训，以保证他们能胜任加盟店的日常营运工作。

（一）理论、实践培训阶段

特许商会在加盟店开业前，要求加盟商到特许总部或指定直营店进行理论、实践培训，培训时间视加盟项目而定，少则几天，多则数月。理论、实践阶段培训的主要内容有：企业文化和团队精神、产品和服务知识、加盟店部门职能与岗位职责说明书、管理人员的管理技能培训、工作标准流程与制度培训、加盟店服务礼仪培训、沟通交流、时间管理等员工成长类培训。

（二）开业指导培训

一般是特许商安排有经验的专业人员到新开业的加盟店进行现场指导培训。加盟店经营初期的开业指导培训对加盟商是极具价值的，专业的开业指导可提高加盟店的成功率，增加加盟商的经验。

五、新店开业

在门店装修、设备安装调试、人员招聘与培训、营业必备品购置、首批原材料订购或首批货品订购等准备工作完成后，负责任的特许总部会开始帮助指导加盟商策划开业活动，并提供合适的方法或建议来提升客流量，提高营业额。

（一）试营业

试营业是对店铺开业准备的查漏补缺，试营业的时间为几天至一周。试营业必须按照特许体系一的经营模式严格实施，以评估各岗位、各流程、各环节的运转是否正确、到位，检验员工培训的效果，以便及时发现问题、解决问题。同时，可进行加盟店的宣传推广和顾客开发工作，为正式开业做准备。

（二）开业宣传

开业前进行必要的、充分的宣传推广，让目标商圈内的潜在顾客了解加盟店。开业宣传主要包括三个方面的内容：本店的特色、开业的时间和加盟店的地理位置、开业期间的优惠活动。

不同行业、不同规模的加盟店适用的宣传推广手段不同，对于投资额很大的零售、餐饮、休闲娱乐等行业加盟商，可采取媒体宣传与商圈宣传相结合的方式；一般加盟商则主要采取商圈、售点宣传的方式进行宣传，手段包括路牌、售点灯箱、宣传横幅、宣传橱窗、宣传海报和单页等。新开加盟店的宣传推广期一般为开业前后1~3个月。

（三）开业庆典

经过试营业和开业宣传，具备正式开业的条件和环境时，加盟商举行开业庆典，时间的选择上应注意商品服务和季节特征，并尽量选择客流量多的节假日进行。

单元三　加盟店的日常经营管理

加盟店的日常经营主要按照特许总部的前期培训和特许经营手册进行，对加盟店的日常经营管理主要从加盟店的组织结构和岗位设计、加盟店标准化运营流程、加盟店日常财务管理等方面展开。

一、加盟店组织结构和岗位设计

加盟店的组织结构由加盟店的业务特点和运营流程决定，包括加盟店的岗位设置、岗位人员数量、各岗位的工作职责、不同岗位之间的工作关系等。

（一）加盟店的组织结构设计

不同特许经营体系中，加盟店的规模以及加盟店的运营管理模式存在着很大的差别，小的加盟店可能只有几名员工，如便利店、奶茶店、洗衣店等，而大型加盟店的员工数可能会达到上百人，所以，组织结构设计在不同的加盟店之间差异非常大。

加盟店组织结构设计存在一定的规律，只有按照特许总部单店经营手册中提供的正确程序进行，才能达到组织设计的高效化。通常进行加盟店组织结构设计要遵循以下流程：

第一，依照特许总部加盟店的业务流程进行总体设计。业务流程设计是组织结构设计的开始，要对加盟店内不同的业务流程进行分析比较，优化各项业务的处理流程。业务流程优化的标准是流程时间短、岗位少、人员少、费用省。

第二，按照优化原则设计岗位。岗位是业务流程的节点，又是组织结构的基本单位。岗位组成部门，部门组成加盟店中的各子系统，进而再由子系统组成加盟店的总体结构。在进行加盟店岗位划分时要注意适度，不能太大，也不能太小，既要考虑业务流程的需要，也要考虑管理的方便。

第三，设定岗位职责。岗位职责设定除了明确各个岗位的工作职责和内容外，还

微课8-3：加盟店的日常经营管理——组织结构和岗位设计

应该包含不同岗位之间工作关系的设计，从而可以把各岗位联系起来，形成一个整体。

第四，确定各岗位的任职要求和人数。各岗位的任职要求主要根据岗位业务内容来确定。要求太高，会造成人员的浪费；要求太低，则无法保证正常的业务活动和一定的工作效率。而各个岗位上的职数确定要以该岗位的工作业务量以及员工的素质为依据。

第五，设定各级组织结构。加盟店中组织结构层级要按照业务流程的连续程度和工作量的大小来确定。

加盟店组织结构的设计必须经过反复综合平衡、不断修正，才能获得最佳效果。加盟店组织结构设计的成果可以通过加盟店的组织结构图来展示，组织结构图可以直观地反映加盟店内各部门、岗位相互之间的关系。

（二）加盟店部门职能与岗位职责说明书

特许总部单店经营手册中有明确的单店部门职能和各岗位职责说明书的内容。加盟商可参照其内容进行加盟店部门职能和岗位职责设计。部门职能说明书一般包括部门基本信息、部门使命、部门职责、部门关键绩效指标、部门权限、部门资源、工作关系等。其中，部门基本信息包括部门名称编号、部门负责人、直接上级、岗位数量、编制人数等；部门使命就是部门的愿景目标；部门职责描述的是部门需要完成的主要任务和必须要履行的职责；部门关键绩效指标是用于衡量部门工作绩效表现的量化指标；部门权限是指根据部门应负的责任而相应赋予部门的工作权限；部门资源通常是指该部门完成主要职责需要的设备、资产和相关工作环境要求；工作关系是指该部门在加盟店组织结构中的位置。

岗位职责说明书是工作分析的最终结果，是通过工作分析过程，用规范的文件形式对组织内各类岗位的工作性质、任务、责任、权限、工作内容和方法、工作条件、岗位名称、职种职级，以及该岗位任职人员的资格条件、考核项目等做出统一的规定。编制岗位职责说明书的目的是为企业的招聘录用、工作分派、签订劳动合同，以及职业指导等加盟店管理活动提供原始资料和科学依据。

岗位职责说明书主要包括八项具体内容：职务基本信息、职务目的、管理权限、工作关系、责任范围与影响程度、工作业绩衡量标准、任职的基本要求和绩效要求、薪资收入标准与变化的条件和要求。这八个方面是企业对职务的要求与规范，也是员工需要认真遵守和考核的基本标准。

拓展阅读8-1：某特许加盟餐厅服务员岗位职责说明书

微课8-4：加盟店的日常经营管理——标准化运营流程

二、加盟店标准化运营流程

加盟店标准化运营流程包括明确加盟店内各项工作的具体操作程序，并制定具体的量化标准，这里的标准化具有最优化的意思，即加盟店运营流程不是随便制定的，而一定是在实践中不断总结出来的，是在当前条件下可以实现的最优操作程序和规范。加盟店标准化运营流程的制定由特许总部完成，加盟店只要在特许总部单店手册的指导下进行操作即可。

（一）加盟店运营流程标准化的意义

1.特许经营模式的核心原则是标准化

加盟店运营必须通过流程的标准化对工作程序进行优化和固定，对细节进行量化

和规范，使每位员工都可以按照既定的流程和标准进行操作，这样就能够使每个加盟店的商品和服务质量维持在同一水平，即便工作中偶然出现失误也可以很快通过检查发现问题所在，并加以改正。例如，中餐学徒在厨房接受师傅教导的时候，得到的信息是盐少许、味精若干、醋酌量、酱油适量，这些模糊化的计量方法让他们无法做出准确的判断。而麦当劳的操作手册上则注明：在制作薯条时，请将盐罐底部朝上，向下甩动两次，这就轻松地解决了用盐量标准的问题。

2.有利于提高特许加盟店的经营效率

业务流程标准化是加盟店业务化繁为简的有效工具，是提高特许加盟店管理和运营效率的有力武器，它针对加盟店营运中的每一个环节、每一个部门、每一个岗位，制定细致化、科学化、数量化的标准，并严格按照标准实施管理，极大提高了工作效率，使门店可以用最少的投入获得最大的产出，并为顾客提供快捷、高效的服务。

3.有利于提升特许体系的发展速度

加盟店业务流程标准化是落实特许经营"3S"原则的具体手段和方法，通过运营流程的标准化设计，使工作变得相对简单，易于新员工学习和掌握，新员工甚至可以通过对标准化操作流程文件的自学掌握工作技巧，同时，由于对工作程序进行了细化和量化，也大大降低了员工个人因素，如性格特征、知识水平等方面的差异对其工作表现的影响。这样就使得加盟店的复制变得更加容易，从而使特许体系可以以更快的速度扩张。

☑ 双创频道8-2　　　　　　　加盟商价值提升

作为特许经营的品牌，2021年福奈特继续夯实基础，改善、提高直营和加盟门店的经营质量，在品牌店的营运标准化、员工专业化方面进行了一系列的探索。

（1）运营标准化

标准化是特许品牌保证品牌美誉度的关键之一。2021年，福奈特集中整理和优化了"标准化运营手册"，涵盖质量标准化、形象标准化、操作标准化、管理标准化、设施设备标准化、用品用具标准化等11个方面，并在全国范围内进一步加强落实标准化。比如，在形象标准化方面，自2021年下半年起，总部计划用3年时间，对约500家现存门店进行形象标准化升级，目前已经完成50家，并有200家进入了整改图纸设计阶段。

（2）员工专业化

员工专业化水平提升是美誉度的另一个重要因素。后疫情时代，福奈特在培训工作中引入数字化载体，如"钉钉云课堂""标准看板""营运部晨课"等培训形式以及数字化执行力工具"福奈特店长宝"，在培训和督导检测上覆盖了比原来线下培训和执行力检测更多的门店，整体提升了全国福奈特门店员工持证上岗率等关键指标。

（3）加盟店经营赋能"亏损店帮扶"项目

福奈特一直以"盈利、规范、关系"指导加盟工作，追求加盟店经营质量而非数量。2020年，疫情波及全国，影响了全国门店的经营，加盟店的亏损占比达到了历史高点6%。为此，2021年，福奈特成立加盟店"亏损店帮扶"项目组，从店铺规范、质量服务提升、全渠道运营、精准营销和商圈营销等角度切入，持续帮助亏损店铺扭亏为盈。

（4）员工价值提升

顾客和员工是"人、货、场"三要素中关键的"人"要素，是串联货和场的两端，顾客价值实现与员工价值实现必须打通才能真正激发组织活力。福奈特深耕多年的数字化顾客洞察系统正是赋能员工及时且高效地了解顾客需求的工具，员工通过满足顾客需求获得绩效，这个过程也是福奈特不断探索弱化层级管理，强化顾客价值与员工价值互相驱动，搭建柔性和扁平组织的探索。

（5）社会价值提升

自2018年开始，福奈特参与了国际洗染委主导的CERCLEAN节能环保认证项目。目前，已完成159家店的认证工作，并专门成立了"可持续发展"项目组，持续探索可降解塑料包装、环保福袋的应用、衣架回收等节能环保项目的应用。

资料来源　选自CCFA《2022中国特许经营最佳实践案例集》。

（二）加盟店运营流程的标准化设计

1.加盟店关键业务流程分析

特许加盟店中存在多个业务流程，对其进行的标准化设计难以同步进行。所以，在进行加盟店运营流程标准化设计之前，需要对加盟店的运营流程进行分析，找出其中的关键流程，从而确定流程标准化的优先顺序，循序渐进地完成。

在特许加盟店运营中，顾客是所有工作相关决策的核心要素，因此直接向顾客提供商品和服务的流程是其主流程，又被称为关键流程，一般包括采购、加工、销售等环节。在进行加盟店运营流程标准化设计的过程中，应该将这些关键流程的优化放在首位。而其余的流程，诸如行政管理流程、人事管理流程、财务管理流程、设备管理流程等，主要是为了向主流程提供支持，因此属于加盟店运营的辅助流程，可以在完成了对加盟店关键流程优化后再逐步进行优化和完善。

2.业务流程标准化管理文件编制

（1）业务流程图的绘制。业务流程图是一种用来描述系统内各单位、人员之间业务关系、作业顺序和管理信息流向的图表，利用业务流程图可以使加盟店内各项工作的顺序和步骤以及涉及的岗位或角色一目了然，还可以帮助分析人员找出业务流程中的不合理流向。

（2）加盟店标准作业程序的制定。制定标准作业程序就是将某一业务的标准操作步骤和要求以统一的格式描述出来，用来指导和规范对该业务的日常处理。

标准作业程序（standard operation procedure，SOP）是将某一事件的标准操作步骤和要求以统一的格式描述出来，用来指导和规范日常工作。其精髓就在于把一个岗位应该做的工作流程化和精细化，使得处于这个岗位上的任何一个人，经过培训后都能很快胜任该岗位工作。通俗地说，这种标准作业程序要求尽可能地将相关操作步骤细化、量化和优化，细化、量化和优化的度就是在正常条件下大家都能理解又不会产生歧义。

SOP的制定方式基于各个加盟店不同的管理模式和管理方式，可能会有一定的区别。

首先，确定流程。根据各个加盟店对SOP的分类，由各相关职能部门首先将相应的主流程图绘制出来，然后根据主流程图画出相应的子流程图，并依据每一子流程制定出相应的程序。在每一程序中，确定有哪些控制点，哪些控制点需要做SOP，哪些控制点不需要做SOP，哪些控制点是可以合起来做一个SOP的。针对每一个SOP分类，都应当考虑清楚这些问题。

其次，明确步骤。对于每一个确定需要做SOP的控制点，应先将相应的制定SOP的执行步骤列出来。执行步骤的划分应有统一的标准，如可以按时间的先后顺序来划分等。

最后，编制SOP。在上述问题都明确的前提下，可以着手编制SOP。SOP的编制应按照公司统一的模板，不要改动模板上的设置；对于一些SOP，除了文字描述外，还可以增加一些图片或其他图例，这样可以将步骤中的某些细节形象化和量化。

编制SOP本身是一项比较繁杂的工作，但这项工作对于门店运营来说又非常重要，特许总部必须要在这方面进行必要的投入，特别是要准备用2~3年的时间来保证完成这项工作，否则难以取得良好的效果，甚至会变成形式主义。

▶ 经营之道 8-3　　　　　　　　麦当劳的标准化作业程序

早在20世纪50年代快餐风行以前，餐厅烹饪被认为是一种具有多种标准的艺术，所以不论在品质还是速度上，服务水准往往参差不齐。但是，麦当劳餐厅最初的创始人麦当劳兄弟设计了一套非常严格的作业程序，使得食物的准备过程转化为简单的流水线作业，就连第一次踏入餐厅厨房的人，都能够很快上手。

如今，麦当劳的食品制作都已经实现了高度的标准化，即使不懂烹饪工艺的人，只要按照规定的标准化程序按部就班地操作几次，就能保证产品质量的高度一致。麦当劳的工作人员说过："我们的质量管理确实相当严格。从一粒冰块的大小、形状，到放入纸杯和持杯的方式以及倒入饮料的方法，都有明确的规定，以保证最好的质量和效果。"为了保证产品质量的统一，对每一项工作的细节，麦当劳都会事先考虑到、安排好，以节省时间。例如，制作时间也有特别的规定，炸薯条和咖啡的保存时间分别不得超过7分钟和30分钟；麦当劳每个产品都有电脑严格控制的制作温度，69℃是国际权威的牛肉烹调安全温度标准，麦当劳设定这一温度，确保牛肉被彻底加热到这个温度，在肉质安全的同时也锁住肉汁和营养。由于麦当劳餐厅不断开发生产技巧，厨房人员基本上都能胜任烹饪工作，从而实现了"无论何时，无论何地，无论何人操作，产品无差异"的标准化作业程序。实现标准化的作业程序还有赖于标准化的厨房人员配置，麦当劳的人员配置是：3个煎区员，专门煎汉堡肉饼；2个奶昔员，专门制作奶昔；2个员工管油锅，专做薯条；2名调味员，专管三明治的制作和包装；还有3名柜台服务员，分别在2个窗口前帮顾客点餐。为了使所制定的各项标准能够在世界各地的连锁店得到严格执行，麦当劳设立了汉堡包大学，以此培养店长和管理人员。此外，麦当劳还编写了一本长达350页的员工操作手册，详细规定了各项工作的作业方法和步骤，以此来指导世界各地员工的工作。此外，麦当劳也规定了事物配置、设备保养和维护方面的标准，甚至还规定了员工的着装。

资料来源　编者根据相关资料编写。

三、加盟店日常财务管理

加盟店的经营情况决定了特许商的特许经营体系是否能够长期、有序地发展下去，加盟店的盈利情况既是加盟商关心的问题，也是特许商需要关注的问题。特许商一般会根据直营店的经营情况，给加盟商一份加盟店的投资收益表，但是这份投资收益表只是对加盟店投资收益的情况进行一个粗略的分析，并不能代表加盟商的实际收益，并不作为特许商对加盟店收益的承诺，所以，作为加盟商，为了保障加盟店的盈利以及加盟活动长期有序地进行，要掌握加盟店的收益核算。

微课 8-5：
加盟店的日
常经营管理
——财务管理

（一）加盟店盈利的基本公式

加盟店盈利最简单的一个公式就是"加盟店利润=收入-成本支出"。

一定时期的加盟店盈利等于该段时期的营业收入减去营运成本支出。由此可以看出，影响加盟店利润的因素有两个：一个是营业收入；一个是成本支出。加盟店营业收入越高，营运成本越低，利润就越高。提升加盟店利润的基本思路和方法就是考虑如何提升营业收入，降低营运成本和费用，也就是加盟店的开源节流。

（二）加盟店营业收入的构成

一般认为，**加盟店营业收入**是指加盟店从事主营业务或其他业务所取得的收入。主要是指在一定时期内，加盟店销售商品或提供劳务所获得的货币收入。加盟店的营业收入主要由主营业务收入和其他业务收入两部分构成：

1.主营业务收入

主营业务收入是指企业经常性的、主要业务所产生的收入。例如，商业企业的商品销售收入、生产加工企业的产品销售收入、饮食企业的饮食品销售收入、服务业的服务收入、仓储企业的仓储收入、运输企业的运费收入等。主营业务收入在企业收入中所占的比重较大，它对企业的经济效益有着举足轻重的影响。主营业务收入是加盟店盈利的主要来源，在成本和费用相对固定或相对可控的情况下，营业收入的高低与利润大小直接相关。因此，提高营业收入是加盟店增加盈利应关注的重点。

2.其他业务收入

其他业务收入是指除上述各项主营业务收入之外的其他业务收入。其包括材料销售、外购商品销售、废旧物资销售、下脚料销售，提供劳务性作业收入，房地产开发收入，咨询收入，担保收入等其他业务收入。其他业务收入在企业收入中所占的比重较小。

加盟店营业收入的公式是"加盟店营业收入=客单价×购买人数"。客单价是指一定时期内加盟店的每一个顾客平均购买商品（或服务）的金额，购买人数是指一定时期内来店购物或消费的顾客数量。

（三）加盟店成本费用的构成

加盟店成本费用包含两部分：一部分是固定成本；另一部分是变动成本。

1.固定成本

固定成本是指其总额在一定期间和一定业务量范围内，不受业务量变动的影响而保持固定不变的成本。通常把加盟店管理人员的工资、办公费、财产保险费、不动产税、按直线法计提的固定资产折旧费、职工教育培训费等看作固定成本。固定成本又分为酌量性固定成本和约束性固定成本。酌量性固定成本是指管理者的决策可以影响其数额的固定成本，例如广告费、职工教育培训费、技术开发经费等；约束性固定成本是指管理者无法决定其数额的固定成本，如租金及机器设备按直线法计提的折旧费、房屋及设备租金、不动产税、财产保险费、照明费、行政管理人员薪金等。这些科目虽不能直接产生利润，但却是加盟店营运得以持续良好进行的重要基础保障。

作为加盟商，在加盟店费用中还应考虑计入后续应交给总部的费用，如特许权使用费等。

2. 变动成本

变动成本是指加盟店在一定时期内销售额随业务量的变动而正比例变动的成本。例如，产品的进货成本、产品包装费、推销佣金、按加工量计算的固定资产折旧费等。变动成本也可以分为酌量性变动成本和约束性变动成本。按销售收入的一定比例计算的销售佣金、技术转让费等可看作酌量性变动成本。约束性变动成本通常表现为加盟店的进货成本。

在加盟店成本费用中要注意应缴纳的税金支出，涉及的税金主要有增值税、消费税、城市维护建设税、城镇土地使用税、教育费附加、印花税、企业所得税等。

（四）加盟店财务盈利能力分析

对于加盟商来说，最关心的莫过于投入的资金多长时间能够收回，资金回报率是多少，由此加盟店要认真分析自身的财务盈利能力。财务盈利能力分析主要考察的是加盟项目的盈利水平。加盟店的盈利能力指标主要包括投资利润率、销售利润率、成本费用利润率、投资回报期、盈亏平衡点分析等。

1. 投资利润率

投资利润率，也叫投资回报率，对于加盟店来说就是指年息税前利润与总投资额的比率。其计算公式为：

加盟店年投资回报率=年息税前利润÷总投资额

计算出的投资利润率应与行业的标准投资利润率或行业的平均投资利润率进行比较，若大于（或等于）标准投资利润率或平均投资利润率，则认为项目是可以考虑接受的，否则项目不可行。通过该指标可以清楚地看到加盟投资以及回报的情况。

2. 销售利润率

销售利润率是衡量加盟店销售收入收益水平的指标，是一定时期的销售利润总额与营业收入总额的比率。它表明单位销售收入获得的利润，反映销售收入和利润的关系。其计算公式为：

销售利润率=销售利润总额÷营业收入总额×100%

要注意的是，销售毛利率与销售利润率是不同的两个指标，因为后者已剔除了期间费用，前者仍包含期间费用（如管理费用、财务费用等）。

从两者公式可以看出两者的差异：

销售利润率=销售利润总额÷营业收入总额×100%

销售毛利率=（营业收入－营业成本）÷营业收入×100%

因为利润总额=营业收入－营业成本－费用，从此可以看出销售毛利率一般大于销售利润率。

3.成本费用利润率

成本费用利润率是企业一定期间的利润总额与成本、费用总额的比率。成本费用一般指主营业务成本及附加和3项期间费用（销售费用、管理费用、财务费用）。成本费用利润率指标表明每付出1元成本费用可获得多少利润，体现了经营耗费带来的经营成果。该项指标越高，利润就越大，反映企业的经济效益越好。

成本费用利润率=利润总额÷成本费用总额×100%

4.投资回报期

投资回报期也称为返本期，是指从项目的投建之日起，用项目所得的净收益偿还原始投资所需要的年限，是反映投资回收能力的重要指标。估算投资回报期的公式为：

投资回报期=初期投资额÷（月收入－月成本费用－税金）

5.盈亏平衡点分析

盈亏平衡点分析又称为量本利分析或损益平衡分析，是根据店铺在正常经营年份的销售量、成本费用、产品销售单价和销售税金等数据，计算和分析销售量、成本和利润这三者之间的关系，从中找到三者之间联系的规律，并确定成本和收入相等时的盈亏平衡点的一种分析方法。对于加盟店来说，在盈亏平衡点上，加盟店铺既没有盈利，也没有亏损，通过盈亏平衡分析可以看出加盟店对市场需求变化的适应能力。

应用盈亏平衡分析法进行盈亏分析的关键问题是找出加盟店的盈亏平衡点，即利润为0时的业务量。盈亏平衡点又称为保本点，是加盟店必须实现的最低销售额。如果长期达不到该指标，表明该加盟店没有继续经营的必要，否则必须使销售额增加或使用费率下降。

（1）盈亏平衡点的计算方法

加盟店的盈亏平衡点是加盟店收入与支出相等时的营业额。超过此营业额，加盟店则产生盈余；低于此营业额，即表示亏损。盈亏平衡点的计算公式如下：

盈亏平衡点销售额=固定费用÷（销货毛利率－变动费用率）

变动费用率=变动费用÷销售额

上式中，加盟店的固定费用一般为加盟店的固定支出项目，如固定租金、员工薪资、公用事业费、水电费、煤气费、房地产成本摊提、折旧摊提、开店贷款利息等。变动费用率为直接营运成本、包装费、广告促销费、计时工资等会随着销售额的变动而变动的费用累加之后所占销售额的百分比。

（2）经营安全率计算法

经营安全率=（1－盈亏平衡点销售额÷预期销售额）×100%

这一比例是加盟店经营状况的重要指标，一般测定的标准为：安全率30%以上为优秀店；21%~30%为优良店；10%~20%为一般店；10%以下为不良店。

（3）盈亏平衡分析法的用途

由于盈亏平衡分析法可以反映上述关系，因此它在投资决策中可以在给定产品售价、固定费用和变动费用的条件下，确定加盟店需要销售多少商品可以保本，即确定利润为0的企业销售水平，由此也可确定企业在实现目标利润时的销售水平。

例如，某快餐加盟店每月的固定费用为20 000元，每月平均的客单价（顾客平均单次消费金额）是80元/次，单位交易变动成本是40元/次（包括销货成本与变动费用），试问该快餐加盟店每月至少要有多少交易量才可能有利润？

分析：将各因素代入盈亏平衡点公式，盈亏平衡点销售额=固定费用/（销货毛利率－变动费用率）

详细分析：

销售毛利率－变动费用率

＝（客单价－单位销售成本）÷客单价－单位变动费用÷客单价

＝（客单价－单位销售成本－单位变动费用）÷客单价

＝［客单价－（单位销售成本+单位变动费用）］÷客单价

由题目条件可知：客单价是80元/次，单位销货成本与单位变动费用之和为40元/次，则

销售毛利率－变动费用率＝（80-40）÷80×100%=50%

盈亏平衡点销售额=固定费用/变动费用率 =20 000÷50% =40 000（元）

因为该快餐加盟店客单价为80元，40 000÷80=500（次）

所以该快餐加盟店每月至少要有超过500次的成交量才有可能有利润。

▶ 经营之道8-4　　　　　　　某特许加盟酒店收益分析

以位于某二线城市一级地段的酒店为例，酒店建筑面积为3 500平方米，年租金145万元，100间客房，年平均出租率为90%，平均房价160元，加盟该特许连锁酒店的参考收益表见表8-2。

表8-2　　　　　　　　　　某特许连锁酒店的参考收益表

项目	金额（万元）	费用计算说明
总投资	510	480+30=510（万元）
装修费用	480	4.8×100=480（万元）
一次性合作费	30	3 000×100=30（万元）
年收入	551.88	525.6+26.28=551.88（万元）
年均房费收入	525.6	100×90%×160×365=525.6（万元）
年均非房费收入	26.28	525.6×5%=26.28（万元）

续表

项目	金额（万元）	费用计算说明
经营毛利润	309.05	551.88×56%=309.05（万元） 56%为根据该酒店加盟店平均水平估算的经营毛利润率
营运现金流	125.42	经营毛利润-物业年租金-年收入提成：309.05-145-38.63=125.42（万元）
净利润	112.3	经营毛利润-物业年租金-装修费用摊销-合作费摊销：309.05-145-48-3.75=112.3（万元）
物业年租金	145	根据二线城市物业年租金水平评估
年收入提成	38.63	551.88×7%=38.63（万元）
装修费用摊销	48	按10年摊销：480÷10=48（万元/年）
合作费摊销	3.75	按8年摊销：30÷8=3.75（万元/年）
利润率	20.35%	112.3÷551.88×100%=20.35%
回收期	4.07	总投资÷营运现金流：510÷125.42=4.07（年）
投资回收率	24.59%	营运资金流÷总投资：125.42÷510×100%=24.59%

资料来源　编者根据相关资料编写。

四、加盟店日常安全管理

（一）加盟店安全的含义

所谓加盟店安全，是指加盟店及顾客、员工的人身和财产在加盟店所控制的范围内没有危险，也没有其他因素导致危险发生。安全管理可以消除加盟店存在的各种隐患和风险，通过对不安全状态的控管，尽最大努力预防和避免意外事故的发生，确保消费者购物的安全，为员工提供安全的工作环境，减少门店的财物损失，维持良好的企业形象。

（二）加盟店安全事故发生的原因

1.设备陈旧。加盟店的一些安全设施、设备和工作器械如消防设施、逃生设备等，平时不定期检查、多年不更新，一旦需要使用时，常会发现设备老化甚至不能正常使用，不仅会危害公共利益，也使内部员工的工作安全性难以得到保障。

2.员工缺乏安全常识。由于加盟店对安全工作不重视，对员工的安全培训不到位，员工的安全意识缺乏，造成许多安全隐患。

3.缺乏警惕。许多意外事故在造成重大伤害之前已有事故苗头，常常是由于员工缺乏高度的警惕性，没有及时改善，最后才导致局面一发不可收拾。

（三）加盟店安全管理内容

加盟店安全管理主要涉及公共安全管理和内部安全管理两部分内容。公共安全管理主要包括消防安全管理、购物环境管理、顾客安全管理。内部安全管理主要包括开（关）店的安全管理、设备安全管理、强化安全管理意识、锁匙管理、金库管理、业务侵占之防范、夜间行窃、顾客的扰乱行为、专柜的安全管理、恐吓事件、诈骗事件、停电应变处理、保安报告管理等。

（四）加盟店安全管理作业

1.建立安全机制

（1）明确管理人员和职责。加盟店的法定代表人或非法人单位主要负责人是本单位安全工作的第一责任人，对本单位的安全工作负全面责任，依法履行各项安全职责。加盟店应逐级落实安全责任制和岗位安全责任制，明确各级和岗位消防职责，确定各级和各岗位安全责任人。

（2）成立安全管理小组。安全管理小组一般由以下人员组成：总指挥一人，由店长担任；副总指挥一人，由副店长担任；救灾组；人员疏散组；通信报案组；医疗组，负责伤员的抢救及紧急医护等任务。店长应将安全管理小组列成名册，并特别注明总指挥、通信报案人，以及重要工作的代理人姓名，同时将"防灾器材位置图"和"人员疏散图"张贴在店内指定位置。

（3）安全审核。门店的新建、改建、扩建和内部装修工程须经公安消防机关审核合格后，方可施工；工程竣工后，须经公安消防机关验收合格后方可投入使用或开业。未经验收或经验收不合格的，不得投入使用。

2.安全培训

（1）定期对店内员工开展安全教育、考核，未经安全培训或培训考核不合格的人员不得上岗。

（2）新员工上岗前必须进行岗前安全教育、考核，特殊工种要依法取得资质证书，持证上岗。

（3）员工应与各门店签订安全合同，明确双方责任，落实安全措施，并对其员工进行安全防火教育。

（4）应制订并完善火灾扑救和应急疏散预案、处置突发事故等应急预案，定期开展消防演习和应急救灾活动演习。

（5）各级安全员做好各种安全教育记录。

3.突发事件处理

（1）突发事件的类型。突发事件包括火灾、恶劣天气、人身意外、突然停电、抢劫、示威或暴力、骚乱、爆炸物、威胁（恐吓）等。

（2）处理原则。预防为主，计划为先；处理迅速、准确、有重点；以人为先，减少伤亡，降低损失。

（3）制订紧急情况计划

紧急情况计划是加盟店安全管理的重要组成部分，它是以书面形式制订的防止各种潜在紧急情况发生的预备方案。计划包括紧急小组的成立和人员名单，各个岗位的具体责任和任务，发生各种情况的处理办法，发生紧急事件时可以提供援助的机构或可以救援的机构组织等，紧急情况下的通信联系，紧急设备的维护等。

微课8-6：加盟店的日常经营管理——安全管理

知识掌握

随堂测 8-1

1.主要概念

启动资金　标准作业程序　加盟店营业收入　销售利润率

2.单项选择题

（1）加盟费是（　　　）。

A.初期投资　　　　　B.营运资金　　　　　C.可回收资金　　　　D.以上都不是

（2）宣传推广费用是（　　　）。

A.初期投资　　　　　B.营运资金　　　　　C.可回收资金　　　　D.以上都不是

（3）加盟店最主要的收入来源是（　　　）。

A.营业收入　　　　　B.投资收入　　　　　C.营业外收入　　　　D.利息收入

（4）（　　　）是衡量加盟店销售收入的收益水平的指标。

A.销售利润率　　　　B.投资利润率　　　　C.投资回报期　　　　D.净利润

3.多项选择题

（1）（　　　）属于加盟初期投资。

A.加盟费　　　　　　B.装修费　　　　　　C.开办费　　　　　　D.设备购置费

（2）加盟投资过程中，可回收的费用有（　　　）。

A.加盟保证金　　　　B.商铺租赁押金　　　C.培训费　　　　　　D.差旅费

（3）按照我国法律，登记注册包括（　　　）等基本环节。

A.工商注册　　　　　B.税务登记　　　　　C.银行开立结算户　　D.注册商标

4.简答题

（1）加盟创业的初期投资有哪些？

（2）加盟创业的融资渠道有哪些？

（3）加盟商的收入来源有哪些？

（4）如何进行加盟店的财务盈利能力分析？

双创应用

1.项目背景

A店的加盟创业

A店是安徽最大的专注时尚零食销售的知名连锁企业，全新的店面形象、独特的售卖形式，广受欢迎，被大家称为"粉粉的门店"。A店致力于打造更符合现代人口味的自然、健康的零食，目前已在合肥、南京等地发展门店200余家，也成为安徽省第一家跨省经营的零食连锁企业，未来3年计划在全国开设1 000家门店。

（1）优秀团队

A店拥有优秀的管理团队，为加盟商提供包括门店设计，日常营运管理、财务管控的全方位服务。即使加盟商不是自己亲自经营，也有A店团队专业的管控。如果您想创业，向往一份美丽的工作，选择一份粉粉的生活、甜蜜的事业，欢迎加盟A店。

（2）A店惊人的盈利能力

由于具有标准化的营运管理、完备的供应链渠道、良好的品牌口碑，加之投入少、毛利高、费用低，A店是一项低风险、盈利能力非常强的经营项目。

A店标准化的营运系统、先进的信息技术，保障了门店只需雇用极少的员工，如果是加盟商自己经营，甚至只需雇用少量小时工。一个日均销售近万元的门店，只需3~5人即可，而同等情况下的便利店需要15人左右。

（3）加盟流程

①填写申请表，必须如实、准确，如有隐瞒欺骗，即使加盟成功，也视同严重违约。

②面谈、面试：公司组织专业人员进行沟通，符合条件签署意向协议，交纳保证金。

③选址、培训：加盟商（聘用店长）到门店实习，同时提交商铺进行审核。

④筹备：选址通过后，签订正式合同，交纳加盟费、装修预付款（以决算为准）。

⑤设计、装修：公司工程部门进行门店设计，基础工程加盟商可以按照图纸自行施工（也可委托公司施工）。加盟商做好市容、税务、消防等的申报工作，公司予以指导和配合。

⑥招聘、培训：招聘新员工，进入兄弟门店进行学习。

⑦开业：工程基本完工，根据测算交纳货款。公司予以发货，组织人员上货、宣传、开业。

⑧补货、营业款：门店通过系统向配送中心要货，不用另外支付货款。但每日营业款必须存入公司指定账号，由公司统一进行财务和资金管理，每月结算一次。

⑨营运、培训：公司对门店日常经营进行指导和管理，按照公司制度进行奖惩。加盟商（聘用店长）必须参与店长培训班并通过考试。

（4）加盟费用

A店经营月收益预测表，见表8-3。

A店经营年度收入预测表，见表8-4。

表8-3　　　　　　　　　　　　　A店经营月收益预测表　　　　　　　　　　单位：万元

明细	较差店铺	一般店铺	较好店铺	很好店铺	备注
日均销售额	0.3	0.5	0.8	1	以100平方米门店举例，根据位置和经营情况，一般日销售额会在0.3万~1万元
月均销售累计额	9	15	24	30	按每月30天计算
毛利额（35%毛利率）	3.15	5.25	8.4	10.5	一般毛利率可以达到32%~40%，取均值
其他收益	0.1	0.2	0.3	0.4	
月收入合计	3.25	5.45	8.7	10.9	

续表

明细	较差店铺	一般店铺	较好店铺	很好店铺	备注
房租成本（10%）	0.9	1.5	2.4	3	租金成本和销售额有一定正比规律，一般在7%~10%之间，取值10%
人力成本（7%）	0.6	1	1.7	2.1	约占销售额的7%，为简化核算，四舍五入保留一位小数
物流成本（4%）	0.4	0.6	1	1.2	根据销售额收取配送成本，包括仓储/分拣/物流等费用分摊，为简化核算，四舍五入保留一位小数
水电费	0.2	0.2	0.3	0.3	100平方米的店，夏天约为0.3万元/月，其他季节约为0.2万元/月
其他	0.1	0.1	0.2	0.2	一些耗材/卫生费/税金等
损耗和过期准备	0.05	0.08	0.12	0.15	正常的管理情况下损耗和过期应该控制在销售收入0.5%以内，为简化核算，四舍五入保留两位小数
支出合计	2.25	3.48	5.72	6.95	
月收益	1	1.97	2.98	3.95	

表8-4　　　　　　　　　　　　　A店经营年度收入预测表　　　　　　　　　　单位：万元

明细	较差店铺	一般店铺	较好店铺	很好店铺
年度财务收益	12	23.64	35.76	47.4
年度加盟费	2	2	2	2
年度管理费	1	1	1	1
系统维护费	0.3	0.3	0.3	0.3
年度统计收入	8.7	20.34	32.46	44.1

　　按一般每家店15万元左右的装修设备投入，只要做到一般经营情况（日均5 000元），8个月即可收回全部投资。如日均销售过万元，年均收益在50万元以上。以上成本测算不含转让费。

　　（5）总部支持

　　①享有A店的货品资源和物流服务。

　　②快速的门店设计和施工。

　　③享有A店成熟的设备道具。

④享有A店的统一营销资源。

⑤现代化信息系统联网/强大的前后台数据分析。

⑥完善的培训，传授管理技巧和经营诀窍，公司商学院学习。

⑦营运指导和监督，门店24小时云平台监控管理。

⑧享有会员资源和储值卡系统。

⑨财务支持、现金管控、进销存管理。

（6）加盟商的责任与义务

①严格执行特许加盟合同，维护A店品牌形象。

②必须向配送中心要货，不得从其他渠道进货。

③按时足额交纳加盟费、保证金、管理费、装修费、货款。

④自行选址，支付租金，招募人员，发放薪酬、支付水电费和税费，不得拖欠员工工资和房租等，不能给品牌带来负面影响。

⑤遵守企业制度和营运标准，无条件服从企业管理。

⑥维护品牌形象，遵从企业价值观，参加企业要求的会议和活动。

⑦不传播和出卖企业文件和数据。

⑧不从事和不加盟其他同类业态。

2.双创任务

目标：结合项目背景，根据所学理论知识，巩固加盟店创业流程，熟悉加盟店的财务核算的内容。

任务：根据以上条件，分析该特许经营单店年度运营管理税前利润。将学生分组，4人为一组，思考以下问题：（1）加盟店开业筹备的事项有哪些？（2）加盟商判断加盟投资收益的指标有哪些？（3）加盟商根据不同情况下店铺的收益指标，如何分析此特许加盟项目的可行性？分组讨论，制作PPT，进行汇报。

考核："A店的加盟创业"双创应用考核评分表见表8-5。

表8-5　　　　　　　　　"A店的加盟创业"双创应用考核评分表

小组名称：

实训任务	考核要素	评价标准	分值（分）	得分
制作PPT，进行汇报	汇报结构	结构完整、规范、有条理	20	
	数据分析	文字与图表结合、分析深入，能发现问题	30	
	汇报内容	报告编排符合逻辑，层次分明，观点明确，论据充分	30	
	文字表达	语言表达流畅、通顺、言简意赅	20	
合计				

得分说明：各小组针对双创任务要求，进行汇报。得分90~100分为优秀；75~89分为良好；60~74分为合格；60分以下为不合格。

项目九
加盟商权益保护

■ **学习目标**

通过本项目的学习，要求达到以下目标：

知识目标：了解加盟创业风险类型；了解加盟欺诈的主要特征；掌握加盟活动各阶段的权益保护方法；掌握加盟商权益侵害的处理方法。

能力目标：树立加盟创业风险意识和培育加盟创业风险防控能力；能够在加盟前和加盟过程中对风险进行防控；培养加盟商在权益受到侵害时处理问题的能力。加盟商以加盟店作为创业路径，不仅需要多听特许商的项目推荐，更多的是需要加盟商多走多看，走访现有加盟店、生产基地、仓储物流中心，综合判断项目的可行性，将加盟风险降到最低，成功加盟创业。

思政目标：确定"社会责任、法治意识、权益保护"作为本项目课程学习的思政教育主题，通过对案例导入、经营之道、知识拓展、双创应用等栏目内容的学思践悟，帮助大学生及广大特许经营创业者树立权益保护意识，在经营过程中规范品牌授权和市场运营，与特许商共同努力，有效保障加盟商和消费者的各项合法权益，稳步促进企业和行业的发展。

案例导入

想加盟"一鸣"，结果成"奶牛侠"代理商

"一鸣"是知名牛奶品牌，有一段时间，一些意向客户发现，自己想加盟的是"一鸣真鲜奶吧"，实际加盟的却是一个叫"奶牛侠"的项目。原来，他们是被搜索平台引流了，"牛奶侠"背后是兴丰餐饮管理有限公司。

一鸣公司成立于2005年9月13日，经营状况良好，具有广泛美誉度。随着一鸣品牌知名度提升，兴丰公司通过设置百度搜索关键词的方式，将搜索"一鸣真鲜奶吧"关键词的公众，引流至名为"一鸣鲜奶吧加盟多少钱"的链接，并向被引流的相关公众推广"奶牛侠"项目。兴丰公司还委托公关公司，在某加盟网、某网美食栏目、某食品网等网站刊登了"选一鸣？不，投资加盟牛奶品牌我只选奶牛侠""为什么奶牛侠比一鸣鲜奶更受大众欢迎？""兴丰餐饮旗下奶牛侠，早已把一鸣甩掉几条街"等信息。该公司就"奶牛侠"项目与80余位加盟商签订《服务合同书》，收取管理培训费和运营指导费，并向每个加盟商收取49 800元至220 000元不等的加盟费。

法院认为，兴丰公司的做法客观上减少了原本属于一鸣公司的商业机会，也容易使相关公众误认为"奶牛侠"项目与一鸣公司之间存在关联，并采用了明显带有指向性、对比性的宣传方式，具有"扬己贬人"的特点，已构成对一鸣公司的不正当竞争，应当承担相应的民事法律责任。法院审理结果：兴丰餐饮管理有限公司于判决生效之日起删除案涉侵权信息；赔偿一鸣公司经济损失205万元，并刊登声明消除影响。

资料来源　浙江法院网. 想加盟"一鸣"，结果成"奶牛侠"代理商 [EB/OL]. [2020-04-17]. http：//www.zjcourt.cn/art/2020/4/17/art_56_20347.html.

案例启示：特许加盟中，加盟创业者需要考虑的内容很多，并不是交了钱、签了合同就可以了，因此，加盟创业者在考察项目时，一定要认准正规的企业和项目，了解好相关政策，落实好每个细节，降低加盟创业失败的风险。

单元一　加盟创业风险类型

创业风险是指来自与创业活动有关因素的不确定性。在创业过程中，创业者要投入大量的人力、物力和财力，要引入和采用各种新的生产要素与市场资源，要建立或者对现有的组织结构、管理体制、业务流程、工作方法进行变革。这一过程中必然会遇到各种意想不到的情况和各种困难，从而有可能使结果偏离创业的预期目标。

在特许加盟活动过程中，能够成为加盟商创业风险的因素有很多，比如特许商的经营情况、消费者需求的变化、加盟网点布局的调整、竞争者的增加。总的来说，加盟商的创业风险来自特许商、加盟商自身和特许经营体系这三个方面。

微课9-1：
加盟创业
风险类型

一、来自特许商的风险

（一）假借加盟名义"圈钱"

有些企业利用特许加盟的形式，实际上却是在销售设备，或者从中收取不菲的加盟费，特许商打出免加盟费的幌子，销售机器设备，完成"圈钱"后便逃之夭夭。比如，上海"得意咖啡"一案中特许商在卖了1 000多台咖啡机、骗得上千万元后立刻"蒸发"，最后加盟者空得一些无用的机器，只好自认损失。

（二）虚假广告引诱加盟者，承诺短期内回收成本

目前，在网络宣传，报纸杂志中，这样的广告语时常出现："投资5万元，回报50万元""一万五加盟、两个月回本、送全套设备""投资只需3万元，加盟、培训、设备全包括""投资少、盈利多、见效快""20天万事无忧成老板"。有些特许商甚至向加盟商信誓旦旦：只要加盟，利润就会达到30%~50%。如此具有煽动性的语言将很多人没实现的创业激情迅速点燃。真像广告所说的那样吗？同正常经营一样，任何加盟项目都有一个投资回收的过程，才有盈利的可能。对于那些所谓的特许商声称的收益率远远高于行业平均水平的情况，都存在着巨大的风险。

（三）无加盟费或费用极低

不少特许总部用加盟费用少、资金"门槛"低来吸引加盟商。然而，对于特许经营企业而言，加盟费的支付意味着特许总部要向加盟店提供必要的支持和保障，加盟费的标准不能简单地看金额的高低，而是看这些费用与特许总部所提供的产品、管理、品牌以及技术是否匹配。那些没有品牌知名度，自身实力比较弱的特许商，根本就没有办法帮助加盟商抵御风险。

（四）参观门庭若市的样板房

少数不法特许商通过前期对几个加盟店和样板店的包装、造势进行内外勾结，让创业者在加盟项目考察时看到店铺生意兴隆的假象，加盟商无法看到真实的经营状况，加盟后，特许商并不提供任何支持，更有甚者会消失无踪。

（五）一份诱惑力极强的合同

有些特许总部授权时会给加盟商做出极具诱惑力的承诺。比如：特许商销售设备给加盟商生产产品，加盟商生产的产品，由特许商全部回购，但特许商不会在合同上注明要达到的产品标准，当加盟商生产出产品后，特许商以产品不符合要求为由拒收。也有特许商用没有资格的主体来签订合同，如以办事处和加盟商签订协议，最后出问题时加盟商诉讼无门。

二、来自加盟商的风险

（一）加盟商盲目加盟

加盟商盲目加盟、没有考虑自身经济实力、选错行业都会给加盟商带来潜在的风险。由于急于创业开店，有些加盟商为了筹措加盟金、保证金及开店费用大量借贷，甚至超出了自身的承受能力，这样一来，店铺抵御风险的能力会变得很弱，一旦店铺出现突发情况，即会导致资金周转问题，继而影响店铺的正常经营。

（二）加盟店违规经营的风险

由于加盟商是独立主体，经营自由度高，因此特许总部对加盟店的控制力较小，各类风险也就随之发生。加盟商虽然在开店之初得到了特许总部的许多帮助，但一旦业绩稳定，就会有加盟商认为店铺业绩良好是自己努力的成果，对于特许总部的指导则不以为然。出现对特许总部的指导不愿接受，对特许总部的命令不愿执行，对特许总部的促销计划不予配合的情况。由于过于自信，加盟店逐渐远离特许总部而招致了失败。据调查，特许商与加盟商之间的加盟纠纷主要表现为如下情况：加盟店对特许总部营销支持与特许总部辅导不满意；加盟店对特许总部提供的商品价格不满意；加盟店认为特许总部的政策配合度与执行力度很低；加盟店对每月的营业额不满意；加盟店与特许总部之间对于商品采购限制的争议；加盟店对特许总部所举办的促销活动不愿意配合；加盟店与特许总部之间对于商圈保障范围的看法有分歧；加盟店对于特许总部举办的教育训练不配合；加盟店对每月交纳的权利金与管理费用有争议；加盟店不能每月按时交货款。由于这些矛盾的不断升级，特许商和加盟商无法顺利合作下去，从而造成加盟失败的案例屡见不鲜。

三、特许经营体系风险

特许经营体系中的每个加盟者都使用统一的品牌，加盟商之间的利益是相互影响的，良好的形象能使大家都受益；相反，品牌形象无法维护或被疏忽，则全部加盟店都会受到影响，产生恶性连锁反应。

知识链接 9-1　　特许经营的区域代理合同纠纷的特点及注意事项

当前，在大众创业、万众创新的大背景下，加盟、代理成为大学生、中小投资者创业的首选。创业者或受专业制约，或受宣传影响，在签订合同尤其是涉及特许经营的区域代理合同时对相关行业、市场未予考察，对所签订的合同缺乏必要的了解和认知，存在盲目跟风的现象，导致涉及特许经营的区域代理合同纠纷日益增多。特许经营的区域代理合同纠纷呈现出以下特点：一是特许经营涉及的行业广泛，授权经营的产品类型多样、区域遍布全国各地；二是涉诉合同多数无法履行，诉讼请求主要是要求解除合同；三是此类合同涉及的法律关系复杂、法律关系定性易产生争议。

针对当事人不了解区域代理合同、不熟悉相关法律知识这一普遍问题，对拟踏入特许经营行业的创业者做出六点风险提示，以期帮助创业者规避法律风险，提高诉讼能力。

在签订涉特许经营的区域代理合同时，应关注"六大注意事项"：一是调查市场运营情况，切勿盲目跟风。被授权一方应事先调查类似项目的市场运营情况，或咨询具有相关专业知识的人员，综合判断合同所涉项目的可行性及风险，理性签订合同。二是核实企业资质，切勿草率加盟。当事人在签订合同前应多方面审查企业的经营资质。若涉及特定行业，除要审查营业执照等公司注册文件外，还需审查该企业是否具备从事特定行业的许可证件，是否在国家相关部门登记备案等。三是核查商品质量，切勿销售三无产品。涉及经销、代销实体商品的特许经营合同，当事人应核查生产商是否有完备的登记手续、生产许可证，商品质量是否合格，合格证是否经过有关机关备案，是否符合相应的国家标准等。四是核查授权标志的存续情况，谨防企业"空手套白狼"。签订涉及使用产品标识、商标等的特许经营合同，当事人需事前审查产品标识、注册商标的登记、存续情况。五是全面关注合同内容，切勿只顾眼前收益。着重关注授权权限、授权使用的地域范围、各方的权利和义务、收益的计算方式、违约责任、免责条款等，做到心中有数。出现问题后，当事人应及时留存相关证据，包括涉案合同书的原件、支付相应费用的银行转账凭证或企业开具的收据、发票以及授权企业的企业信息等，避免因举证不能而承担败诉风险。六是多途径评估风险，谨防受骗。创业者可登录国家企业信用信息公示系统、中国裁判文书网等政府网站查询授权企业的经营状况及涉诉情况，综合评估企业的信用级别，提高防范意识。

　　资料来源　编者根据相关资料编写。

单元二　意向加盟期的权益保护

微课 9-2：加盟创业权益保护

　　权益是指公民或者法人受法律保护的权利和利益。一般来说，加盟商需经过 3 个月以上的深入研究，才能对意向特许加盟项目做出一个比较完整且清晰的认知判断。在意向加盟阶段，加盟商应重点审查特许商信息，防范加盟风险，保护自身权益。

一、重点审查特许经营的主体资格

（一）特许商的准入资格

　　《商业特许经营管理条例》（以下简称《条例》）规定，特许商必须为企业，从事特许经营活动应当拥有成熟的经营模式，并具备"两店一年"的基本条件。实践中，很多特许商在不完全具备《条例》规定的特许商准入资格的情况下就开始进行特许经营活动，致使加盟商的加盟活动不但很难盈利，甚至有可能血本无归。加盟商除了审查《条例》规定的基本条件外，还应审查特许商拥有的特许经营资源，如注册商标、专利、专有技术等是否属于特许商所有。对特许商基本条件做全面的审查有助于加盟商做出正确的投资选择，并保证投资安全。为了审核特许商的真实性，加盟商应该核实以下信息：

　　（1）营业执照副本、税务登记证、组织机构代码本。

　　（2）注册商标证明、品牌代理证明，如果是国外品牌还需提供原产地证明。

　　（3）《商业特许备案副本》用以查验企业是否进行过商业特许备案。

　　（4）企业进行技术转让或技术专利的需要提供《专利证明》。

　　（5）《条例》中明确规定的所谓"两店一年"，即特许商是否拥有 2 家以上的直营店，且盈利状况良好，经营时间都在 1 年以上。

　　（6）企业荣誉：企业获奖证书、企业获得的奖励等均需提供第三方查询方式。

　　（7）特许商提供的将与加盟商签订的合同副本或合同模板，必要时可聘请专业律师过目。

拓展阅读 9-1：特许经营纠纷中关于"两店一年"的理解与适用

（二）确认特许商是否在商务部门备案

　　《条例》规定，特许商应当自首次订立特许经营合同之日起 15 日内，向商务主管

部门备案。特许商在商务主管部门备案是特许商规范经营的重要体现，特许商未按照《条例》规定备案，不仅可能面临民事风险，还可能面临市场监督管理部门的行政处罚。

加盟商应该通过商务部商业特许经营信息管理系统查询特许商的备案信息。重点了解企业是否已经通过备案，查明以后应要求特许商出示其拥有的经营资源的权利证书。如出示其注册商标、企业标志、专利、专业技术、经营模式等信息的书面资料，同时通过政府网站核查相关证书、证照的真实性和有效性。因为所谓加盟，就是特许商将品牌授权给加盟店使用，换句话说，特许商必须要先拥有相关经营资源，才能授权给加盟店。因此，加盟商在加盟前，务必要先确认特许商的确拥有经营资源的相关证书，才能放心地加盟。

（三）确认特许商信息披露是否完善

《条例》明确规定特许商应当建立并实行完备的信息披露制度。加盟商应当从以下方面注意特许商的信息披露是否完善：

（1）披露时间：特许商应当在签订特许经营合同前至少30天进行信息披露。

（2）披露方式：特许商应当以书面形式进行信息披露。

（3）披露内容：特许商应向加盟商披露《商业特许经营信息披露管理办法》规定的12条内容。

（4）披露确认：特许商在向加盟商进行信息披露以后，加盟商应当就所获悉的信息内容向特许商出具回执说明。

（5）披露保存：《条例》规定特许商向加盟商提供的信息应当真实、准确、完整，不得隐瞒有关信息，或者提供虚假信息。特许商隐瞒有关信息或者提供虚假信息的，加盟商可以解除特许经营合同。

二、降低特许经营资源（知识产权）风险

特许经营的特点是特许商有偿输出自己的经营资源，许可加盟商使用其商标权、专利权以及独特的经营方式或经营诀窍等一整套知识产权。因此，特许经营的法律风险从招募加盟阶段即已存在。

（一）加盟商应审查特许商所授权利来源的正当性

拥有一套完整、合法的特许权组合是特许商开展特许经营的基础，这直接关系到特许企业规模的扩张，一个存在权利来源瑕疵的特许权必然会影响加盟商的利益。因此，加盟商应该从以下两个方面来审查特许商权利来源的正当性：

（1）特许商必须保证其许可他人使用的权利不存在任何瑕疵；否则，特许商就很有可能因此被其他企业指控侵权或被加盟商指控违约。

（2）特许商应拥有有权许可他人使用的商标、商号和营业模式等经营资源。因此，如果特许商授权使用的商标出现如下情形，势必影响到特许授权的开展：

①将受理阶段的商标作为注册商标使用；

②权属有争议或已转让的商标；

③特许商非授权商标的持有人，或者特许商获得的商标许可使用权中没有再许可

的范围;

④授权商标有效期届满后没有续期,致使该商标已丧失有效性。

如果特许商将上述有瑕疵的商标许可使用权授权给加盟商使用,在特许授权经营过程中,很可能卷入被实际的商标持有人指控侵权或被加盟商指控违约的纠纷中,所签订的特许经营合同也会因为特许商不具有经营资格而被认定为无效合同,承担不利后果的法律风险。同样,在特许商授权中涉及专利权的许可使用的,特许商同样应保证其为合法权利人。

(二)确认特许商商号与商标的合法性

现实中经常会出现商标中的文字与商号相同或类似的情况,使社会公众对商品或服务的来源产生混淆,从而出现商标权或者商号在先的合法权利人的利益受到损害的情况。因此,为防止企业名称被他人抢注为文字商标或商标中的文字被他人抢注为商号,特许商在开展特许经营业务之初,应尽可能将商号与商标中的文字保持一致,并同时办理商标注册和企业名称登记的相关手续。另外,由于商标与商号分属于不同的行政管理机关管理,作为企业名称组成部分的商号的检索范围仅限于本省市区域内,因此,特许商将来如需在其他省份开展特许经营业务就必须进行企业名称预登记,以防止商标中的文字被他人在其他省份申请企业名称登记,从而保证日后特许经营业务的开展。加盟商要确认特许商的商号和商标已注册,并为特许商独有。

(三)确认特许商著作权无瑕疵

特许商在授予加盟商特许经营权时一般需要向加盟商提供相应的《特许经营手册》。实践中,该部分资料一般包括运营管理、VI、CI、培训指导或装饰装修手册等文件。这些资料有的是特许商组织编写的,有的则是委托专业的咨询公司编写的。前一种情况下,特许商自己组织编写的文件资料一般构成《中华人民共和国著作权法》规定的法人作品。后一种情况下,如果特许商与专业咨询公司未对编写文件的著作权进行约定,则按照《中华人民共和国著作权法》的规定,委托创作的作品,著作权的归属由委托人和受托人订立的合同约定,合同没有明确约定或没有订立合同的,著作权属于受托人,因此,专业机构享有受托编写的有关资料的著作权。也就是说,特许商虽然支付了费用,但拿到手的只是资料的使用权。因此,如果特许商许可加盟商使用该部分文件资料,就存在被法律意义上的著作权人追究侵权责任的风险。所以,特许商应事先通过书面合同约定该委托创作的文件资料的著作权属于特许商所有。加盟商要确认特许商的各种知识产权归特许商所有,并且有向他人授权使用的权利。

▶经营之道9-1　　　　一心想开店,引进项目后却发现"水土不服"

　　　近年来,医疗、美容、健身等方面的经营颇受追捧。来自济宁的孙女士在威海考察了一家公司具有美容美体效果的项目后,认为十分有前途,一心想赶紧加入,当场便向该公司交纳了1万元的保证金,并与该公司签订了特许经营合同,随后,她陆续交了加盟费等费用近23万元。

回到济宁后，孙女士陆续收到该公司发来的产品，接受了该公司提供的技术培训，并在该公司相关工作人员的帮助下，进行了市场调研。随后，该公司按加盟店统一的形象标准为孙女士的门面进行了装修。

一切都在顺利地进行着，孙女士似乎看到了自己的门面人潮涌动的未来。

当一切都准备就绪，孙女士到当地市场监督部门办理工商登记的时候，工作人员告诉她，她经营的项目属于医疗器械类，还应当有监管部门的审批手续及加盟公司具有经营资格的审批手续，否则便无法办理。孙女士赶紧向该公司进行确认。该公司表示，公司的产品属于健身器材，不属于医疗器械。

经过双方反复确认，孙女士获知，因为两地对该公司产品的认定不同，自己的门面根本没有办法在济宁开张，于是，她向市中级人民法院提起诉讼，提出这家公司没有商业特许经营资格，且经营的项目属于未审批的医疗器械类，要求对方给予赔偿。

法院审理认为，从孙女士与公司签订的合同约定的内容来看，公司为孙女士提供技术指导、设备及注册商标许可，按照统一的设计样式对孙女士的经营场所进行装修，孙女士也在其经营的店面对公司注册商标进行了使用宣传，并对外提供服务，双方约定符合特许经营的法律合同特征，合同合法有效。因此，驳回了孙女士的诉讼。

在这一案件中，孙女士之所以遭受损失，很大原因是她在考察项目的时候，未充分了解产品性质，以至于项目引进到外地后"水土不服"。因此，提醒广大加盟者，在加盟项目意向阶段，一定要对项目有充分的了解，并考察好相关政策，以防做了无用功。

资料来源　编者根据相关资料编写。

单元三　签署合同期的权益保护

签署合同期的权益保护主要是指在特许经营合同拟订、签约阶段的法律风险控制。特许经营关系是一种平等主体间的民事法律关系，特许经营合同是建立特许经营法律关系的载体。对加盟商而言，特许经营合同是减少纠纷的关键，合同的完善与否直接关系到特许加盟的成败。在特许经营合同拟订、签订阶段，加盟商应该注意以下问题：

一、合同形式权益保护

根据《条例》的规定，以及特许经营合同的复合性特点，特许商的合同应当采用书面形式，一方面，能加强当事人的责任心，督促双方全面、正确地履行合同；另一方面，一旦发生纠纷，也便于举证，分清责任。另外，由于特许经营关系不同于代理关系、经销关系，特许经营合同和代理合同、经销合同产生的法律后果不同，因此，为避免如代理合同中被代理人需承担代理人引发的法律责任，特许经营双方签订的合同应采用书面形式。

特许经营合同的重要内容之一就是商标许可使用或专利许可使用，鉴于商标、专利许可使用的重要性和复杂性，特许双方签订特许经营合同时，应签订一份商标许可使用合同或专利许可使用合同作为附件。如此操作，既可强调商标许可的重要性，又可避免过细的商标或专利许可条款冲淡特许经营合同的其他主要内容；同时，为商标或专利使用许可合同的备案提供了方便。

二、合同内容权益保护

为避免特许商和加盟商因合同条款产生歧义，引发纠纷，从而给特许经营带来巨大的法律风险，加盟商需注意对下列这些条款的拟订：

（一）经营许可方式权益保护

特许商应明确向加盟商授权的是独占许可、排他许可或是一般许可还是区域许可。一般而言，特许商授权的商标许可不是排他许可或独占许可，这样特许商就可授予多个加盟商使用其商标，而不仅为一个加盟商所使用。

（二）特许经营授权范围、授权地区的权益保护

特许商为保证其品牌的正常运营，同时也为保证其加盟商的运营利益，都会对其经营资源的授权范围、授权区域等做出合理的划分，从而有效保护双方的权利。特许商拥有的经营资源在向加盟商授权时，应按《中华人民共和国商标法》《中华人民共和国专利法》等的有关规定，将授权的方式、地域在授权书中列明。特许商授权被特许商在一定地域范围内运用授权的经营资源从事该经营活动，又称为"商圈保障"，指的是在其加盟店所涉地域范围内不得开设第二家分店。因此，被特许商对保障商圈的范围有多大必须十分清楚。不过，常见的情形是，特许商在保障商圈以外不远处的距离再开设第二家店，影响到原有加盟店的生意而引发抗议。其实，特许商若是把店开在保障商圈以外的地方，加盟店并没有抗议的权利。但值得一提的是，某些连锁体系因为加盟店增多或已达饱和状态时，在商圈的保障下，已很难再开新的加盟店，于是便取巧发展第二品牌。即使用另一个新的品牌名称，而营业内容与原来的品牌完全相同，这样就可以不受原有品牌的商圈保障限制了。因此，被特许商为保障自身权益，在签约时，最好载明特许商不得在本区域内发展营业内容完全相同的其他品牌。

（三）加盟商教育、指导权益保护

对加盟商的经营指导、技术支持、业务培训等条款应尽可能详细。在合同中，应明确规定这些事项的内容，在很多特许经营合同中，这些条款作为合同的主要内容占据了很大篇幅，同时也是对加盟商利益保护的体现，但通常合同中，会有"本合同未尽事宜，应依特许商的有关规章、管理规定办理"字样。如果加盟商遇到这样的情形，最好要求特许商将规章、管理规定附在合约后面，成为合约的附件。因为规章、管理规定是由特许商制定的，特许商可以将合约中未载明事项全纳入其规章、管理规定之中，随时修改，加盟商届时在不知情的情况下，违反了特许商的规则，当发生纠纷时加盟商就处于劣势了。

（四）特许经营费用和保证金条款

（1）特许经营费用包括特许加盟费、特许权使用费和其他约定费用。交纳特许经

营费用是合同执行的基本前提条件，也是特许商获得收益的主要途径。某些特许商对特许经营的费用及收费办法往往约定不明确；即使在合同中双方对特许经营费用做出了明确约定，但对特许商提供的产品或者服务等其他费用则无明确约定，且常常将保证金与特许经营费用混淆，导致特许合同履行过程中大量争议的产生。因此，加盟商不仅应明确费用标准，还应明确：

①收费的内容，诸如特许加盟费、特许权使用费以及其他费用，如广告费、店面装修设计费和专项指导服务费等费用，这些费用也可在特许经营合同外单独约定。

②收费办法，对上述费用是按年收、季收还是月收，以及收费方式和日期。

（2）保证金问题。特许商在合同中明确规定保证金的收取、保证内容、返还条件、时间等内容。加盟商要特别注意关于保证金的性质问题，有些特许商在合同中会约定保证金具有定金的性质或约定特许商有权扣除全部保证金，保证金可以适用定金处罚条款。

三、加盟商务必持有一份特许经营合同

加盟商在特许合约签订之前，应就合同的法律问题咨询专业人员，在合同签订之后双方务必要各持一份。如特许商自己保留两份合约，并未留一份给加盟商，一旦将来产生纠纷，加盟商很可能会因无证据证明双方之间存在合同关系，而无法保护自己的合法利益。

四、交纳相关费用后应及时索要发票

一般而言，总部会向加盟者收取四种费用，分别是加盟费、管理费、保证金、货款等。所谓加盟费，指的是特许总部在开店前帮加盟者做整体的开店规划、教育培训、品牌许可所收取的费用。管理费是一种持续性的收费，是加盟商对持续使用特许商的特许权的补偿，可能按月收取，也可能按季度收取。至于保证金，则是特许总部为确保加盟者会确实履行合约，并准时支付货款等所收取的费用，一般在合同期满后加盟商无违约的情况下，返还给加盟商。加盟商向特许商交纳所有费用，都应当及时向特许商索要发票，一旦双方产生纠纷，这将是加盟商已经履行合同义务的主要证据。现实中，很多特许商只给加盟商一个个人账号，而且加盟商汇款后只给加盟商一张收据而不给开具正式发票，甚至收据都不给加盟商，一旦双方产生纠纷，加盟商很难证明自己已经按照合同约定交纳了相关款项。

单元四　加盟店营运期的权益保护

一、特许商供货的质量、价格及方式的权益保护

一般的特许经营合同中，特许商都会要求加盟商一定要从特许商处进货，不得私下进货。这是特许商为保证其品牌的统一管理及服务质量所做的要求，本无可厚非，但这点往往是特许商与加盟店纷争最多之处。因为加盟店经常认为特许商的供货价格偏高或供货不及时，于是纷纷自行向外采购。但是特许商基于连锁体系品质的一致

性，不得不要求加盟店必须统一向特许商采购，于是争端便产生了。较为合理的方式是加盟商在签订特许加盟合同时，事先要求特许商供货的价格不得高于市场行情，或是高出市场行情百分之多少是可以接受的，并对供货等物流渠道做出合理要求，以免事后双方因为供货价格及物流渠道等发生不必要的纷争。

二、关于违约事项及罚则条款的权益保护

由于加盟合同多是由特许商所拟定的格式合同，所以会对特许商较为有利，在违反合约的事项及处罚条款上，通常会多列出针对加盟商的部分，对特许商违反合约的部分则只少量提及。加盟商在签订合同前，应充分了解特许商在相关条款中对自己的限制要求。对特许商的违约事项及罚则应明确到具体条款中，尤其是特许商应提供的服务项目及后续支持等方面，应要求特许商明确记载于合同中。

> **经营之道9-2**　　　早教加盟店停业负债，法院：品牌方对不能清偿部分承担30%补充赔偿责任

一、案情回放

乐宝公司是一家早教机构，加盟知名早教品牌"金牌宝贝"，对外挂牌也为"金牌宝贝"。其对外宣传资料、学员证书等文件中均使用"金牌宝贝早教中心（创智店）""金牌宝贝创智中心"等与"金牌宝贝"品牌相关的名称。

2019年9月，李先生为两岁的儿子彤彤报名了这家早教机构，签订了一年的培训合同，购买早教课程共78课时，课时费10 500元，乐宝公司开具收据。

2020年1月，乐宝公司发布《告示》称，原定于春节假日后新学期的开课计划停止执行，并同时暂停全部服务项目，请家长提供学费交纳凭证等进行退费操作。2月，乐宝公司对李先生提供的材料进行整理核对后，向其发送《幼儿家长交费情况和课时消耗统计表》，载明李先生尚余50课时，价值6 731元。

然而此时乐宝公司已无力退款，并且李先生和其他家长还发现，乐宝公司并无开办托育业务的资质。李先生遂诉至法院，要求解除与乐宝公司的教育培训合同，返还课程费6 731元，乐宝公司法定代表人对债务承担连带责任，"金牌宝贝"公司对债务承担过错赔偿责任的诉请。

二、判决结果

法院认为，因乐宝公司停业，李先生要求解除合同，乐宝公司理应退还剩余课程费，乐宝公司的一人股东不能证明公司财产独立于其个人财产，应对债务承担连带清偿责任。而"金牌宝贝"公司和乐宝公司未向李先生就经营主体独立性作出特别说明，"金牌宝贝"公司也存在一定程度的监管、督促过失；同时，"金牌宝贝"公司确因特许经营获得了一定利益，故其宜对李先生损失承担相应的赔偿责任。综合本案各方面情况，酌情确定"金牌宝贝"公司对乐宝公司所负债务不能清偿部分承担30%的补充赔偿责任。

三、以案说法

法院经审理认为，乐宝公司开设早教机构，挂牌为"金牌宝贝"，纵观其整个

宣传、签约及提供服务的过程，消费者并无法明确知晓早教中心的实际经营主体为谁。对此，作为实际经营者，乐宝公司显然有其责任。与此同时，作为收取加盟费、管理费等费用，对门店日常签约、经营情况以及股东变动情况均有所管理和掌控的品牌授权方，"金牌宝贝"公司显然未能充分尽到其品牌监管职责，未能引导消费者全面、理性认识品牌，从而有效识别品牌授权方、实际经营者等不同主体，进而评估消费行为所涉内容与风险。

基于此，消费者主张"金牌宝贝"公司对乐宝公司的债务承担相应过错赔偿责任，亦有其依据，可予支持。至于具体的责任情形，一审法院酌情认定"金牌宝贝"公司对乐宝公司所负债务不能清偿部分承担30%的补充赔偿责任，与本案中品牌授权方的过失较为匹配，也能较好平衡各方利益，法院予以认同。

资料来源　上海市第一中级人民法院. 早教加盟店停业负债法院：品牌方对不能清偿部分承担30%补充赔偿责任 [EB/OL]. [2022-09-09]. http://www1.hshfy.sh.cn/shfy/web/xxnr.jsp? pa=aaWQ9MjAyOTA0OTAmeGg9MSZsbWRtPWxtNTE5z&zd=xwzx.

单元五　续约与合同终止的权益保护

一、有关费用清缴的权益保护

合同到期或解除后，特许双方往往对费用的清偿问题纠纷最多。为了防止加盟商不清缴相应费用后即撤离加盟店，特许商一般通过合同中的保证金条款来约束对方，即合同中约定，加盟商只有付清所有款项、拆除所有专业标志以及妥善处理剩余产品后的某个时间内特许商才将保证金返还。

二、关于加盟合同解除后产品处理的权益保护

在加盟合同履行中，特许商向加盟商提供产品、设备是特许经营关系的重要组成部分。特许商或者通过加盟商向第三方或消费者销售产品，或者向加盟商销售由特许商自己规定的产品和设备，进行标准化经营或保持体系的统一形象。因此，在加盟合同关系中还有一系列特许双方之间的买卖关系，形成从属于加盟合同的一系列买卖合同。按照法律规定，主合同解除，从合同也应解除，合同解除后，尚未履行的条款，终止履行；已经履行的条款，根据履行情况和合同性质，当事人可以要求恢复原状、采取其他补救措施，并有权要求赔偿损失。因此，加盟合同解除则买卖合同亦解除，这时如果合同因特许商违约而解除，加盟商有权要求将未销售的产品退还给特许商，并要求对方返还相应货款。另外，某些特许商为防止加盟商拖欠货款，会在合同中约定产品所有权保留条款，即加盟商付清货款前，其所购买的产品所有权仍属于特许商，合同终止后，加盟商应立即返还产品并承担有关运费。

三、关于取回保证金的权益保护

当特许合同终止时，对加盟商而言，最重要的就是取回保证金，但有的特许总部往往会以各种理由，延迟返还保证金或拒不返还保证金。实践中，特许总部经常使用的理由有：加盟商进货量未达合同约定的数额；或者特许合同签订后，加盟商未履行

相关的合同义务。例如，没有将开店地址、照片发往总部备案。因此，加盟商在合同履行过程中，应注意保存所有与特许总部往来函件的发送证据，在特许合同期满特许总部延迟返还保证金或拒不返还保证金的情况下，这些都是加盟商不存在违约的有利证据。

知识链接9-2　　　　　　　　　　规避特许经营合同终止的风险

　　特许商随意终止特许经营合同或不展期的行为往往使加盟商遭到致命打击，无法实现其预期的经济目的。面对特许商的这种权利滥用，加盟商越来越重视这个问题，不断要求在特许经营合同条款中限制特许商的这种行为。

　　特许经营合同的期限短则1~2年，长则几十年。合同到期时，若加盟商在合同期间基本履行了自己的义务并表示愿意继续经营该特许经营业务，特许商亦应同意延展合同的期限。所以，特许经营一般都是一种长期的合同。合同的展期和终止条款，保证加盟商可以长期连续不断地向社会提供质量可靠的产品和服务。这种状况的维持要求特许商有一个能促使加盟商严格履约的杠杆，而且即便出现违约现象也能使加盟商迅速纠正。这个杠杆就是特许商对加盟商行使终止合同的权利。这种状况的维持还要求保护实力较弱的加盟商的法律地位和经济利益。其措施之一就是允许加盟商延长合同期限的要求以及禁止特许商随意终止合同的权利。

　　特许商的特许经营制度的建立是以花费大量的时间、精力、资本为代价的。为了保护其特许经营的信誉，保护特许商及其他加盟商、消费者的利益，特许商在一定情况下可以对加盟商不延展合同期限或终止合同。同样，加盟商从事特许经营业务也要有一定的投资，花费一定的时间、精力和感情。因此如果加盟商经营状况符合标准，而特许商却利用其经济实力或其他原因任意终止合同或不为加盟商延展合同期限，这显然是不公平的做法。因为双方经济力量悬殊，加盟商没有与特许商抗衡的能力。

　　不展期是指在合同期满时，特许商不同意与加盟商继续保持合同关系。终止合同是指在合同期间包括展期在内，特许商要求立即结束双方之间的合同关系。虽然不展期与终止合同是两个不同的法律概念，但是不展期在大多数情况下也会给加盟商造成经济损失，所以大多数美国法院往往把这两个问题等同起来看待。法院认为只要加盟商履约情况基本令人满意，特许商就应允许加盟商继续保持契约关系的要求。而且即使加盟商的确有违约行为，特许商也应给予他们纠正的机会，双方契约关系仍要继续保持。若特许商在合同到期后不为加盟商展期，特许商要在合同期满日期前90天或120天以书面形式正式通知加盟商，而且要说明理由。美国的法律要求特许商必须有"正当原因"终止合同，并必须在终止日期前90天或120天以书面形式通知加盟商，从终止日起在30天内，加盟商要将其加盟店的出售、转移等手续办理完毕。正当原因的解释是指加盟商连续不断地违约，即在收到特许商关于加盟商违约的通知后，加盟商仍不遵守、履行特许经营合同的合法规定，并在合理的时间内（一般是一个月）仍不纠正其违法行为。美国一些州还把下列情况视为正当原因，一旦加盟商在合同期间出现下列任何一种情形均可被立即中止合同并不给予纠正的机会：第一，加盟商或与特许经营有关的企业被宣布为破产，或法院宣布其为无清偿能力，或特许经营的全部或大部分财产被转移，或以债权人为受益人而转移，或者加盟商承认无力清偿欠特许商的到期债务。第二，加盟商在合同期间连续5天停业，或者在更短的期间内，特许商合理地得出加盟商不打算继续经营的结论。

资料来源 编者根据相关资料编写。

知识掌握

1.主要概念

创业风险 权益

2.单项选择题

（1）《商业特许经营管理条例》规定，特许商应当自首次订立特许经营合同之日起（ ）日内，向商务主管部门备案。

A.10 B.15 C.20 D.30

（2）授权商标（ ）年有效期届满后没有续期，致使该商标已丧失有效性。

A.5 B.10 C.15 D.20

（3）（ ）不是降低特许经营知识产权方面资源风险的方法。

A.加盟商应审查特许商所授权利来源的正当性

B.确认特许商商号与商标的合法性

C.确认特许商著作权无瑕疵

D.确认受许人主体资格

（4）特许商应向加盟商披露《商业特许经营信息披露管理办法》规定的（ ）条内容。

A.11 B.12 C.13 D.14

（5）特许商在向加盟商进行信息披露以后，加盟商应当就所获悉的信息内容向特许商出具回执说明的是（ ）。

A.披露方式 B.披露内容 C.披露确认 D.披露保存

3.多项选择题

（1）在加盟创业过程中，以下来自特许商的风险有（ ）。

A.虚假特许加盟广告 B.承诺低投入高回报

C.合同陷阱 D.假借加盟名义"圈钱"

（2）加盟商从（ ）方面进行特许经营合同权益保护。

A.经营许可方式 B.加盟商培训

C.特许经营费用和保证金条款 D.特许经营授权范围、授权区域

（3）加盟店运营期的权益保护主要涉及（ ）。

A.特许商供货的质量、价格和方式的权益保护

B.关于违约事项及罚款的权益保护

C.加盟商务必持有一份合同

D.确认特许人资格

4. 简答题

(1) 加盟商应该重点核实特许商的哪些信息？

(2) 加盟商如何从合同形式上保护自身权益？

(3) 加盟商如何从合同内容上保护自身权益？

(4) 简述签署合同期的权益保护有哪些内容。

(5) 简述取回保证金的权益保护有哪些内容。

双创应用

1. 项目背景

加盟风险防控

2021年8月，张小姐加入某知名香水琳娜的加盟连锁经营体系，合同约定加盟者应在合同签订之日向特许方支付5万元的品牌使用费（即特许权使用费），同时承诺将萧山地区的商圈交给张小姐独占经营，合同对于履行期限的约定是"合同期限为1年，在期限届满之前3个月，任何一方未提出解除合同，合同期限自动延长1年"。

签下合同后，张小姐并没有按照合同的约定支付品牌使用费，但是根据特许商的要求支付了1万元的品牌使用保证金（这在合同中并没有约定，是张小姐和特许方自行商定的）。

2021年9月，张小姐经过考察后决定将地址选择在A商场，为方便张小姐经营，特许方于9月3日向张小姐出具了《特许经营授权书》一份，授权使用期限为1年。但在一切准备就绪的情况下，A商场因为某些原因无法开业，特许商表示只要在商圈内都可以另定地址，但是此后张小姐一直没找到合适的经营地点，一晃1年就这样过去了。

2022年9月，张小姐认为合同已满1年，自己一直没有使用该品牌，也不存在损害特许商品牌的情况，于是提出要特许方退回保证金1万元。特许方则认为，张小姐连品牌使用费也没交，双方还存在债权债务纠纷，同时合同还在履行期限内，婉言拒绝。最后，双方进行了调解，特许商并没退还1万元保证金，只给予一些折价货品。

2. 双创任务

目标：根据上述背景资料，掌握加盟各阶段风险的常见情况及防控对策。

任务：将学生分组，4人为一组。根据以上案例，思考以下问题：（1）本案例围绕什么加盟纠纷展开？（2）张小姐有权要回品牌使用保证金吗？（3）加盟商在加盟的各阶段要注意哪些风险？如何防控？分组讨论，制作PPT，进行汇报。

考核："加盟风险防控"双创应用考核评分表见表9-1。

表9-1 **"加盟风险防控"双创应用考核评分表**

小组名称：

实训任务	考核要素	评价标准	分值（分）	得分
制作PPT，进行汇报	汇报结构	结构完整、规范、有条理	20	
	数据分析	文字与图表结合、分析深入，能发现问题	30	
	汇报内容	报告编排符合逻辑，层次分明，观点明确，论据充分	30	
	文字表达	语言表达流畅、通顺、言简意赅	20	
合计				

得分说明：各小组针对双创任务要求，进行汇报。得分90~100分为优秀；75~89分为良好；60~74分为合格；60分以下为不合格。

主要参考资料

［1］孙玮琳. 特许经营实务［M］. 北京：高等教育出版社，2017.

［2］李晓民. 商业特许经营合同典型案例精选与注解［M］. 北京：人民法院出版社，2017.

［3］肖怡. 特许经营管理［M］. 3版. 大连：东北财经大学出版社，2018.

［4］曹静. 特许经营实务［M］. 2版. 大连：东北财经大学出版社，2019.

［5］周悦丽. 特许经营合同规制研究［M］. 北京：人民出版社，2019.

［6］文志宏. 特许经营实战指南［M］. 北京：电子工业出版社，2020.

［7］盈科律师事务所. 商业特许经营法律指南［M］. 北京：法律出版社，2020.

［8］谢仁海，陈士林，刘淼. 政府特许经营合同专题研究［M］. 镇江：江苏大学出版社，2021.

［9］韩翠兰. 特许经营实务［M］. 北京：北京理工大学出版社，2021.

［10］李维华. 特许经营管理学［M］. 北京：企业管理出版社，2021.

［11］陆影. 连锁门店营运管理与管理实务［M］. 大连：东北财经大学出版社，2021.

［12］联商网：www.linkshop.com.cn.

［13］全家官网：http：//www.familymart.com.cn.

［14］谭木匠官网：http：//www.ctans.com.

［15］麦当劳官网：https：//www.mcdonalds.com.cn.

［16］商务部业务系统统一平台：https：//ecomp.mofcom.gov.cn.

［17］北京法院网：http：//bjgy.chinacourt.gov.cn.

［18］晨光文具：https：//www.mg-pen.com.

［19］正新鸡排：http：//www.zmwjm.com.

［20］北京市西城人民法院：https：//bjxcfy.bjcourt.gov.cn.

［21］中华人民共和国最高人民法院：https：//www.court.gov.cn.

［22］中国司法案例网 https：//anli.court.gov.cn/static/web/index.html#/index

［23］浙江法院网：http：//www.zjcourt.cn.

［24］天津市第二中级人民法院：https：//tj2zy.tjcourt.gov.cn.

［25］广东省连锁经营协会 http：//www.gdchain.org.

［26］成都法院网：http：//cdfy.chinacourt.gov.cn.

［27］中国连锁经营协会：www.ccfa.org.cn.

数字资源索引

项目	数字资源	页码
第二版前言	主编说课	第二版前言2
项目一 特许经营认知	微课1-1：特许经营的定义及本质特征	3
	微课1-2：特许经营相关术语	4
	微课1-3：特许经营模式	7
	微课1-4：特许经营发展历程	17
	拓展阅读1-1：2021年招商加盟行业人群洞察白皮书	2
	拓展阅读1-2：2021年数字化特许经营指南	10
	拓展阅读1-3：2022年商业特许经营备案信息	19
	拓展阅读1-4：2021年中国特许连锁Top100	21
	随堂测1-1	25
项目二 特许经营体系构建	微课2-1：特许商认知	32
	微课2-2：特许经营市场调研与可行性分析	34
	微课2-3：特许商备案	37
	微课2-4：样板店设计	42
	微课2-5：特许经营手册	44
	微课2-6：特许经营推广渠道	47
	微课2-7：特许加盟评价	.49
	微课2-8：特许经营管控体系	51
	微课2-9：督导管理	54
	拓展阅读2-1：江苏省商业特许经营备案操作规程	37
	拓展阅读2-2：企业登录号获取方式说明	37
	拓展阅读2-3：商业特许经营基本情况表	38
	拓展阅读2-4：特许经营操作手册目录（仅供参考）	44
	随堂测2-1	58

续表

项目	数字资源	页码
项目三 特许总部营运管理	微课3-1：特许总部职能	62
	微课3-2：特许总部招商流程	65
	微课3-3：特许权的构成	69
	微课3-4：加盟费	73
	微课3-5：特许权使用费	75
	微课3-6：特许总部收益核算	78
	拓展阅读3-1：数字化特许产品手册	68
	随堂测3-1	79
项目四 特许经营合同	微课4-1：特许经营合同概述	83
	微课4-2：特许经营合同设计	90
	拓展阅读4-1：《商业特许经营合同（单店通用版）》	90
	随堂测4-1	104
项目五 特许经营法律法规	微课5-1：知识产权法	109
	微课5-2：商标法	111
	微课5-3：著作权法	112
	微课5-4：专利法	114
	微课5-5：商业秘密	115
	微课5-6：商业特许经营管理条例	117
	微课5-7：商业特许经营信息披露管理办法	119
	微课5-8：商业特许经营备案管理办法	119
	微课5-9：商业特许经营道德规范	119
	微课5-10：特许经营常见纠纷	119
	微课5-11：解决特许经营纠纷的途径	124
	拓展阅读5-1：中华人民共和国商标法实施条例	111
	拓展阅读5-2：中华人民共和国著作权法实施条例	112
	拓展阅读5-3：中华人民共和国专利法实施细则	114
	拓展阅读5-4：商业特许经营管理条例	117
	拓展阅读5-5：商业特许经营信息披露管理办法	119
	拓展阅读5-6：商业特许经营备案管理办法	119
	拓展阅读5-7：商业特许经营道德规范	119
	随堂测5-1	127
项目六 加盟创业评估	微课6-1：认识加盟创业	131
	微课6-2：加盟创业自我评估	133
	微课6-3：特许商评估	135
	拓展阅读6-1：2022年中国连锁餐饮行业报告	137
	随堂测6-1	144

续表

项目	数字资源	页码
项目七 加盟创业实施	微课7-1：加盟创业项目选择	150
	微课7-2：加盟创业流程	160
	微课7-3：加盟创业实施	164
	微课7-4：实训课：大学生加盟创业指导	168
	随堂测7-1	168
项目八 加盟店经营管理	微课8-1：加盟店筹建前期准备	172
	微课8-2：筹建加盟店	178
	微课8-3：加盟店的日常经营管理——组织结构和岗位设计	181
	微课8-4：加盟店的日常经营管理——标准化运营流程	182
	微课8-5：加盟店的日常经营管理——财务管理	186
	微课8-6：加盟店的日常经营管理——安全管理	191
	拓展阅读8-1：某特许加盟餐厅服务员岗位职责说明书	182
	随堂测8-1	192
项目九 加盟商权益保护	微课9-1：加盟创业风险类型	197
	微课9-2：加盟创业权益保护	200
	拓展阅读9-1：特许经营纠纷中关于"两店一年"的理解与适用	200
	随堂测9-1	209